2017-2018年中国工业和信息化发展系列蓝

U0582525

The Blue Book on the Development of Big
Data Industry in China (2017-2018)

2017-2018年
中国大数据产业发展
蓝皮书

中国电子信息产业发展研究院　编著

主　编／曲大伟

副主编／潘　文　韩　健

人民出版社

责任编辑：邵永忠

封面设计：黄桂月

责任校对：吕　飞

图书在版编目（CIP）数据

2017–2018 年中国大数据产业发展蓝皮书／中国电子信息产业发展研究院
　编著；曲大伟 主编 . —北京：人民出版社，2018.9

ISBN 978 – 7 – 01 – 019815 – 6

Ⅰ.①2… Ⅱ.①中… ②曲… Ⅲ.①数据处理—信息产业—产业发展—白皮
　书—中国—2017 – 2018　Ⅳ.①F492

中国版本图书馆 CIP 数据核字（2018）第 217720 号

2017 – 2018 年中国大数据产业发展蓝皮书

2017 – 2018 NIAN ZHONGGUO DASHUJU CHANYE FAZHAN LANPISHU

中国电子信息产业发展研究院 编著

曲大伟 主编

人 民 出 版 社 出版发行

（100706　北京市东城区隆福寺街 99 号）

北京市燕鑫印刷有限公司印刷　新华书店经销

2018 年 9 月第 1 版　2018 年 9 月北京第 1 次印刷

开本：710 毫米 × 1000 毫米 1/16　印张：19

字数：310 千字　印数：0,001—2,000

ISBN 978 – 7 – 01 – 019815 – 6　定价：75.00 元

邮购地址　100706　北京市东城区隆福寺街 99 号

人民东方图书销售中心　电话（010）65250042　65289539

前　言

一

大数据已经成为与能源、材料同等重要的国家基础性战略资源。发展大数据产业和应用已成为践行创新发展理念、推进数字经济和信息社会发展、支撑"两个强国"建设的关键引擎。当今世界，以大数据、云计算、人工智能为代表的新一代信息技术迅猛发展，与经济社会各行业各领域融合程度不断加深，发展新动力快速积累集聚，经济新形态加速孕育成长，深刻改变着人类的思维、生产、生活、学习方式。大数据通过数据整合分析和深度挖掘，发现规律，创造价值，进而建立起物理世界到数字世界和网络世界的无缝链接。

中国是网络大国，也是数据大国。基于大数据的创新应用能够助力生产、流通、分配、消费等环节的提质增效升级，重塑生产力发展模式，重构生产关系组织结构，提升产业效率和管理水平，提高政府治理的精准性、高效性和预见性。大数据在促进我国乃至全球经济发展和人类文明进步中正发挥着越来越重要作用，是我国建设现代化经济体系、提升经济实力和综合国力的重要力量。

从全球来看，大数据产业呈现规模集聚、开放创新、广泛渗透的发展特征，基本建立起政企相互融合，大数据采集、存储、分析、应用、交易等环环相扣的发展格局。全球各国把大数据作为产业竞争的制高点，纷纷加强顶层设计，在核心技术研发、财政资金支持、产业政策制定等方面做足文章。美国发布了《大数据研究和发展计划》和《美国大数据白皮书》，加强核心技术攻关和资金支持，推动公共数据开放共享。欧盟推出了"数据驱动的经济"战略，倡导欧洲各国抢抓大数据发展机遇。英国推出了《英国数据能力发展战略规划》，塑造本国在大数据挖掘方面的竞争优势。法国政府发布了《数字化路线图》，大数据成为重点支持领域，后续的《法国政府大数据五项支持计划》，更是把大数据发展提至前所未有的高度。澳大利亚政府发布《澳大利亚公共服务信息与通信技术战略》，强调应增强政府机构的数据分析能力从而促进更好的服务传递和更科学的政策制定。日本发布了《面向2020年的ICT综合战略》，发展以开放公共数据为核心的新IT国家战略。

从国内来看，党中央国务院高度重视和支持大数据产业发展。习近平总书记在实施网络强国战略的讲话中，特别指出建设全国一体化的国家大数据中心，推进技术融合、业务融合、数据融合。党的十八届五中全会提出"实施国家大数据战略"，全面推进大数据发展。国务院印发《促进大数据发展行动纲要》，从国家大数据发展战略全局的高度，提出了我国大数据发展的顶层设计，加快了建设数据强国步伐。党的十九大提出"加快建设制造强国，加快发展先进制造业，推动互联网、大数据、人工智能和实体经济深度融合"。习近平总书记在中共中央政治局第二次集体学习时强调，大数据发展日新月异，我们应该审时度势、精心谋划、超前布局、力争主动，推动实施国家大数据战略，加快建设数字中国，更好服务我国经济社会发展和人民生活改善。习近平总书记在2018年4月21日全国网络安全和信息化工作会议上强调，要推动互联网、大数据、人工智能和实体经济深度融合，加快制造业、农业、服务业数字化、网络化、智能化，同时指出，核心技术是国之重器。要下定决心、保持恒心、找准重心，加速推动信息领域核心技术突破。

在国家和各级地方政府政策的大力推动下，我国大数据产业保持高速增长。2017年，我国包括大数据核心软硬件产品和大数据服务在内的市场规模首次突破4000亿元。在数据资源方面，我国的数据资源快速增长，已经成为产生和积累数据量最多、数据类型最丰富的国家之一。我国数据总量正在以年均50%的速度增长，预计到2020年有望达到8000EB，占全球数据总量的21%，成为世界第一数据资源大国和全球数据中心。在区域发展方面，我国通过国家大数据综合实验区、大数据产业集聚区建设，对大数据产业区域布局进行整体规划，推动地方大数据形成专业化、特色化发展格局。在技术创新和企业发展方面，百度、阿里巴巴、腾讯等互联网企业率先运用大数据技术，搭建大数据分析平台，实现自身核心业务的优化提升。2017年"双十一"期间,阿里巴巴交易峰值 32.5 万次/秒,支付峰值 25.6 万次/秒,数据库处理峰值 4200 万次/秒。华为、浪潮等基础软硬件企业加强数据存储和管理技术的研发,开发出数据仓库、数据库一体机等大数据管理产品。拓尔思等专业大数据服务企业针对医疗、电信、医药等特定领域研发专门数据分析产品,已取得重大进展。在产业发展环境方面,我国大数据发展相关产业政策、法律法规、标准规范等日趋完善。地方政府也积极发展大数据产业,全国已有 30 多个省市制定实施了大数据政策文件,20 多个地方设置了专门的大数据管理机构。

二

当前我国经济已由高速增长阶段转向高质量发展阶段,正处在转变发展方式、优化经济结构、转换增长动力的攻关期。大数据产业对促进我国经济高质量发展支撑能力仍需进一步提高,在产业维持高速增长势头的背后仍存在一些问题和挑战。一是数据资源质量普遍不高,很多地方、机构、企业对数据资源建设工作不够重视,重物质资源、轻信息资源的思想仍普遍存在。二是大数据应用模式尚不成熟,对大数据应用的思路、模式、方法尚不清楚,导致应用经验积累不多,应用路径尚不清晰,大数据应用环境、场景、模式不够丰富。三是数据资源开放共享水平尚待提高,政府机构、公共部门和企业对数据资源"不愿共享开放""不敢共享开放""不会共享开放"交易流通不畅,数据价值难以被有效挖掘和利用。四是数据驱动决策的思维尚未建立,一些政府部门、公共机构习惯于"经验决策",欠缺数据思维,部分人对数据资源的理解和利用还停留在单纯的统计分析阶段,不掌握运用大数据的思路与方法。五是现有体制机制不利于大数据战略实施和产业发展,国家层面缺乏统筹协调、各自为政,各个行业、各个地区大数据应用不平衡、不充分等问题突出。六是大数据国际交流合作机制有待进一步完善,围绕"一带一路"等国家重大战略,我国大数据企业国际市场拓展能力明显不足,缺乏具有国际竞争力的大数据企业和产品;在数据跨境流动监管、数据开放共享、标准规范制定、核心技术产品研发等方面,缺乏常态化的交流机制和平台,国际话语权不足。

面对新形势，大数据产业要全面、深入贯彻落实党的十九大精神，强化责任担当，紧密围绕制造强国、网络强国战略要求，积极推进供给侧结构性改革，加快产业转型升级，促进大数据与实体经济深度融合，不断增强我国经济创新力和竞争力。

一要坚持创新驱动，加快核心技术研发突破。创新是引领发展的第一动力，是建设现代化经济体系的战略支撑。核心技术是产业发展的原动力，也是构建产业竞争优势的关键环节。要坚持把创新摆在产业发展全局的首要位置，积极推动大数据采集、存储、处理、分析、可视化、应用等核心技术环节创新，升级大数据技术基础设施，推动关键标准制定和科研成果转化。统筹布局建设创新中心，构建大数据全产业链协同创新机制，持续提升对国家产业转型升级和经济社会发展的技术支撑能力。

二要深化融合应用，引领和服务实体经济发展。建设现代化经济体系，必须把发展经济的着力点放在实体经济上。制造业是实体经济的支柱，振兴实体经济，制造业是主战场。当前以大数据为代表的新一代信息技术加速融入生产制造全过程、产业链各环节和产品全生命周期，实现了信息流与技术流、资金流、人才流、物资流的全面深度互联，深刻改变传统制造业的生产方式、产品形式和服务模式。我们要充分发挥大数据技术的深度融合性、渗透性作用，推动互联网、云计算、大数据、人工智能等新一代信息技术和实体经济的深度融合，促进我国产业迈向全球价值链中高端。

三要完善产业生态，进一步强化产业支撑能力。加快推进大数据相关标准研究、制定以及宣贯工作，丰富和完善大数据标准体系。培育一批大数据咨询研究、知识产权保护、投融资服务、产权交易、人才服务、企业孵化和品牌推广等公共服务机构。支持第三方机构建立面向大数据技术、产品、服务以及平台可用性、可靠性、安全性和规模质量等测试测评平台。支持指导大数据相关新型行业组织的组建与运营，完善产学研用多方资源统筹协调机制。支持高校、科研院所强化创新型人才培养，鼓励企业与高校、科研机构探索实用型人才联合培养机制，构建适应产业发展新形势的人才供给体系。

四要推动开放合作，创造新供给、开拓新市场。围绕"一带一路"国家战略，坚持引进来和走出去并重，推进高水平国际合作，不断创造新需求，培育新动能，拓展新空间。当前以大数据、云计算、人工智能为代表的新一代信息技术全球化、服务化趋势明显，大数据技术和产业发展需要迈出国门、服务全球，要统筹配置全球优势资源，在技术创新、开源开放、品牌打造、知识产权保护、关键标准制定等方面开展全方位合作，形成面向全球的贸易、投融资、生产、服务网络，加快培育国际经济合作和竞争新优势。

三

基于对上述问题的深入思考，赛迪智库软件产业研究所研究编撰了《中国大数据产业发展蓝皮书（2017—2018）》。本书在总结中国大数据产业整体发展情况基础上，从产业运行、行业发展、企业情况、重点区域、特色园区、热点分析、政策环境等多个维度对中国大数据产业发展进行剖析，并对2018年中国在大数据产业发展趋势进行展望。全书分为综合篇、行业篇、应用篇、区域篇、企业篇、政策篇、热点篇和展望篇共8个部分。

综合篇，从大数据产业链条及各环节成长性分析展开，在对2017年全球大数据产业发展状况进行研究的基础上，对我国大数据产业的发展现状进行了阐述，分析了产业发展的主要问题，并提出相应的对策建议。

行业篇，选取大数据软件、大数据硬件、大数据服务、大数据安全等4个行业进行专题分析，对各行业领域2017年整体发展情况进行回顾，并从发展概况和发展特点进行总结。

应用篇，选取政务大数据、工业大数据、金融大数据、能源大数据、农业大数据、健康医疗大数据、电子商务大数据、社交媒体大数据、电信大数据、交通大数据等10个方面，从应用需求、发展特点和应用案例三个方面梳理2017年大数据的应用发展情况。

区域篇，对贵州省、京津冀地区、珠三角地区、上海市、重庆市、河南省、沈阳市、内蒙古自治区等8个国家大数据综合试验区进行专题研究，分析各区域产业整体发展情况、发展特色。

企业篇，选取了大数据软件、大数据硬件、大数据服务、大数据安全等4个行业领域的代表性骨干企业，分析其发展情况和发展策略。

政策篇，对2017年中国大数据产业政策环境进行了分析，从政策背景、主要内容、政策影响三个方面对《政务信息系统整合共享实施方案》《关于推进水利大数据发展的指导意见》等八项重点政策进行了解析。

热点篇，总结论述了 2017 年大数据产业的热点事件，选取了"腾讯华为大数据之争""云上贵州"数据共享交换体系整体接入国家平台等热点问题，分别进行了回顾和评析。

展望篇，在对主要研究机构预测性观点进行综述基础上，展望 2018 年我国大数据产业整体发展趋势、重点行业发展趋势以及重点区域发展趋势。

赛迪智库软件产业研究所注重研究国内外大数据产业的发展动态和趋势，尽量发挥好对政府机关的支撑作用，对区域经济、大数据综合试验区（集聚区）、大数据企业及联盟协会的服务功能。希望通过我们不断的研究工作，对推动大数据产业按照"建设数据强国"的总要求起到促进作用。

目　　录

应　用　篇

区　域　篇

企　业　篇

热　点　篇

展 望 篇

综合篇

第一章 大数据产业链条及特点

　　大数据产业链条包括大数核心产业、大数关联产业和大数据融合产业。一般，我们所说的大数据产业特指大数据核心产业。大数据核心产业是指基于大数据生命周期的软件、硬件和服务等，具体可分为大数据硬件、大数据软件、大数据服务和面向行业特点的大数据解决方案。从技术创新和应用拓展活力，以及市场需求方面来看，行业大数据应用、互联网大数据应用、大数据安全将是未来极具潜力的发展领域。

一、大数据产业链分析

（一）大数据运行生命周期

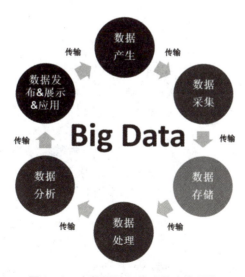

图 1-1　大数据运行处理的生命周期

数据来源：赛迪智库，2018 年 1 月。

　　大数据运行生命周期包括数据的产生、采集、存储、处理、挖掘和应用。

从数据产生至数据应用环节,大数据企业数量所占比重呈增加趋势,数据价值通过大数据产业链环节逐级凸显。

其中,数据的生产和采集是海量数据的来源;数据的存储和处理过程将对已收集的海量数据进行有效管理和组织,为数据分析和应用环节奠定基础;数据分析指通过对大数据进行智能筛选、分析,通过一定逻辑挖掘海量数据中蕴藏的信息和知识;数据发布、展示环节指通过可视化技术,将数据分析的结果以直观形式展现给用户,并以更为清晰、便捷、有效的方式理解数据分析结果;数据应用指将数据分析过程得到的知识规律应用于各个不同的领域,以求最大化地发挥数据分析成果和作用。

(二)大数据产业的三种范畴

随着大数据融合应用不断深入,大数据产业在各行业的覆盖范围飞速拓宽,不断涉及经济生活各个领域,我们给出大数据产业的狭义范围、扩展范围和广义范围。

图 1-2 大数据产业的狭义、扩展和广义范围

数据来源:赛迪智库,2018 年 1 月。

大数据产业的狭义范围:大数据核心产业。指专门应用于大数据运行处理生命周期的软件、硬件、服务等,包括大数据硬件、大数据软件、大数据服务和行业大数据。其中行业大数据指的是面向行业特点的大数据解决方案和大数据服务。

大数据产业的扩展范围：大数据关联产业。指在大数据运行处理的过程中，为其提供基础设施、处理工具、相关技术等的产业，包括云计算、物联网、移动互联网、互联网、软件产业等。

大数据产业的广义范围：大数据融合产业。指大数据与其他行业领域融合产生的新兴业态、升级业态，包括智能制造、智慧农业、现代建筑业、机器人、智能交通、智慧医疗等。

一般，我们所说的大数据产业特指大数据核心产业。

（三）大数据核心产业链环节

大数据核心产业环节如下图所示。

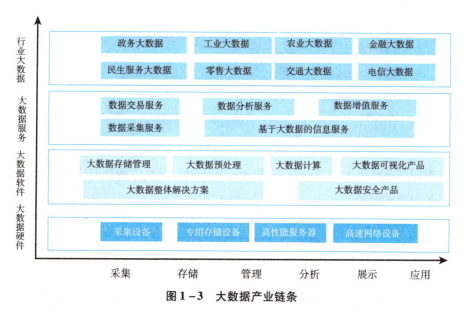

图1-3　大数据产业链条

数据来源：赛迪智库，2018年1月。

二、大数据产业环节成长性前景分析

大数据产业细分领域的成长潜力可以从内部因素创新活力和外部因素市场需求这两个维度来衡量。从市场需求看，传统行业对大数据能够带来的效率提升、决策支持等需求最为迫切，互联网应用天生具备大数据基因，大数据通用解决方案也将是企业级用户的必选方案，数据资源则将成为快速崛起的新领域。从创新活力看，互联网大数据的服务模式创新和商业模式创新最为活跃，大数据分析产品和行业大数据应用则将迎来大范围的技术创新。综合来看，未来五年，行业大数据应用和互联网大数据应用将成为成长潜力突出的领域。而这两个领域中最具有发展前景和商业前景的则是平台型大数据企业。

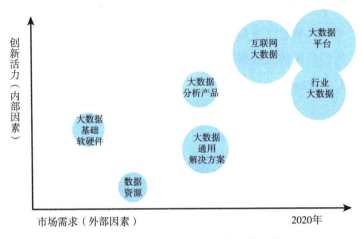

图1－4　大数据产业细分领域成长性分析

数据来源：赛迪智库，2018年1月。

对国内500家大数据企业的调研结果显示，行业大数据是大数据产业最具发展前景的领域。

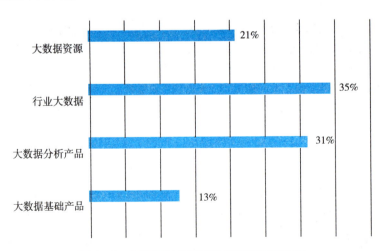

图1－5　大数据细分领域发展前景调研分析

数据来源：赛迪智库，2018年1月。

从行业应用领域来看，媒体社交娱乐、政务、工业、金融将是近期市场空间最大的大数据应用领域。

图 1－6　行业大数据市场前景分析

数据来源：赛迪智库，2018 年 1 月。

第二章　2017 年全球大数据产业发展状况

　　2017 年，随着大数据在各领域应用的全面开展，全球大数据产业规模增长势头强劲。由于大量建设基础设施导致的高规模性增长开始呈现减缓态势，受到商业模式与技术创新驱动，大数据在各行业的应用逐步成熟，其应用体现的价值在市场规模占比越来越大，应用带动已经成为了产业增长的主要核心动能。从总体规模看，2017 年全球大数据市场规模预计将达到 21793 亿元，相较 2016 年产业规模增长了近 60%。各国政府在构建数据驱动战略体系、数据安全保护、行业领域应用等方面积极推动和实践，引导大数据产业健康蓬勃发展。亚马逊、IBM、甲骨文等 IT 巨头纷纷整合大数据产业相关资源，持续拓宽大数据市场，大数据初创企业争相抢占市场机遇。大数据在教育、交通、能源等领域的应用逐步深入，大数据商业模式日益成熟。大数据基础设施、法律法规、政策体系和数据标准等产业生态环境逐步完善，各国不断提升国家对数据资源的掌控能力和竞争力。

一、产业规模持续稳定增长

　　全球大数据产业规模增长势头依旧迅猛，各个领域的大数据应用层出不穷。从总体规模看，2017 年全球大数据市场规模预计将达到 21793 亿元，相较 2016 年产业规模增长了近 60%，预计到 2020 年全球大数据规模将达到 67782 亿元。同时根据监测统计，2017 年全球的数据总量为 14.9ZB，目前全球数据的增长速度在每年 40% 左右，预计到 2020 年全球的数据总量将达到 40ZB。

图 2－1 2016—2020 年全球大数据市场规模（单位：亿元）

数据来源：《2016 年中国大数据交易产业白皮书》，2016 年 6 月。

图 2－2 2016—2020 年全球大数据数据量规模及预测

数据来源：赛迪智库整理，2017 年 11 月。

二、政府引领示范作用凸显

政府越来越重视支持、鼓励、引导大数据产业的良性发展，在建设大数据产业基础设施、推动海量数据的开放共享、营造良好有序的市场环境方面扮演着越来越重要的作用。当前，政府既是大数据应用的实践者，也是大数据发展的切实推动者。美国《联邦大数据研发战略计划》提出，要构建数据驱动的战略体系，通过对大数据的挖掘、分析以及辅助决策，发现社会潜在问题，从而激发联邦机构和整个国家的新潜能，加速科学发现和创新进程，不断培育新一代工程师和科学家，稳步拉动经济增长。美国国土安全部、能源部、国防部、国家卫生研究院、卫生和人类服务部等部门全面参与大数据计划，充分体现了政府在推动大数据应用中的决心，从一方面也能反映在大数据技术的辅助下，政府管理能力大幅度提升。今后，美国政府希望利用大数据技术，谋求在科研教学、环境保护、工程技术、国土安全、生物医药等多个领域的进一步突破。欧盟委员会在2017年发布了《打造欧洲数据经济》报告，提出应聚焦发展数据驱动的数字经济，探索基于大数据的数字化改革，发掘数据驱动型经济的潜能，在规范大数据时代数据保护的同时，大力推动数据价值链战略计划，深入研究基于大数据价值链的创新机制，通过一个以大数据为核心的连贯性欧盟生态体系，让数据价值链的不同阶段产生价值。英国将大数据充分应用于财政、农业、医疗、城市规划、航空等各个领域，不断提升政府职能，服务于民生，驱动经济发展。仅在税收方面，英国政府就利用大数据检索出了200亿英镑的逃税与诈骗。

三、IT巨头拓展市场，初创企业争相布局

亚马逊、IBM、甲骨文、谷歌等高科技企业不断加大对大数据产业的投入力度，充分完成对大数据产业链条的布局，以自身雄厚的研发实力与资本并购方式，结合自己业务，不断推出对应的大数据产品和技术服务。亚马逊通过Amazon Web Services（AWS）提供计算、存储、数据库、分析、应用程序，以及部署服务，为Web和移动应用、物联网、游戏开发、数据处理和数据仓库、存储、归档等各类工作负载提供支持。AWS在过去一年来，其年营收水平同比增长42%，达到180亿美元。当前，亚马逊将人工智能和机器学习作为下一步发展的重点，推出了图像识别技术Rekognition、深度学习支持的文字转语音技术Polly、深度学习支持的自然语言理解和自动语音识别Lex等三个基于深度学习的人工智能服务。IBM通过大数据技术，帮助企业用户将自身的企业数据与消费者产生的非结构化数据结合起来，从而制定了一整套帮

助企业全面监控商业流程，预测和塑造所预期的商业结果的解决方案，已在医疗、公安、保险、公共服务等领域获得了成功。甲骨文发布了大数据机和大数据平台解决方案，可供企业对大数据进行捕获、组织、分析和决策。Teradata 天睿公司搭建 Teradata 统一数据架构和数据仓库，同时针对零售及运输行业推出专门分析平台，基于客户需求，提供领先、全面、有效的解决方案，帮助企业获取商业洞察力，创造商业价值。除了谷歌、IBM、亚马逊、微软等大型企业外，众多初创企业参与其中，为大数据发展带来了新的活力。创建于 2012 年的 Aviso 公司开发的预测分析应用已经被销售机构用于改善销售预测流程；2014 年成立的 Cazena 公司开发的大数据即服务产品可以让企业把基于云的数据湖和数据集市结合起来，用于配置和优化大数据系统；2013 成立的 MapD Technologies 公司开发的大数据分析平台利用大规模并行的商用 GPU 跨数十亿行数据集执行 SQL 查询，可以查询大数据以及实现大数据可视化。虽然，IT 巨头纷纷通过收购大数据相关企业来实现技术整合，但在短期内，市场不会出现垄断局面，小企业的参与度和竞争力依然强盛。

四、大数据应用场景不断深入

大数据的应用正不断深入到企业管理、政府管理、商业分析、公共服务、娱乐、金融和个人服务等领域，并呈现诸多成功案例。以公共数据和政务数据为基础，以数据汇集和共享为支撑，以提高政务效率和服务能力为目标的公共服务领域和政务管理领域的大数据应用更加广泛与成熟。例如在教育领域，美国阿拉巴马州对 95 所学校的学生数据进行深入挖掘，提炼出学生辍学前的"信号"，并制定有针对性的措施，使辍学率由 48% 降低到 30% 以下；在交通领域，法国里昂通过采集的交通信号灯、二氧化碳传感器、汽车的数据以及来自社交媒体的交通数据源，实时报告交通情况并侦测拥堵时间，以改善交通拥堵情况；在城市管理领域，西雅图市用大数据节电，通过对四个主要城区的电力管理系统的数百个数据集进行分析，可将全市耗电量降低 25%。

五、产业生态环境与基础设施不断优化

在生态环境方面，国外企业、政府与行业组织十分重视建立完善良好的

大数据产业发展生态，通过基础设施建设，法律法规、政策体系和数据标准确立，不断明确数据安全和隐私保护，使得国家对数据资源的掌控与核心技术竞争力不断提升。在数据资源方面，美国颁布了空间数据标准、数据传输接口标准、数据加密标准、数字制图数据标准、医疗行业数据标准等，并通过 Data. gov 网站积极推动政府数据开放，为数据资源流通提供基础；在法律法规方面，美国、加拿大、英国等国家建立有较好的法律法规体系基础，并在此基础上不断完善，如美国先后颁布了《信息自由法》《隐私权法》《数据质量法》以及后来的《开放政府指令》；在人才培养方面，美欧等国普遍采取研究与实践结合的培养方式，大大提高了人才的培养速度和成功率。

第三章　2017 年我国大数据产业发展状况

2017 年，我国大数据产业迈入发展黄金期，大数据核心产业规模达到 4222 亿元，预计到 2020 年将达到 12000 亿元的规模。随着《大数据产业发展规划（2016—2020 年）》等重要政策的颁布实施，我国大数据产业发展政策环境进一步优化。我国两批次八个国家级大数据综合试验区建设工作有序推进，我国大数据集聚发展布局初步形成，各区域特色化发展态势初现。当前我国大数据企业业务范围不断拓展，几乎覆盖了产业链的各个环节。大数据在政务、金融、工业等行业全面深度渗透，应用场景不断丰富，有力地促进产业格局重构，驱动生产方式和管理模式变革。同时，我国大数据产业发展也存在数据开放共享水平不足、技术创新对产业发展的引领作用不强、助推数字转型程度不够、产业统计和标准体系急需构建、数据安全和数据主权面临新挑战等问题。

一、发展现状

（一）产业规模快速增长，迈入发展黄金期

2017 年，随着《大数据产业发展规划（2016—2020 年）》等重要政策发布实施，我国大数据逐步进入发展黄金期，产业规模呈快速发展态势。据赛迪统计，包括大数据硬件、大数据软件、大数据服务等在内的大数据核心产业环节 2017 年达到 4222 亿元，将在 2020 年超过 1.2 万亿元；大数据关联产业规模 2017 年达到 7 万亿元，将在 2020 年超过 11 万亿元；大数据融合产业规模 2017 年达到 5.5 万亿元，将在 2020 年超过 22 万亿元。从大数据核心产业结构来看，基于大数据的服务仍是核心产业的主体，其规模约占大数据核心产业规模的 90%。随着大数据在各行业领域的不断深入应用，大数据融合应用产业将迎来巨大发展空间，其增速将远超大数据核心产业本身。

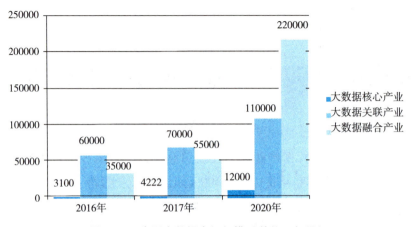

图 3 - 1 我国大数据市场规模（单位：亿元）

数据来源：赛迪研究院，2017 年 12 月。

（二）政策体系不断完善，产业环境持续优化

2017 年，中央和各省市接连出台多项大数据相关政策，为推动产业快速成长提供良好环境。国家工信部发布《大数据产业发展规划（2016—2020年)》，全面部署"十三五"期间大数据产业发展工作，加快建设数据强国。国务院发布《新一代人工智能发展规划》《关于深化"互联网＋先进制造业"发展工业互联网的指导意见》、工信部发布《促进新一代人工智能产业发展三年行动计划（2018—2020 年)》，加强大数据与新一代信息技术的融合发展；发改委等部门出台《关于促进分享经济发展的指导性意见》，促进大数据在新型经济领域的深入应用；网信办出台《中华人民共和国网络安全法》《个人信息和重要数据出境安全评估办法（征求意见稿)》、信标委出台《信息安全技术个人信息安全规范》，加强网络和信息安全、个人信息安全及隐私保护，推进大数据法治化进程。

同时，各省市对大数据的推进力度进一步加强，通过相关政策、项目、技术和应用推动大数据发展。一是建立组织机构。大数据不仅涉及电子信息制造、软件和信息服务、通信等信息产业，还涉及与各行各业的融合创新以及在经济社会各领域的深入应用，因此大数据发展需要能够统筹协调各个部门的专门管理机构。我国已有贵州、广东、上海、辽宁、四川、广州、兰州、成都等多个省市成立了大数据管理局，以便充分发挥政府部门的统筹决策作

用和引导带动作用，在整合利用各方资源的同时，突破传统观念、部门利益等限制，快速推进大数据发展与应用相关工作，同时，各地成立大数据地方监管部门共23个。二是出台顶层设计文件。各省市纷纷出台促进大数据相关政策和配套措施，为推动大数据产业快速成长不断优化发展环境，北京、上海、广东、浙江、福建等省市均纷纷出台大数据相关产业规划和细分领域相关政策，北京、江苏、贵州等共18个省市已经颁布大数据相关政策法规。三是建立产业联盟。各省市积极引导建设以企业为主体，科研机构、高等院校、用户单位等共同参与的大数据产业联盟，加强对行业发展重大问题的调查研究，共同推进大数据相关理论研究、技术攻关、数据开放共享和创新成果应用推广，参与有关产业的政策制定。目前，我国已有大数据产业联盟20余个，在推进地方大数据产业发展、建设大数据平台、推进大数据项目实施等方面发挥了重要作用。四是推动政府数据开放和数据交易。数据是政府掌握的核心资产，也是长期以来政府治理国家、服务民生的重要依托，许多国家的政府部门已成为本国最大的数据生产者和拥有者，社会各界对政府开放数据的需求也越来越强烈。目前，我国有北京、上海等省市建设了数据开放平台，尝试推动政府数据资源开放。营造数据资源交易流通的良好环境是推动大数据产业快速发展的基础。为促进企业（机构）间数据的流通、进一步发挥数据资源的增值作用，同时保护数据资源生产者、维护者的积极性，各省市纷纷试点数据交易所的建设，推动形成数据资产交易市场，以使得数据资源能够按照市场引导、价值驱动的方式在各利益相关方之间流动。目前，我国贵州、北京、辽宁等十余个省市建设了大数据交易平台。

表3-1　我国各省区市大数据政策梳理

地方	政策名称/措施
北京	《北京市大数据和云计算发展行动计划（2016—2020年）》
江苏	《大数据发展行动计划》 《江苏省云计算与大数据发展行动计划》

续表

地方	政策名称/措施
贵州	《贵州省数字经济发展规划（2017—2020 年)》 《贵安新区大数据港三年会战方案》 《运用大数据管控、考核违法建筑的专项行动计划》 《以大数据为引领打造创新型中心城市的十大保障机制》 《以大数据为引领打造创新型中心城市监测评价指标体系》 《关于加快大数据产业发展应用若干政策的意见》 《贵州省大数据产业发展应用规划纲要（2014—2020 年)》 《贵州省大数据发展应用促进条例》 《贵阳大数据产业行动计划》 《贵阳市关于加快推进大数据产业发展的若干意见》 《贵安大数据产业基地发展规划》 《贵安新区推进大数据产业发展三年计划（2015—2017)》
浙江	《杭州市政务数据共享开放指导意见》 《浙江省促进大数据发展实施计划》 《台州市关于加快大数据产业发展的若干意见》 《宁波市关于推进大数据发展的实施意见》 《温州市关于推进政府大数据平台建设的实施意见》
上海	《上海市大数据发展实施意见》 《上海推进大数据研究与发展三年行动计划（2013—2015 年)》 《2014 年度上海市政府数据资源向社会开放工作计划》 《上海市政务数据资源共享管理办法》 《上海市政务数据资源共享和开放 2017 年度工作计划》
广东	《关于促进大数据发展的实施意见》 《关于运用大数据加强对市场主体服务和监管的实施意见》 《广东省实施大数据战略工作方案》 《广东省大数据发展规划（2015—2020 年)》 《广东省促进大数据发展行动计划（2016—2020 年)》 《广东省人民政府办公厅关于运用大数据加强对市场主体服务和监管的实施意见》
湖北	《湖北省云计算大数据发展"十三五"规划》 《湖北省大数据发展行动计划（2016—2020)》 《武汉市大数据产业发展行动计划（2014—2018 年)》 《武汉市人民政府关于加快大数据推广应用促进大数据产业发展的意见》
重庆	《重庆市大数据行动计划》 《重庆市健康医疗大数据应用发展行动方案（2016—2020 年)》
福建	《福建省促进大数据发展实施方案（2016—2020 年)》 《关于运用大数据加强对市场主体服务和监管实施方案的通知》 《关于运用大数据加强对市场主体服务和监管实施方案》

续表

地方	政策名称/措施
陕西	《陕西省大数据与云计算产业示范工程实施方案》 《关于运用大数据加强对市场主体服务和监管的实施意见》 《延安大数据产业发展规划》 《陕西省促进和规范健康医疗大数据应用发展实施方案》
吉林	《关于运用大数据加强对市场主体服务和监管的实施意见》 《长春新区"十三五"大数据产业发展规划》
江西	《促进大数据发展实施方案》 《赣州市大数据发展实施意见》
内蒙古	《内蒙古国家大数据综合试验区建设实施方案》 《内蒙古自治区促进大数据发展应用的若干政策》
广西	《促进大数据发展行动方案》 《南宁市大数据建设发展规划（2016—2020）》
四川	《关于促进和规范健康医疗大数据应用发展的实施意见》 《四川省加快大数据发展的实施意见》 《成都市大数据产业发展规划（2017—2025年）》 《成都市促进大数据产业发展专项政策》
沈阳市	《沈阳市促进大数据发展三年行动计划（2016—2018年）》

数据来源：赛迪研究院整理，2017年12月。

表3-2　我国部分地方大数据产业联盟建设情况

序号	联盟名称	联盟工作内容
1	中国大数据产业生态联盟	中国大数据产业生态联盟是由工信部指导，中国电子信息产业发展研究院牵头成立的国家级大数据产业联盟，致力于落实国家大数据发展战略，提升大数据核心技术能力、繁荣大数据产业生态、深化大数据行业应用和完善大数据产业发展环境，推动大数据产业的快速发展。
2	上海大数据联盟	上海大数据联盟是在上海市经济和信息化委员会、上海市科学技术委员会联合指导下，聚集大数据领域相关的数据资源、服务平台和数据应用等主体机构自愿组成的非营利性联合体。联盟以上海创建"全球科技创新中心"总方针为指导，按照"融合创新，服务示范"的宗旨，实现大数据技术和产业领域"传播、智库、金融"等三大平台服务功能，落实上海市大数据产业发展和技术创新的具体工作要求，围绕大数据技术链、产业创新链，实现产学研用等机构在战略层面的有效结合，通过资源共享、协同行动和集成发展，形成产业核心竞争力，有效提升上海大数据关键技术创新水平，推动大数据应用和产业发展。联盟秘书处依托上海超级计算中心和上海产业技术研究院联合开展工作。

17

续表

序号	联盟名称	联盟工作内容
3	中关村大数据产业联盟	宗旨是把握云计算、大数据与产业革新浪潮带来的战略机遇,聚合厂商、用户、投资机构、院校与研究机构、政府部门的力量,通过研讨交流、数据共享、联合开发、推广应用、产业标准制定与推行、联合人才培养、业务与投资合作、促进政策支持等工作,推进实现数据开发共享,并形成相关技术与产业的突破性创新、产业的跨越式发展,推动培育世界领先的大数据技术、产品、产业和市场。
4	中关村大数据交易产业联盟	以推动数据资源开放、流通、应用为宗旨,努力构建中关村乃至全国大数据流通、开发、应用的完整产业链。主要工作包括建立大数据交易规范、制定大数据交易标准、研究建立大数据定价机制、发挥桥梁作用。
5	中关村—滨海大数据产业技术创新战略联盟	组织成员开展核心技术攻关、建立大数据公共技术创新平台、建立人才联合培养机制、促进科技成果转化、协助联盟成员开拓市场等。
6	京津冀大数据产业联盟	推动和维护京津冀大数据产业及应用的健康、有序和可持续发展。该联盟将积极组织有关单位推广应用新产品新技术,加强产业链整合;将组织会员单位和社会力量研究京津冀大数据的发展战略、管理体制等理论和实践问题,并向政府和有关部门提出建议。
7	深圳大数据产学研联盟	开展深化产学研交流合作,推动公共服务平台建设、推动重点实验室建设、制定国家技术标准等一系列工作,致力于推动南山区乃至深圳市大数据产业的领先发展。
8	深圳市大数据产业联盟	推动深圳市大数据产业进步、加强大数据产业链中相关企业的协同和合作,促进大数据技术的应用和推广,提升深圳大数据产业的整体发展水平。
9	深圳市宝安区大数据产业技术创新联盟	把大数据信息技术等列入重点领域及发展的前沿技术,加速突破产业瓶颈,推动宝安区进入大数据信息产业的新阶段,通过联盟合作攻关,突破共性核心技术,做优做强电子信息产业,依靠自主技术创新和产业发展解决目前所存在的问题,为宝安区乃至深圳市的经济发展提供强有力的技术支撑,为实施国家和地方发展战略目标提供有效的产业支持。
10	贵州大数据产业和应用联盟	汇聚政产学研用各界资源,共同推进面向应用的大数据相关理论研究、技术研发、数据共享、应用推广,形成开发合作、协同发展的大数据技术、产业和应用生态体系。
11	贵州大数据产业联盟	按照"自愿、平等、合作"的原则,整合上下游产业链,构建产学研用共享机制,创新政企互动模式,打造国际平台,为汇聚各方资源,促进区域经济发展贡献力量。联盟的核心任务是以推进贵州省大数据技术进步和产业化为目标,建立上下游、产学研信息、知识产权等资源共享机制。

续表

序号	联盟名称	联盟工作内容
12	浙江省大数据应用技术产业联盟	集合浙江省技术、资源、资金等多方面的优秀力量，形成研发与应用企业间的交流、合作平台，共同解决联盟内企业面临的各种技术与资源的难题，充分保证大数据的科技成果快速有效转化。
13	钱塘工业大数据产业联盟	整合多方资源，打造政用产学研协同创新，通过研讨交流、推广应用、标准研制、人才培养、业务合作等工作，服务产业生态建设，协助制定工业大数据领域的发展政策，助推工业大数据的政产学研用协同创新。
14	山东大数据产业技术创新战略联盟	整合山东省内大数据产业研发的人才、科研、设备、存储、网络、计算、软件、用户等企业及团体的资源优势，形成联合开发、优势互补、利益共享、风险共担的产学研合作机制，推进大数据技术创新、业务模式创新和服务模式的创新，更好地实现大数据技术、应用和市场的整合，促进产业链上下游企业间的协同与合作，共同推动山东省互联网产业和软件与信息服务业的大发展。
15	山东农业大数据战略联盟	采用大数据研究手段，在搜集、存储气象、土地、水利、农资、农业科研成果、动物和植物生产发展情况、农业机械、病虫害防治、生态环境、市场营销、食品安全、公共卫生、农产品加工等诸多环节大数据的基础上，通过专业化处理，对海量数据快速"提纯"并获得有价值的信息，为政府、企业乃至各种类型单位的决策和发展提供支持，为公众提供便捷的服务。
16	中国工业大数据烟台产业联盟	推进烟台市工业大数据产业的成长和科研成果转化，建立产业上下游、产学研信息、技术解决方案和成功案例的资源共享机制，建立企业与企业之间、企业与政府之间沟通的平台，促进烟台市工业大数据产业发展。
17	陕西省大数据产业联盟	以促进陕西省大数据产业发展、提升产业集群创新能力和核心竞争力为宗旨，致力于打造陕西省大数据与云计算技术产业链、创新链和服务链，探索建立长效稳定的产学研合作机制，突破产业发展的核心技术，形成产业技术标准，搭建有效的合作交流平台。
18	陕西省大数据与云计算产业技术创新战略联盟	统筹协调陕西省内大数据与云计算技术和产业相关资源，以技术创新需求为纽带，有效整合产、学、研、用各方资源，充分发挥自身优势，通过对大数据与云计算核心技术的研究及自主创新，提升陕西省在大数据与云计算技术相关领域的研究、开发、服务水平，促进大数据与云计算技术标准的推广和应用，降低风险和成本，保护知识产权，促进联盟成员的共同进步，促进产业发展，实现共赢共荣。

续表

序号	联盟名称	联盟工作内容
19	四川大数据产业联盟	研究和探讨大数据行业研究和发展的理论、政策、模式、技术、管理及应用实践，为政府有关部门提供有利于行业发展的建议和依据；为从事大数据行业的企业提供管理咨询、技术创新、企业信息化、创业辅导、投资融资、产业基金、对外合作、会议展览和培训活动等服务，积极推进行业发展；建立信息及数据共享平台，全面有效地整合大数据行业资源，收集和发布从事大数据行业的企业所需要的各种信息，为企业和机构开发新品、开拓市场、引进智力与技术提供服务；积极探索建立大数据行业的行业标准和规范，促进行业数据的交换、共享及深度利用。
20	四川崇州大数据产业创新联盟	将协调汇集地方、国家、社会数据，并提供信息储存及运营等资源。
21	重庆大数据应用产业联盟	开展面向行业应用、面向产业链建设、面向资源整合的工作，为促进重庆大数据应用的技术进步和形成产业做出力所能及的贡献。
22	重庆大数据产业技术创新联盟	以国家和地方大数据技术创新需求为导向，打造大数据生态圈，完善技术创新链条，引导创新资源向联盟成员聚集；组织联盟成员开展技术合作，突破大数据产业发展的核心技术，协助政府制定大数据产业行业规范、技术标准和产品标准；建立公共技术创新服务平台，分享大数据产业动态和技术创新市场需求；通过项目、课题以及联合技术攻关，培养大数据领域高层次人才。
23	广东省大数据技术联盟	大数据技术应用和产业发展，推进大数据技术应用，增强广东新兴产业的综合竞争能力。
24	江苏大数据联盟	围绕大数据技术链、产业创新链，运用市场机制集聚创新资源，实现产学研用等机构在战略层面的有效结合，形成产业核心竞争力，有效提升江苏大数据关键技术创新水平，同时也在积极策应江浙沪国家大数据综合试验区的创建工作。
25	南京大数据产业联盟	研讨交流、数据共享、联合开发、推广应用、产业标准制定与推行、联合人才培养、业务与投资合作、促进政策支持等工作，在大数据关键技术研发协作、数据资源公开应用合作、大数据挖掘协同等方面形成巨大的推动力。
26	甘肃省大数据产业技术创新战略联盟	将围绕大数据技术、产业、应用及服务等创新链，通过市场机制聚集各类资源，实现政府、企业、大学、研究院所等机构在战略层面的有效结合，形成大数据技术、市场、资本、人才等资源的有效融合；通过联盟内部资源共享，协同行为和集成发展，形成大数据产业上、中、下游之间和供需方之间的有效合作与对接，有效提升甘肃省大数据关键技术的创新水平，形成大数据技术、产业及应用的核心竞争力；通过大数据交易机制、共享交换平台和联合申报大数据项目机制的建立，实现大数据创新成果的快速产业化，从而推动产业结构优化升级，促进甘肃经济社会又好又快发展。

序号	联盟名称	联盟工作内容
27	东北大数据联盟	致力于大数据产业发展与应用推广的企事业单位，积极推动大数据技术与产业的自主创新与科学发展，努力掌握核心技术，坚持产学研结合及融合互动发展，共同促进大数据领域新技术、新产品、新业务的应用与市场的开拓，建设沈阳大数据产业基地。同时，在政府相关部门与行业主管部门的领导与指导下，积极研究制定大数据相关技术标准和规范，提出促进产业与应用发展的建设性意见，协助政府相关部门研究制定有利于大数据产业发展与应用示范工程建设的重大产业扶持政策和促进条例，反映联盟成员的意愿和要求，接受沈阳市经济和信息化委员会的业务指导和沈阳市软件和信息服务业协会的管理，为联盟成员在大数据相关行业发展和应用提供服务。
28	黑龙江大数据产业联盟	一是开展大数据的宣传推广，参与大数据产业人才的培养；二是提供咨询服务，支持大数据产业创业创新；三是全力推动大数据应用发展，助力大数据产业生态。
29	西南大数据联盟	积极推广新技术、新产品、新应用，促进数据融合、应用融合，包括加强产业链的整合。同时，还将共同推动和维护西南大数据产业及应用的健康、有序和可持续发展。
30	华南大数据产业联盟	解决数据孤岛遍布、通用行业标准和沟通平台缺乏的问题；联盟将通过整合和连接各方供需，促进行业交流，探索数据合作新模式。
31	宁夏云和大数据合作联盟	通过科学的合作机制和运营模式，形成集团优势。其中，联盟将开放性地做好云计算和大数据标准体系构建和制订工作，共同研究做好安全评测、电子认证、应急防范等云计算和大数据相关的安全保障基础工作，制定云和大数据安全技术实现和安全标准、服务规范。同时，将加快研发推广基于云计算和大数据环境下的技术参考实现、软件产品和解决方案，探索软件服务化的新型商业模式。
32	中国智慧城市大数据创新联盟	2016年7月中国智慧城市大数据创新联盟在成都高新区揭牌，旨在通过有效整合产、学、研各方资源和优势，搭建智慧城市相关企业和机构协同创新、市场合作、人才培养平台，促进大数据在智慧城市建设中创新应用，规范和引领国内智慧城市大数据标准化和技术发展。
33	数据中心联盟	2014年1月，由中国信息通信研究院联合国内三家基础电信运营商、十余家主要互联网企业、国内主要硬件制造企业以及若干科研单位和组织等60多家单位共同发起组建。主要工作：推动技术和业务研究，跟踪国内国际行业发展动态，为政府和企业制定发展战略提供依据。搭建信息服务平台，提供行业、市场等公共信息服务。依据国家的有关法律、法规和方针政策，结合产业发展需求，组织制订行业公约，加强行业自律等；根据主管部门要求，协助主管部门推动相关领域标准预研，并推动标准在联盟成员的贯彻实施；促进相关领域的国际交流合作活动；组织相关领域的管理、技术、人才、法规等方面的培训。

续表

序号	联盟名称	联盟工作内容
34	大数据（中国）产业联盟	聚合产业资源，促进商学互动，助力企业成长，推进经济结构调整，促进产业转型升级。
35	中国大数据应用联盟	是我国建立的首个以"推动大数据应用创新，建立大数据应用体系"为行动目标的大数据行业联盟。将围绕《促进大数据发展的行动纲要》部署的三个主要任务开展具体工作。还将通过标准制定、应用实践、行业评比等，引导行业逐步形成一批满足大数据重大应用需求的产品、系统和解决方案，为建立我国安全可信的大数据技术体系做一些前瞻性研究工作。
36	中国大数据应用（西北）联盟	为西北地区大数据应用相关行业提供帮助。
37	中国企业大数据联盟BDU	是企业间的战略联盟，联盟宗旨是"开放、自律、务实、创新"，通过联盟，凝聚产业链上下游资源，吸引国内、国际先进企业、科研院所，营造良好的产、学、研、用协同发展环境。
38	中国农产品大数据联盟	建立中国农产品大数据联盟官方网站。网站集今日行情、信息雷达、数据报告、专家视点、联盟动态于一体。
39	中国互联网＋旅游景区大数据应用联盟	联盟以大数据应用为主线，探索"十三五"期间新型旅游服务模式，积极推进产业转型和服务升级。
40	中国旅游大数据联盟	将整合旅游行业及参与企业的资源，为各地旅游机构和景区提供大数据与新媒体传播的整合服务
41	中国工业大数据创新发展联盟	依托中国首席信息官联盟跨行业、跨地区资源，充分发挥"CIO＋"效应，整合多方资源，打造政用产学研协同创新平台，通过研讨交流、推广应用、标准研制、人才培养、业务合作等工作，服务产业生态建设，协助制定工业大数据领域的发展政策，助推工业大数据的政产学研用协同创新，切实推进两化深度融合相关工作。
42	工业大数据应用联盟	整合国际和国内工业大数据方面的优质资源，包括众多专家的理论、各企业家的实践经验等，总结归纳工业大数据在企业应用所需要具备的各方面能力，最终通过O2O培训、专家引入、企业应用指导、大数据综合分析解决方案提供的方式，助推企业实现由IT到DT的转型。
43	中国心血管大数据联盟	计划建成国家心血管疾病大数据平台。该平台能够高效存储、处理、分析挖掘电子病历、医学影像、临床检验数据等多类型数据信息，构建心血管疾病大型数据库和知识库系统；建立基于云存储与Hadoop心血管疾病大数据管理和分析平台，支持数据收集共享和分析利用；开发心血管疾病预警、预测、预后模型及临床决策支持系统，为提高心血管疾病的诊治水平提供大数据支撑。

续表

序号	联盟名称	联盟工作内容
44	健康大数据产业技术创新战略联盟	建立产学研用紧密结合、多领域科技创新、多元化投融资体系和多维度促进成果转化的有效机制，形成"产业需求为导向，企业创新为主体，共性技术为核心，检测认证为依据，专利产品为特色，技术标准为引领"的产业技术创新模式，大力推动大数据技术与我国的健康医疗事业融合发展，并为我国的健康医疗事业树立全新的价值评估体系。
45	中国城市大数据产业发展联盟	联合各城市整合多方资源，通过研讨交流、推广应用、标准研制、人才培养、业务合作等，服务大数据生态建设，协助制定大数据各领域的发展策略，助推大数据生态系统创新，推进各城市之间深度合作，跨行业、跨地区资源整合，充分发挥整合效应。联盟还将构建政策标准讨论平台，积极推动大数据领域产业政策、标准研究及大数据产业发展等工作。
46	信息通信大数据产业联盟	是国内首个专注于信息通信大数据产业资源整合与创新发展的开放行业组织，秉承"助推产业，服务会员"的理念，结合发挥"政产学研用"的资源优势，致力于搭建信息通信大数据公共交流合作服务平台。通数盟成员单位包括了我国信息通信大数据产业链上、下游的有关政府部门、知名专家、社会团体、领军企业、科研院所、投资机构、主流媒体等。
47	中国国际大数据产业联盟	旨在聚合大数据产业能量，以新形式、新理念、新方法，传播大数据行业信息，搭建大数据创新创业桥梁，推动大数据产业发展。
48	中国广电大数据联盟	搭建全国广电大数据平台并建设收视数据调查分析机构，实现数据共享、联合发布，探索广电行业协同发展的新业态、新模式。
49	语言大数据联盟	通过中译语通开放的亿万级语料及平台资源，为高等院校、科研机构、企事业单位的语言服务教学、实践、科研、业务等提供支持并开展合作，实现全球资源汇聚、交换和共享。
50	中国大数据金融产业创新战略联盟	开展大数据金融创新的理论和实践研究；建立政、产、学、研等一体化综合数据信息库，对企业提高自主创新能力、加快技术进步和产业优化升级提出建议，为政府的科学决策提供参考和依据；同时，联盟将加快大数据金融创新，对电子商务结算等，提供全国性金融技术指导与服务。
51	中国商业地产大数据联盟	有效整合商业地产大数据最强资源与最专业人才，推动商业地产的数据化升级。
52	中国法律大数据联盟	联合不同领域的组织机构和专家学者设立理事会和专家委员会，并联合成立中国法律大数据研究中心，编制《中国法律大数据蓝皮书》、组织法律大数据学术研讨会、构建法律大数据与云服务平台，对法律大数据与云技术进行深度分析、挖掘，探究法律大数据在法治国家、法治政府、法治社会一体化建设中的应用。

数据来源：赛迪研究院整理，2017 年 12 月。

表3–3 我国各省市大数据交易平台建设情况

省市	时间	建设情况
北京	2014.12	"北京大数据交易服务平台"上线
	2014.6	中关村数海大数据交易平台
贵阳	2015.4	全国首个大数据交易所"贵阳大数据交易所"挂牌运营
		贵阳现代农业大数据交易中心
武汉	2015.7	东湖大数据交易所正式启动
	2015.7	长江大数据交易所揭牌
	2015.11	华中大数据交易所揭牌
	2016.7	华中大数据交易平台2.0上线,是国内首个以活数据交易为主的大数据交易平台
江苏	2015.10	徐州大数据交易所挂牌成立
	2015.12	华东江苏大数据交易平台成立
河北	2015.12	河北京津冀数据交易中心成立
河南	2016.7	汝州市大数据交易所揭牌
浙江	2016.3	2016年3月底,浙江省政府办公厅正式批文成立浙江大数据交易中心有限公司
	2016.6	杭州钱塘大数据交易中心揭幕,全国首个"工业大数据"应用和交易平台正式上线
陕西	2015.8	陕西省大数据交易所揭牌
	2015.8	陕西"西咸新区大数据交易所"正式挂牌
上海	2016.1	上海大数据交易中心正式成立
广东	2016.6	广州数据交易平台"广数Data hub"宣布正式上线运营,这也是华南地区首个数据交易服务平台
吉林	2016.4	浪潮四平云计算中心、大数据交易所正式揭牌
重庆		重庆大数据交易市场
哈尔滨	2016.6	由黑龙江省政府办公厅组织发起并协调省金融办、省发改委、省工信委等部门批准设立

数据来源:赛迪研究院整理,2017年12月。

(三)区域布局基本形成,综合试验区引领特色发展

我国大数据产业区域布局基本形成,以京津冀区域、长三角地区、珠三角地区、中西部和东北地区等五个集聚区格局发展特色。京津冀地区着力打造大数据走廊格局，已初步形成大数据协同发展体系；长三角地区依托上海、杭州、南京等地，持续推进大数据与当地智慧城市建设，以及云计算、人工智能等其他新一代信息技术发展深度结合；珠三角地区在大数据应用创新、产品研发及产业管理方面率先垂范、具有成效；中西部地区近年来实现跨越式发展，已成为大数据发展的新增长极；东北地区依托东北老工业基地基础，不断发展工业大数据。从区域发展水平看，各省市大数据产业发展水平差异较为明显，大数据产业发达省市大都集中在东部沿海地区。北京、江苏、广东、山东、上海、福建、浙江等排名前7的省市都位于东部沿海地区，主要原因在于这些省市信息产业发展基础好，集聚了大批知名大数据、软件、电子制造等知名企业，大数据相关创新创业活跃，从而使得整个产业呈现较高发展水平。

在八大国家大数据综合试验区建设工作的带动下，我国大数据产业特色化发展不断深入。京津冀和珠三角跨区域类综合试验区注重数据的要素流通，以数据流引领技术流、物质流、资金流、人才流，以支撑跨区域公共服务、社会治理和产业转移为主线，促进区域一体化发展，如京津冀形成以北京强化创新引导，天津、张家口、廊坊等协同发展的"1+2+4"格局，目标是打造成为国家大数据产业创新中心、国家大数据应用先行区、国家大数据创新改革综合试验区、全球大数据产业创新高地。贵州、上海、重庆、河南和沈阳等区域示范类综合试验区注重数据的资源统筹，大数据产业集聚作用和辐射带动作用不断增强，有力促进区域的协同发展，实现经济的提质增效，如贵州大数据综合试验区稳步发展的核心基础就是加强资源统筹、顶层设计。内蒙古自治区的基础设施统筹发展类综合试验区，充分发挥其能源、气候、地质上的区域优势，对资源整合力度不断加大，在绿色集约发展的基础上，与东、中部产业、人才、应用优势地区合作逐步加强，实现跨越式发展。同时，结合地方产业发展和应用特色的大数据产业集聚区和新型工业化示范基地工作稳步推进，相关政策文件编制工作有序开展。

（四）企业布局细分行业，不断夯实创新基础

当前我国大数据企业业务范围不断拓展，几乎覆盖了产业链的各个环节。其中以从事大数据分析挖掘业务的企业最为集中，所占比例高达63.7%；从事数据采集业务的企业占比为 37.4%；从事 IDC、数据中心租赁等数据存储业务的企业比重最低，仅为 8.5%；从事数据分类、清洗加工、脱敏等预处理业务的企业占比为 27.8%；从事数据可视化相关业务的企业占比 14.3%；从事大数据交易、交换共享等数据流通业务的企业占比 18.3%。具体如下图所示。

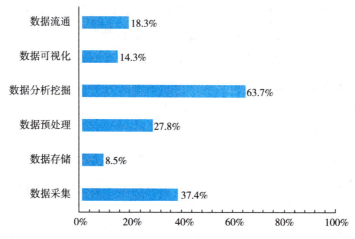

图 3–2　我国大数据企业产业环节比重分布图

数据来源：赛迪研究院整理，2017 年 12 月。

同时，我国企业已经在大数据领域开始布局，不仅加强物理存储设备与处理能力的建设，也加快技术产品的研发与人才队伍的培养。在软硬件方面，国内骨干软硬件企业陆续推出自主研发的大数据基础平台产品，一批信息服务企业面向特定领域研发数据分析工具，提供创新型数据服务。在平台建设方面，阿里、百度、腾讯等互联网龙头企业服务器单集群规模达到上万台，具备建设和运维超大规模大数据平台的技术实力。在智能分析方面，科大讯飞、第四范式等企业积极布局深度学习等人工智能前沿技术，在语音识别、图像理解、文本挖掘等方面抢占技术制高点。在开源技术方面，我国对国际大数据开源软件社区的贡献不断增大。面对各行业的特性需求和不同用户的个性化需求，企业不断地创新出新技术、新产品、新业态和新模式。

（五）行业应用深度融合，应用场景不断丰富

2017 年，大数据在各行业的全面深度渗透，应用场景不断丰富，有力地促进产业格局重构，驱动生产方式和管理模式变革，推动制造业向网络化、数字化和智能化方向发展。在政务领域，我国不断加强大数据在政府治理和社会服务领域的应用，整合宏观调控、税收监管、商事管理、信用体系建设、维稳、公共安全等数据资源，加快数据共享开放，提升政府治理能力，例如中兴智慧政务解决方案，通过智慧银川项目建立了十个数据系统，形成 13 个子模块，涵盖了智慧政务、智慧环保、智慧交通、智慧安全、智慧医疗、智慧社区、智慧旅游等多个方面，进行数据汇集、整合、分析挖掘，进行整合最终达到辅助政府决策的目标。在工业领域，通过运用大数据技术对工业企业产生的海量数据进行分析挖掘，得到有价值的分析结果，实现工业与互联网等新一代信息技术融合创新发展不断深入，例如东方国信打造 BIOP 工业大数据平台，具备数据实时采集、数据整合治理等功能，可以实现从设备端到服务端的无缝衔接，通过整合现有生产端的 MES、ERP、CPS 等实时数据，统一汇总分析，提供实时监控、生产管理等多种生产运行管理的服务。在金融领域，我国积极推动大数据等信息技术在金融行业的广泛应用，培育发展了一批以网商银行为代表的新业态、新模式，推动金融产业不断转型升级，引领我国金融产业快速发展，例如 2017 年，百度开放大数据风控平台"般若"，实现信贷业务流程全覆盖，利用央行征信数据和百度数据将客户群的风险区分度提升 13%，并大幅提升识别骗贷团伙的成功率。

（六）资本市场规模增加，行业应用仍为热点

"大数据"逐渐渡过概念热炒期，大数据投融资并购活动热度趋于稳定。据不完全统计，截至 2017 年前三个月，国内获得融资的大数据企业有 150 家，2016 年上半年、下半年、2017 年上半年国内大数据投融资金额分别为 326.61 亿元、455.34 亿元、556.83 亿元，显示国内大数据产业投融资的热度正逐渐下降，随着我国大数据产业格局日趋成熟，处在 A 轮（及之前）融资阶段的初创型企业占比有所减少，越来越多的企业走向了 B 轮甚至 C 轮的融资。大数据企业对资本需求更旺盛，特别是对高量级资金的需求上升迅速。2016 年到 2017 年对"高量级资金（1000 万元以上）"需求的大数据企业数量占比从 34.23% 上升到 65.31%，其中对"1000 万—5000 万元量级"资金需求的企业数量占比更是上升了约 10%。大数据投融资业务集中度更高，国内

机构投资者更偏好于应用型大数据企业。在 2017 年交通和物流行业是最热点的投资领域，分别占总投资额的 44% 和 16%。其他相对热点的领域还包括金融、医疗、营销和汽车等。

表 3 – 4　国内 2017 年上半年大数据领域部分投融资事件汇总

企业	轮次	金额（万元）	投资方	细分领域
浮冬	Pre – A	1000	杭州电魂	电竞数据服务
神策数据	B	7000	DCM 领投，红杉资本跟投	大数据挖掘与分析
天眼查	A	13000	中小企业发展基金领投	大数据信息查询解决方案
新康医疗	C	8500	瑞盛投资	行业化应用
IT 时代	A	10000	普渡资本	行业化应用
星环科技	C	23500	腾讯	大数据挖掘与分析
PingCAP	B	12000	华创资本	大数据存储与解决方案
热云数据	B	10000	泰达资本	移动大数据分析
中科点击	Pre – A	3500	贵阳市创投和高新区产业投资	大数据挖掘与行业化应用
杭州绿湾	B	30000	中植资本	行业化应用

数据来源：赛迪智库整理，2017 年 9 月。

二、主要问题

（一）数据开放共享水平有待提高

大数据产业发展有赖于数据信息的自由流动和共享，数据资源开放共享水平将影响大数据产业发展水平和速度。虽然国家层面和地方层面均出台了推动数据资源开放共享的相关政策，并将推动政府数据、公共数据集聚与开放共享作为主要任务，但目前我国各级部门数据资源开放共享程度依然较低。一是由于信息系统分散独立以及信息技术能力欠缺，目前各级、各部门、各行业各行其是、条块分割的现象仍然大量存在，政府各个部门之间多套信息系统同时并行，互相之间信息资源无法共享的"信息孤岛"现象仍然突出。二是由于数据共享开放的法律法规体系不完善、流程不规范、责任主体不明确等问题导致的政府和社会企业对数据资源"不敢开"、"不想开"、"不会开"等问题依然存在。三是开放的数据资源也存在质量不高，可机读性、完整性等较差，交易流通不畅等问题。

（二）技术创新对产业发展的引领作用仍然不强

创新是引领发展的第一动力，然而目前我国在新型计算平台、分布式计算架构、大数据处理、分析和呈现等方面技术水平与国外仍存在较大差距，在前瞻性技术研发方面仍处于跟随状态，技术创新对于大数据产业的引领作用仍然不强。一是国内企业对大数据核心技术和生态系统影响力总体较弱，如商用数据库等主流产品市场仍由国外企业主导。二是大多数大数据企业的创新仍以模仿性、渐进性创新为主，突破性、颠覆性创新偏少，自主研发具有国际影响力的先进技术较少。三是企业、科研机构、高校之间尚未建立起知识创新、技术研发和成果转化密切结合的有效机制，产学研用的渠道尚未彻底打通。

（三）助推数字转型程度亟待提升

大数据作为数字化知识和信息采集、分析挖掘和利用的关键抓手，对推动各行业数字化转型起到关键支撑作用。但目前大数据在各行业的应用范围仍不广、应用层次仍不深，对行业数字转型支撑能力仍有待提升。一是部分制造业企业信息化、数字化水平仍有待提升，导致数据采集、分析、处理能力较弱，大数据在制造业数字化转型中的作用不能充分发挥。据统计，国内打通过程控制和企业管理环节的制造执行系统的普及率不到20%，实现覆盖产品全生命周期数据互通的企业仅为18.7%，实现产业全生命周期业务集成的企业仅为6.8%。二是面向农业、服务业等领域的大数据软硬件产品和解决方案供给能力仍有待提升，应用模式、商业模式、服务模式有待探索，参与主体有待进一步集聚。

（四）产业统计和标准体系急需构建

数据资源已成为国家基础性战略资源，衡量大数据产业发展水平对把握经济走向、制定宏观决策、实施科学精准的产业调控和经济政策具有重要意义。然而，大数据作为战略新兴产业，传统的国民经济统计体系已经无法覆盖和准确衡量其产业发展水平，工业和信息化部制定的软件与信息技术服务业统计体系中亦缺少专门衡量其产业发展水平的统计指标，适合大数据产业的精确统计标准和测算方法急需制定。此外，虽然我国早在2014年12月就成立了全国信息技术标准化技术委员会大数据标准工作组，大数据标准工作也取得了诸多进展，但由于大数据发展速度快、涉及面广、技术复杂，当前大数据标准化工作仍然面临着诸多挑战，大数据标准化工作仍需加强。

（五）数据安全和数据主权面临新问题

随着大数据广泛深入发展，数据安全已上升为关系到个人安全、经济安全、社会安全和国家安全的关键领域。虽然我国在数据安全防护技术以及数据安全管理等领域取得了较大进展，但由于大数据具有体量巨大、价值稀疏、类型多样、分布协同等特征，数据从产生到销毁要历经采集、存储、传输、使用等多个环节，并且涉及数据生产者、消费者等多个主体，我国数据安全防护依然面临诸多挑战。一是基础设施安全防护能力薄弱，物联网、路由器等数据采集和传输设备，集中存放和处理海量数据资源的云计算数据中心，大数据开放共享和交易平台等均可能成为安全攻击的目标。二是个人敏感数据泄露、失真、篡改、非法利用等问题依然严峻，个人数据确权、安全保护等成为关注焦点。此外，在数字经济环境下，大数据作为与自然资源、人力资源同样重要的战略资源，数据主权已逐步成为国家主权的一个重要组成部分，争夺和掌控全球数据资源已成为各国竞争的新热点。而目前我国大数据跨境流通相关法律法规方面的基础较为薄弱，数据安全治理和监管制度尚不健全，数据安全开放、流通标准等缺项严重，数据跨境流通给保障国家数据主权带来新挑战。

行业篇

第四章　大数据硬件

一、发展概况

大数据产业快速发展和大数据服务优化均离不开大数据硬件和软件的重要支撑。大数据硬件是指数据的产生、采集、存储、计算处理、应用等一系列与大数据产业环节相关的硬件设备，主要包括传感器、移动智能终端、数据传输设备、存储设备、服务器、网络（安全）设备等。作为大数据软件和系统的重要载体，大数据硬件对产品性能提升、功能优化、服务优化等有着至关重要的影响。

随着我国大数据产业的快速发展以及应用领域的不断扩展，我国大数据硬件市场也迎来了高速发展的态势。根据贵阳大数据交易所的数据，2014年我国大数据相关硬件市场在451亿元，2015年已经达到795亿元的规模，预计2017年我国大数据硬件市场规模将达到1389亿元，增速高达27%。然而，随着大数据产业由爆发期向成长期转变，前期大数据硬件基础设施建设的不断完善，大数据硬件投入也将呈现逐步趋稳的态势，大数据硬件在整个大数据产业中的比重也将有所降低，相应的大数据软件和服务的比重将有所提升。以下将重点从数据采集、存储、计算、数据中心等环节对我国大数据硬件的发展概况进行分析和总结。

（一）数据采集

数据采集是通过RFID射频技术、传感器以及移动互联网等方式获得各种类型的结构化和非结构化的海量数据，并完成对已接收数据的辨析、抽取、清洗等操作。数据采集是海量数据获取的重要入口，是大数据分析挖掘、计算处理、存储、应用的前提条件。当前数据采集设备分布广泛，主要包括移动智能终端、可穿戴设备、智能车载设备、监控设备、传感设备、RFID设备，还包括面向特定行业的数据采集设备，如一卡通、POS机、可穿戴医疗设备、智能手环、工业数据采集系统等。

数据采集设备属于物联网设备范畴，侧重于对数据的采集和预处理。随着车联网、智慧医疗以及工业互联网的快速发展，相应细分领域的具有数据采集功能的智能硬件发展势头也十分迅速。在智能车载设备方面，车载操作系统、车控操作系统、北斗导航、宽带移动通信、大数据等新一代信息技术与车载设备的集成应用更加深入，芯片、元器件、零部件和整车设备的检测认证能力不断提升，配套供应体系逐步建立健全；在智能医疗健康设备方面，随着健康监护、远程诊疗、居家养老等需求的不断提升，家庭诊疗设备、智能健康监护设备、智能分析诊断设备等一系列健康医疗领域的数据采集设备的开发和应用不断推进，不同设备及系统间接口、协议和数据的互联互通也不断强化；在工业级智能设备方面，具备实时采集、自动存储、即时显示、即时反馈、自动处理、自动传输功能的工业数据采集系统发展迅速，高可靠智能工业传感器、智能工业网关、智能PLC、工业级可穿戴设备和无人系统等智能硬件的发展需求更加旺盛。

（二）数据存储

数据存储是指采用合理、安全、有效的方式将数据保存到某种介质上，并能保证后续对该数据进行有效、快速访问。存储系统不仅仅是存储介质，还包括保证数据安全存放，高效读取的软件或硬件。在大数据时代，由于对响应时效和随机存取提出了更高要求，传统HHD硬盘面临较大挑战，SSD固态硬盘替代将是大势所趋。同时，SRAM、ROM、DRAM等传统存储技术已经十分成熟，且关键技术大多掌握在三星、东芝、SanDisk等国外厂商手中，但FRAM、MRAM、PRAM、RRAM等替代存储技术的发展仍处于起步阶段，我国存储厂商仍面临良好的发展机遇。

数据存储事关国家安全，已经上升到国家战略层面。在国家自主可控的大背景下，去IOE进程不断加快，以存储芯片为代表的核心技术国产化进程也持续推进，国家持续加大政策支持力度，统筹协调各方资源攻克存储芯片关键核心技术。长久以来，存储芯片市场都被少数国际大企业垄断。NAND Flash市场被三星与东芝联合的Toggle DDR阵营和英特尔与镁光为首的ONFI

阵营把持。在中国政府的政策和资金支持下，中国大陆存储芯片企业经过 3 年时间，已经成长到跟生产了 20 年半导体的中国台湾地区企业不相上下的水平。现已形成存储半导体三大研发和制造基地，这三大存储芯片基地都分别在当地加紧建设存储芯片工厂，预计最快到 2018 年下半年就会有存储芯片工厂开始投产。从各龙头企业布局看，即长江存储、合肥长鑫和福建晋华，长江存储将主攻 NAND Flash 产品，而福建晋华和合肥长鑫则把目标锁定在 DRAM。由于 NAND Flash 相对 DRAM 的技术难易度较低，长江存储也将成为第一家实现量产的中国存储芯片企业。而另外两家企业 2017 年将实现产品试生产，预计到 2018 年正式开始量产。紫光再次获得国家开发银行和华芯投资共计 1500 亿元人民币的融资，这为紫光解决存储芯片工厂的资金问题提供了重要保障。

（三）数据计算

数据计算处理涉及服务器、芯片、操作系统、数据库、中间件、系统集成等众多方面，其中与数据计算处理直接相关的硬件主要包括芯片和服务器两大类型。

从芯片来看，全球 IT 系统生态实际上是建立在芯片基础之上的，英特尔在 X86 架构下的处理器芯片领跑全球，牢牢掌握了整个电脑整机及中低端服务器市场；ARM 作为精简指令集处理器架构，具有体积小、低能耗的特点，在移动终端领域占据主导地位。从我国芯片市场来看，仍然由国外芯片主导，占比超过 90%，然而，近年来，随着自主可控战略的大力推进，我国一直通过授权和自主研发相结合的方式加强处理器研发，自主研发的国产芯片性能已经基本满足使用需求，形成了龙芯、申威、兆芯、飞腾等服务器芯片，以及海思、展讯等移动端处理器芯片。例如，龙芯 3A3000 峰值运算速度 24GFlops，晶体管数大于 12 亿，获得了众多国内操作系统的支持，例如：中标麒麟、深度系统、新起点等。龙芯正在以 "loongISA + LCC + GS464E 等自主研发的微结构 + 社区操作系统 loongnix + 软件生态 + 产业联盟" 为基础，力争打造自己的体系。华为的海思手机芯片 K3V2 是一款高性能 CPU，主频分为 1.2GHz 和 1.5GHz，是华为自主设计，采用 ARM 架构 40NM、64 位内存总线，是 Tegra 3 内存总线的两倍。通过华为手机的市场份额逐步扩大，逐渐成为世界三大品牌之一，其中华为的海思芯片起到了非常大的助力作用。

从服务器来看，随着云计算、大数据、社交娱乐、移动设备需求的持续释放，以及国内云计算数据中心建设进程的加速推进，我国服务器市场保持平稳增长的态势，成为全球服务器出货量增长的重要原动力。从国内服务器市场来看，IBM、戴尔、惠普等国外品牌仍然占据60%左右的市场份额。然而，在国产化趋势的大背景下，以浪潮、华为、联想为代表的国产服务器厂商市场份额也出现大幅增长。在高端服务器市场，国产品牌不仅在销售量上占据了大部分服务器市场的份额，还在高端服务器领域实现了技术突破。目前在全球市值最高的10家互联网科技企业中，有5家选择浪潮作为战略供应商。浪潮AI解决方案在中国占有率超过60%，而在BAT等互联网巨头企业的占有率超过70%。中科曙光同样将企业的战略目标设定为深化人工智能技术的应用落地。曙光推出了首款搭载寒武纪AI芯片的人工智能服务器——Phaneron，该服务器可以在4U空间中部署20个人工智能前端推理模块，能够为推理提供强大的计算支持。相较于此前用于推理的通用CPU服务器，Phaneron的性能可以实现几十甚至上百倍的提升。

（四）大数据一体机

大数据一体机是专门为海量数据分析处理而设计的软硬件结合的计算机设备，主要由集成的服务器、存储设备、操作系统、数据库管理系统以及便于数据查询、处理、分析的预装软件等组成，重点解决了大数据时代基础设施的持续扩展问题、海量数据的存储成本问题以及数据处理的个性化需求问题。大数据一体机通常采用分布式大数据处理架构，能够实现从数据采集、数据存储、数据处理、数据分析到数据呈现的全环节覆盖，具有扩展性强、吞吐量高、延迟低等特点，满足个性化定制需求。截至2017年，为满足我国不断增长和变化的大数据应用需求，我国大数据一体机市场发展十分迅速，呈现出百花齐放的繁荣景象。IBM、Oracle、华为、浪潮等国内外IT巨头均推出了面向大数据的一体化产品和解决方案。

华为FusionCube大数据一体机为全球的客户提供更易部署和管理、更高性能和更低TCO的大数据解决方案。它使用了华为专门针对大数据应用优化的FPGA压缩技术，可以使数据的压缩速度从MB/s级别提升到GB/s级别，有效释放CPU，降低落盘IO。通过该技术，有效存储容量可提升250%，同时和传统压缩方案对比，可降低 30% 的 CPU 占用率，为客户带来更高价值。另外，华为服务器秉承开放、共赢的理念，与业界大数据软件提供商广泛开展合作，比如华为与 Hortonworks 建立了合作伙伴关系，加入了其 MDS（Modern Data Solutions）伙伴关系项目，为双方更加紧密的合作奠定了基础。FusionCube 大数据一体机将帮助客户在大数据应用上提供一站式的解决方案。

浪潮云海大数据一体机重点面向大数据行业应用，采用新型技术体系架构，覆盖数据存储、数据分析处理、数据呈现等全环节。该一体机采用全分布式大数据处理架构，集成计算单元、存储单元、通信单元、管理单元等核心模块，针对大数据处理的实时分析、深度挖掘和大容量数据仓库三类核心应用，向用户提供个性化解决方案。此外，还可为客户提供基于飞腾处理器、浪潮 K – UNIX 系统等自主可控产品的国产化解决方案，从业务分析、应用迁移、应用开发到运维服务的全流程提供服务，帮助用户解决在实施分布式数据处理架构面临的软硬件部署、二次开发等问题，实现由传统数据仓库向新型大数据平台的迁移。

（五）数据中心

数据中心作为信息化的重要载体，提供信息数据存储和信息系统运行平台的重要支撑，是推进云计算、大数据、人工智能等新一代信息技术发展的关键资源。随着大数据、物联网、移动互联网等新兴技术的普及和应用，数据流量和存储量呈现爆发式增长，数据中心的基础作用进一步凸显，已成为信息社会发展的重要基础设施。数据中心逐步从传统数据中心向云计算数据中心变革，通过虚拟化、并行计算、安全策略及能源管理等新技术，解决传统数据中心成本增加过快、能耗过多等问题，通过标准化、模块化、动态弹性部署等方式实现对业务服务的敏捷响应和按需获取。国内外 IT 巨头，如微软、谷歌、华为、浪潮等均加大投入来强化其数据中心建设。

与全球市场相比，我国数据中心市场快速增长。近几年我国数据中心市场保持 40% 增速，2016 年整体规模达到 715 亿元人民币，预计未来几年增速估计维持在 35% 以上。一方面互联网行业客户由于自身业务发展的需要，对数据中心资源需求旺盛；另一方面 4G、云计算、大数据等网络架构的迅速演进和网络应用的不断丰富也产生了大量的 IDC 机房和带宽需求。随着网络技术的发展以及网络设施的不断完善，智能终端、VR、人工智能、可穿戴设备、物联网以及基因测序等领域得到快速发展，带动了数据存储规模、计算能力以及网络流量的大幅增加。同时，"互联网＋"向产业加速渗透，带来互联网流量的快速增长，带动了数据中心等互联网基础设施需求的增长。

绿色、智能、集约成为数据中心发展的重要技术方向。目前，美国数据中心平均电能使用效率（PUE）已达1.9，先进数据中心PUE已达到1.2以下。我国中小规模数据中心PUE值普遍在2.2—3，虽然新建大规模数据中心PUE有所降低，但整体与国际上1.3—2的平均水平相比具有较大差距。2015年10月，工信部、国家机关事务管理局、国家能源局决定开展绿色数据中心试点工作，公布14个国家绿色数据中心试点地区。到2017年，围绕重点领域创建百个绿色数据中心试点，试点数据中心能效平均提高8%以上，制定绿色数据中心相关国家标准4项，推广绿色数据中心先进适用技术、产品和运维管理最佳实践40项。

IDC服务商根据资源不同和运营模式不同可以分为基础电信运营商、专业IDC服务商和云服务商。基础电信运营商：包括中国电信、中国联通和中国移动等，拥有大量的基础设施资源，在骨干网络带宽资源和互联网国际出口带宽方面具有垄断性优势。基础电信运营商向专业IDC服务商、云服务商和行业客户提供互联网带宽资源及机房资源。专业IDC服务商：包括本公司、世纪互联、光环新网、网宿科技等，为客户提供机柜租用、带宽租用、服务器代理运维等服务。

二、发展特点

（一）产品特点

数据采集设备呈现可编程的重要特性。随着物联网时代的来临，对于数据采集设备的要求也不断提高，功能也逐渐从数据采集向数据预处理扩展，数据采集设备也呈现出可编程的特性。通常来看，数据采集设备可提供可编程的配置接口，通过软件对采集数据进行可编程地自定义。数据采集设备的可编程配置文件，可由云端控制器进行统一管理、修改和保存，运维人员只需在云端做好配置文件，各采集设备就可实现自动升级，向第三方应用平台提供输出。此外，智能数据采集设备还可实现网络监测功能与第三方应用的需求分离，解决原始采集数据无法满足第三方应用，以及数据采集平台重复建设等一系列问题。

大数据一体机方面，数据仓库一体机、NoSQL 一体机以及其他一些将多种技术结合的一体化设备将进一步快速发展，中国的华为、浪潮等公司都将在大数据一体机上加大布局。

（二）技术特点

对象存储成为关注热点。基于高可扩展性和高耐久性的功能，对象存储让用户能够以低于主磁盘存储的价位来访问海量数据，同时避免增加与高容量磁盘相关的 RAID 重建时间。尽管对象存储成为大规模数据保留的主导技术的预测还未被证实，但越来越多的用户意识到，智能文件系统和最新磁带存储技术能够以更低的成本提供旗鼓相当、甚至更好的性能。企业未来将主要部署对象存储作为其私有云的基础，而磁带仍然保持其作为大规模非结构化数据长期低成本归档最优技术的角色。

虚拟化技术成为大数据基础设施建设的首选。虚拟化技术能够动态调用空闲资源，降低服务器部署规模，显著提升资源利用率。虚拟化还能提供相互隔离，安全、高效的应用执行环境。用户可以在同一台计算机上模拟多个系统，且在虚拟系统环境下各个子系统彼此独立，即使某个子系统遭受攻击而崩溃，也不会对其他系统造成影响，且被攻击的子系统可通过备份机制及时恢复。另外，虚拟化技术能更加便捷高效地对资源进行管理和升级。例如，借助虚拟化技术，数据中心能实现更好的敏捷性和灵活性。数据中心现代化的主要步骤是将计算、存储和网络虚拟化，将数据中心资源从硬件抽象到软件层。管理和自动化工具托管在堆栈之上，创建一个通用的软件定义平台，可以轻松扩展到公共云服务。企业可以通过部署所有三层基础架构堆栈作为集成平台的一部分，向现代化的数据中心迈进。

开源技术生态成为自主创新的重要路径。以 Hadoop 和 Spark 为主导的开源技术生态，成为国内大数据硬件创新发展的重要路径。从 Hadoop 平台技术来看，其具有高容错率、去中心化及处理引擎更靠近储存端等特点，改变了原先对于大数据处理架构中对单个服务器高性能计算能力的苛刻要求，尤其是对于海量非结构化数据，利用扁平化大规模服务器可以达到更高效的数据处理效果。随着 Hadoop 技术的不断推广和成熟，基于 Hadoop 技术的二次开发及技术迭代发展也十分迅速，这使得在国内广阔的应用市场背景下，为我国大数据硬件厂商走自主可控国产化发展带来了重大机遇。

（三）企业特点

从大数据各个环节硬件发展情况看，企业对数据中心等硬件的投入和创新力度持续上升。

数据采集设备领域，智能车载设备、智能医疗健康设备、工业级智能设备等设备制造商迅速发展，不断促进数据采集设备的多元化。数据存储领域，现已形成存储半导体三大研发和制造基地，集聚大批数据存储领域的企业，长江存储、合肥长鑫和福建晋华等龙头企业布局看，其中长江存储将主攻 NAND Flash 产品，将成为第一家实现量产的中国存储芯片企业。数据计算领域，形成了龙芯、申威、兆芯、飞腾等服务器芯片，以及海思、展讯等移动端处理器芯片。大数据一体机方面，大数据一体机市场发展迅猛，IBM、Oracle、华为、浪潮等国内外 IT 巨头均推出了面向大数据的一体化产品和解决方案。数据中心方面，在绿色化、智能化、集约化趋势下，国内外 IT 巨头，如微软、谷歌、华为、浪潮等均加大投入来强化其数据中心建设。

第五章　大数据软件

2017 年是《促进大数据发展行动纲要》深入推进关键之年，也是《大数据产业发展规划（2016—2020 年）》发布并推进实施的第一年，我国大数据产业规模不断扩大，产业链条加速完善，企业实力不断增强，发展态势加速迹象明显。我国大数据软件产品市场规模预计"十三五"期间将持续保持30% 左右的增长速度。大数据软件行业基础不断完善，行业内企业实力和竞争力不断增强，多家国家工程实验室陆续获批并揭牌。大数据软件产业市场主体呈现多元化的新格局，传统软件企业加快转型步伐，中小企业成为大数据创新的重要力量，工业领域龙头企业成为工业软件的核心力量。大数据软件企业的业务领域集中于大数据整体解决方案和管理软件环节，与此同时，不断向工业领域扩展。另外，大数据不断向更深层次融合渗透，金融业和电子政务是大数据软件应用最多的领域。

大数据软件主要是指针对海量数据资源进行管理、分析、计算、存储、可视化等环节的软件，包括大数据存储软件、大数据管理软件、大数据操作系统、大数据预处理软件、大数据分析处理软件、大数据可视化软件等。

一、发展概况

（一）产业规模持续增长

随着关键技术不断进步、数据管理分析等相关产品不断成熟、企业数量不断增多，大数据概念得到了广泛认可，应用不断深化，市场规模不断扩大。尤其是大数据软件的市场规模呈现高速增长态势，在大数据整体市场规模中的比重也呈上升趋势。赛迪研究院的数据显示，2017 年我国大数据软件产业市场规模约为 220 亿元，增速达 30%。大数据软件的应用范围不断扩展，加速渗透到装备制造、航空航天、船舶等重点工业行业领域，并根植在企业战略、管理和文化之中，在经济发展、社会管理、安全保障等方面形成的效益越来越大。

（二）发展基础趋于完善

我国企业已经在大数据领域展开布局，在加强基础设施建设的同时，软件基础和技术创新能力的建设也日趋完善。在基础软件方面，骨干企业陆续推出自主研发的产品，典型代表有华为的 FusionInsight、星环科技的 TransWarp、红象云腾 Hadoop 大数据生态系统等基于 Hadoop 的基础软件。在分布式数据库及存储系统上，南大通用、龙存科技、SequoiaDB（巨杉数据库）、达梦数据库等也推出了系列解决方案；在管理软件方面，传统软件企业加快产品转型，例如用友、浪潮、金蝶国际等软件企业从提供传统 ERP 服务商转型向云 ERP 服务提供商；在智能分析技术方面，人工智能企业积极布局基于深度学习的大数据挖掘，科大讯飞、旷视＋＋等企业在语音识别、图像处理、文本挖掘等方面抢占技术制高点。在基础研究方面，多家权威科研机构牵头组建国家级实验室，其中，2017 年成立的重量级实验室有由清华大学牵头成立大数据系统软件国家工程实验室、北京大学牵头成立大数据分析与应用技术国家工程实验室、中科院牵头成立大数据分析系统国家工程实验室等。在开源技术方面，企业不断推出新技术、新产品，构建新业态和新模式，满足各行业的特性需求和用户的个性化需求。同时，我国对国际大数据开源软件社区的贡献也不断增大，例如华为的 FusionInsight 增强了 Apache 开源社区软件功能，有助于 Hadoop 开源技术在中国的加速落地。

（三）市场主体呈现多元化的新格局

大数据领域刚刚兴起，还没有和传统 IT 领域一样出现垄断地位的巨头，没有形成固定的企业结构，大数据软件市场初步呈现以传统软件企业领先、创新企业机遇不断、制造业企业开拓工业 APP 领域的多元共生格局。

传统软件企业加快转型步伐。随着云计算、大数据概念的兴起，传统解决方案局限性逐渐显现，传统 IT 软件市场的规模逐渐萎缩，用户的需求向云计算、大数据等新模式、新产品转移，传统 IT 企业普遍认识到解决方案升级、业务模式升级的重要意义，大力布局大数据领域业务。以电子政务为例，传统电子政务厂商仅定位为传统的管理软件、流程信息化集成应用厂商，其市场空间和业务模式均具有局限性，而在大数据背景下，久其软件、用友等相关厂商能够实现由传统的管理软件向大数据、PAAS 平台总体方案供应商升级，为政府构建起基于大数据平台的业务解决方案。

中小企业成为大数据创新的重要力量。目前，大数据领域拥有众多的中小微企业，长尾效应明显，新创企业不断出现，中小企业不断成长。赛迪研究院中国大数据产业生态地图调查结果显示，我国大数据新创企业（成立时间不超过 3 年）占据很高的比例，即使在大数据发展较为成熟的珠三角、京津冀地区，新创企业的市场份额依然占据 50% 以上。

工业领域龙头企业成为工业软件的核心力量。随着国家实施大数据战略，推动大数据与实体经济融合发展，我国行业大数据发展由消费端向生产端逐渐渗透，工业软件和基于工业软件的工业大数据分析成为推动工业信息化、智能化发展的重要抓手。国家实施百万工业 APP 培育工程，制造业龙头企业是建设主要力量。例如，航天科工、三一重工、海尔集团等信息化水平高的制造业龙头企业在建设工业互联网平台的同时，也致力于自主开发工业 APP，提供工业大数据全流程管理和分析。

二、发展特点

（一）结构特点

整体解决方案及管理软件成为主体。从产业链结构来看，我国大数据软件企业集中在大数据整体解决方案和大数据管理软件环节，专业的大数据分析挖掘软件和可视化软件相对较少。据工信部大数据优秀产品、服务和应用解决方案调研结果显示，从事大数据整体解决方案的企业和从事大数据管理软件的企业合计占企业总数的 59%，大数据计算和可视化软件企业合计不到 20%。另外，实时动态数据分析成为企业需求量最大的功能，根据工信部信通院的调查数据显示，已经应用大数据分析软件的企业中，38.8% 的企业选择实时动态数据进行处理和分析，其次是历史数据分析，占比为 37.5%，另外有 22.5% 的企业选择了通过机器学习的方式辅助决策。

由消费端向工业领域逐渐渗透扩展。从消费端和生产端发展状况来看，赛迪研究院的中国大数据产业发展水平评估报告的数据显示，主要包括金融、电信、交通、商贸、政务、医疗、教育、旅游等行业的消费端的大数据发展指数占总体发展指数的89%，主要包括工业、农业等行业的生产端的大数据发展指数占总体发展指数的11%。随着"中国制造2025"深入实施和软件定义的不断深化，工业领域的软件和信息技术服务应用需求以及工业大数据分析的需求加速释放。工业APP既是工业技术、工艺经验、制造知识和方法承载、传播和应用的重要载体，也是软件在工业领域发挥"赋值、赋能、赋智"作用的重要体现。2017年，国家实施工业互联网创新发展战略，推进百万工业APP培育工程，我国大数据的发展正从消费端向工业领域逐渐渗透。

（二）技术特点

开源是大数据软件技术创新的主要途径。大数据的发展历史明确显示，大数据自身是产生并在开源的基础上发展起来的，开源是大数据发展的基础。经过多年的演变和发展，在大数据产业发展的各个环节，均有开源软件和开源工具的覆盖。在开源软件的协助下，企业可以快速构建大数据应用平台，获取大量的大数据开发和应用工具。当前，各类企业都在使用开源软件和工具处理大数据和基于数据的预测分析，不管是小型初创企业还是行业科技巨头。由此可见，大数据技术的创新演进和大数据产业的不断进步基于开源，开源对繁荣大数据应用生态起到了不可忽视的作用。

表5-1   大数据各领域开源软件汇总

主要领域	细分领域	开源软件
大数据计算	流式计算	Facebook Puma、Twitter Rainbird、Yahoo S4、Twitter Storm、DataTorrent
	迭代计算	Apache Hama、Apache Giraph、HaLoop、Twister
	离线计算	Hadoop MapReduce、Berkeley Spark
大数据存储	键值存储	LevelDB、RocksDB、HyperDex、TokyoCabinet、Voldemort、Amazon Dynamo、Tair、Apache Accumulo、Redis
	表格存储	OceanBase、Amazon SimpleDB、Vertica、Cassandra、HyperTable、FoundationDB、HBase
	文件存储	CouchDB、MongoDB、Tachyon、KFS、HDFS
数据查询检索	查询引擎	Phoenix、Stinger、Presto、Shark、Pig、Cloudera Impala、Apache Drill、Apache Tajo、Hive
	检索引擎	Nutch、Lucene、SolrCloud、Solr、ElasticSearch、Sphinx、SenseiDB

续表

主要领域	细分领域	开源软件
基础平台	编程语言	R、ECL
	基础组件	LevelDB、SSTable、RecordIO、Flat Buffers、Protocol Buffers、Consistent Hashing、Netty、BloomFilter
	云平台	OpenStack、Docker、Kubernetes、Imctfy
平台管理	资源管理	Twitter Mesos、Hadoop Yarn
	内存管理	Ignite、Terracotta、Pivotal GemFire/Geode、GridGain、Infinispan
	日志收集	Facebook Scribe、Cloudera Flume、logstash、kibana
	消息系统	StormMQ、ZeroMQ、RabbitMQ、Apache ActiveMQ、Jafka、Apache Kafka
	监控管理	Dapper、Zipkin
系统工具	分布式服务	ZooKeeper
	远程调用	Apache Avro、Facebook Thrift
	集群管理	Nagios、Ganglia、Apache Ambari
大数据应用	分析报告	Mahout、Splunk、Talend
	商业智能	Talend Open Studio、Jaspersoft、Pentaho、SpagoBI、KNIME、BIRT
	数据挖掘	DataMelt、KEEL、Orange、RapidMiner、Rattle、SPMF、Weka

数据来源：赛迪研究院大数据产业生态地图调研，2017年12月。

机器学习进行预测分析成为新趋势。随着大数据应用技术和分析能力的不断提高，机器学习技术被逐步运用到大数据的智能分析中。机器学习是计算机智能化的基础，是人工智能的一个分支，其应用遍及人工智能的各个领域，如数据挖掘、计算机视觉、自然语言处理、生物特征识别、搜索引擎、医学诊断、检测信用卡欺诈、证券市场分析、DNA序列测序、语音和手写识别、战略游戏和机器人等领域。机器学习是2017年十大战略技术趋势之一。预测分析与机器学习紧密相关，通常情况下ML（机器学习）系统为预测分析软件提供动力。在大数据应用初期，企业一般通过大数据分析来检视企业过往发生了什么，后来通过数据分析工具，企业调查研究事情发生的背后原因。而更进一步的是预测分析，使用大数据考察分析预测未来会发生什么。如今最先进的机器学习和人工智能系统正逐步超越传统的基于规则的算法，创建出能够学习、理解、预测、适应，甚至可以自主操作的系统。现阶段，越来越多的预测分析工具被供应商们推出。可以预见，随着业界越来越关注到预测分析工具的强大功能，未来几年这一数字可能会激增。

技术创新是发展主基调。2017 年，大数据软件领域国家工程实验室陆续获批并揭牌，工信部批复多个大数据相关重点实验室，科技部、国家自然科学基金委等设立多个大数据软件相关重点专项、创新项目，推动我国在系统计算技术、系统软件、分析技术等基础技术领域的技术研发和创新体系不断完善。同时，我国大数据骨干企业在大数据技术创新方面也不断加大投入，在数据采集、清洗、脱敏、可视化等多个基础性技术领域已经取得较大突破，强化了数据库系统软件、大数据分析和可视化软件等的开发能力，形成了实用性强、稳定度高的技术能力，并向医疗、金融、物流、安全等行业的细分领域不断渗透拓展。

（三）应用特点

融合渗透效应向更深层次延伸。2017 年，基于大数据的数字化生产、数字化制造、数字化服务等新业态不断涌现，成为推动数字经济发展的主动能。大数据在农业生产智能化、经营网络化、管理高效化、服务便捷化方面的能力水平不断提升，面向农业农村的数据采集、传输、共享基础设施日趋完善，河南农业大数据综合应用服务中心等农业大数据应用示范作用明显。在国家科技重大专项、强基工程等的有序推进下，大数据与集成电路、基础软件、核心元器件、新一代人工智能等领域的融合应用和集成创新不断加快。大数据在生活类、公共服务类、行业类及新型信息产品四大重点领域的应用日益深入，人民群众日益增长的信息消费需求不断得到满足。得益于大数据和云计算融合创新平台——"飞天"的重要支撑，"双十一"期间，阿里巴巴支付宝的支付峰值达到每秒 25.6 万笔，是上年的 2.1 倍。

金融、政务引领行业大数据快速发展。赛迪研究院行业大数据评估结果显示，大数据在金融和政务领域的应用远高于行业大数据平均发展水平，分别占总指数的 16%、15%。另外，交通、电信、商务大数据发展指数均分布于平均指数之上，分别占总指数的 12%、12%、10%；而低于平均发展指数的领域则聚焦于医疗、教育、旅游、工业、农业等，占比分别在 10% 以下。在金融领域，金融大数据作为一种新兴业态，正成为金融行业创新发展的前沿阵地，其发展将有力撬动金融产业和信息产业的全面快速发展。全国三大金融中心北京、上海、深圳依托强大的金融产业基础，积极推动大数据等信息技术在金融行业的广泛应用，培育发展了一批以网商银行为代表的新业态、新模式。在政务领域，政务大数据在基础环境、数据汇集和行业应用三方面发展均具有较为明显的优势。在《关于促进大数据发展的行动纲要》中专门提出了，要将政府数据资源开放、整合、共享，社会治理能力提升作为推动大数据发展的重要任务，大数据在政府部门决策、社会管理以及公共服务水平和能力的应用发展快速。

第六章 大数据服务

大数据服务主要是指基于数据资源的服务产业，其主要业态包括了数据交易、数据采集、数据应用服务、基于大数据的信息服务和数据增值服务等。大数据服务企业则是指以大数据为核心资源，以大数据应用为主业开展商业经营的企业，代表企业有数据堂、拓尔思、亿赞普、东方国信、美林数据、百分点、星环科技、TalkingData 等等。

从数据流通的角度来看，大数据服务实质上贯穿了整个大数据核心流通体系的全部，同时也渗透到大数据相关产业发展中。本书中大数据服务既包括了大数据核心服务体系，也涵盖了大数据衍生服务体系。涉及大数据核心流通体系的大数据服务业态包括了数据采集服务、数据清洗加工服务、数据整合服务、数据价值挖掘服务、数据可视化服务等，其中数据价值挖掘服务是指通过数据分析从海量数据中提取有用信息，从而帮助企业针对市场及用户资源开展市场营销活动、进行市场预测与生产优化、通过风险控制最终实现经营活动的利润最大化，是大数据服务产业的重点领域，也是整个大数据产业发展的最关键环节。涉及大数据衍生服务体系的大数据服务业态包括了数据交易服务、大数据咨询服务、大数据教育培训等，其中大数据交易服务是联结数据资源和大数据服务提供商之间的纽带，是推动大数据产业发展的重要抓手。

一、发展概况

（一）产业整体规模不断提升

近年来，在信息技术快速创新演进和互联网服务不断深化的双重推动下，大数据服务产业在全球呈现出加速发展的整体态势。从我国大数据产业的发展现状来看，伴随一大批数据中心等信息基础设施的建设与部署，大数据发展的基础支撑体系基本形成，大数据发展步入到以数据服务为核心的行业应用阶段。但相比大数据硬件、大数据软件，面向大数据核心价值挖掘和行业应用的大数据服务则起步较晚，大数据服务的相关标准尚未建立，服务产业生态不够完善，大数据服务业在大数据产业中所占比重相对较少。2017 年以来，随着大数据行业应用的不断深化，大型科技企业不断推动面向行业服务的大数据平台，技术创新型企业则加强了与数据提供商和数据应用企业的协作，大数据服务业呈现出高速发展态势。

根据赛迪智库的分析统计，2017 年，我国大数据服务市场规模约为 350 亿元，占整个大数据产业规模的 7.5%，比 2016 年提高 1.5 个百分点。预计未来 5 年，大数据服务产业规模增速将超过 50%，到 2020 年，我国大数据服务市场规模将达到 1200 亿元，占大数据及其相关产业总体规模的 12% 左右。

（二）大数据交易服务步入成熟期

大数据交易是指开展数据交互、整合、交换、交易的业务类型，从本质上来看，大数据交易并不是大数据价值挖掘的核心环节，其主要功能在于促进数据资源的有序合理流通，搭建了数据源与技术服务者联系的纽带。从我国大数据产业发展现状来看，数据资源主要集中在政府、互联网巨头、电信运营商、行业领军企业等少数组织或企业中，而拥有大数据核心技术的创新型企业则受限于数据资源难以获取，难以得到快速发展。在此背景下，大数据交易服务在大数据产业发展中的地位非常突出，也是我国大数据产业发展的重要环节。

2017 年，在各方努力下，我国大数据交易服务发展态势良好，整体发展环境更加优化。习近平总书记在国家大数据战略第二次集体学习讲话中提出要制定数据资源确权、开放、流通、交易相关制度，完善数据产权保护制度，工信部《大数据产业发展规划（2016—2020 年)》中也强调要发展数据交易技术，开展数据交易基础通用标准的研制，研究制定数据流通交易规则，开展第三方数据交易平台建设试点示范。在政策的支持下，面向大数据服务的生态体系更加健全。2017 年 4 月，全国信标委大数据标准工作组总体专题组组织管理的两项数据交易领域国家标准《信息技术数据交易服务平台交易数据描述》和《信息技术数据交易服务平台通用功能要求》顺利通过国家标准审查会专家审查，这是我国数据交易领域首批国家标准。此外，作为我国大数据交易服务领域的主要平台，贵阳大数据交易在2017年不断发展壮大，在全国范围内建立了11家数据交易服务分中心。技术创新方面，区块链技术在大数据交易领域开始应用，贵阳大数据交易所在最新的3.0版交易系统中利用了区块链技术来推进数据确权和数据溯源，公信宝探索建立了基于区块链的去中心化的数据交易所。

（三）行业大数据应用范围持续拓展

2017年，随着数据采集、传输、存储等基础设施的逐步完善，以及行业云服务的不断普及和行业应用软件持续丰富，以行业企业服务为导向的大数据服务快速发展，政务、金融、电信等领域行业大数据服务平台价值凸显，培育出一大批行业大数据服务领军企业。同时，随着大数据服务技术的不断成熟，在装备制造、航空航天等传统行业领域，大数据的应用也初见端倪，大数据服务的行业应用市场正在加速拓展。例如，在工业领域，东方国信研发了BIOP工业大数据平台，该平台整合了现有生产端的MES、ERP乃至CPS等实时数据，统一汇总分析，提供实时监控、生产管理、能效监控、物流管理等多种生产运行管理的核心功能，已经成功应用到矿山安全、城市及工业锅炉、流程制造、离散制造、轨道交通等领域。欧比特则率先提出了"卫星大数据"战略，聚焦打造"卫星空间信息平台"，其主要目的在于利用分布于太空的微纳卫星星座，实施对地观测及遥感，形成卫星大数据采集能力，经地面卫星数据处理中心加工处理，进而获得可商用的卫星大数据，为各相关领域提供大数据支持与服务。

政务大数据服务一直以来都是大数据服务行业领域中的重要方向。2017年，根据国务院办公厅发布的《关于运用大数据加强对市场主体服务和监管的若干意见》，政务大数据服务的重点方向更加明确，要充分利用大数据等信息技术加强政府公共服务和市场监管，主要落地方向包括交通、扶贫、旅游等方向。在交通大数据服务领域，主要的服务内容包括事前预判、调整优化、分析应用等；在扶贫大数据服务领域，主要的服务内容包括扶贫目标的精准确定、扶贫对象的精准定位和扶贫成果的评估；在旅游大数据服务领域，主要的业务方向包括提高旅游服务质量、改善经营管理和优化营销策略。

二、发展特点

(一) 结构特点

数据获取仍然是产业发展的瓶颈。数据资源是大数据产业发展的基础，也是大数据服务的基本要素，只有拥有了丰富的数据资源，才能更好地发挥数据价值，建立以数据为核心的大数据产业生态。2017 年，随着越来越多的企业特别是传统行业企业对大数据的认识更加深刻，行业数据积累量稳步提升，但是，跨行业的数据鸿沟依然存在，数据流通不通畅、不充分，大数据的价值挖掘仍面临较大困难。从产业结构来看，数据资源的开放利用至关重要，数据源服务商在大数据产业发展中处在重要位置。数据服务商通过对海量数据的采集、整合和预处理，形成了对整个大数据生态圈创新发展的基石。在此基础上，进而推动数据价值的挖掘和应用，并带动服务器等大数据硬件、大数据分析软件等产业的快速发展。从我国大数据产业发展现状来看，以互联网巨头为代表的互联网数据源服务商在产业发展中占据了主导地位，成为构建大数据生态圈的主力军。未来，随着大数据与各行各业的融合渗透，拥有海量数据的行业领军企业有望成为新的数据源服务商，数字交易标准的建立将带动数据资源在各行各业中的可信流通，带动大数据服务产业的快速发展。

初创公司主要聚焦大数据技术服务。从大数据服务各业态来看，大数据清洗和价值挖掘服务是大数据产业发展的核心环节，也是大数据服务中最具技术含量的领域。近年来，随着大数据技术的不断成熟和市场环境的持续优化，大批初创企业用于大数据领域，力图在大数据产业发展浪潮中加速成长。但同时，由于大数据公司大多成立时间较短，自身业务产生并积累的数据量较少，定位为数据源企业和企业级用户的桥梁，以数据加工、数据价值挖掘业务为主，面向企业用户提供数据支持和服务，在大数据产业发展中处在中间环节。数据显示，硅谷80%的大数据企业正在从事数据清洗、整理和价值挖掘的工作，随着我国创新创业环境的持续优化，我国从事大数据清洗和价值挖掘服务的初创型公司也在持续涌现。

（二）技术特点

开源技术仍是大数据技术创新的重要模式。开源是当前大数据技术创新的主要模式。根据初步统计，开源软件和开源工具包括计算软件、存储软件、查询软件、基础平台、平台管理、系统工具、数据应用等多个类型，覆盖了大数据服务产业发展的各个环节，利用开源软件企业可以在短时间内构建起大数据应用平台，进而提供各类的大数据服务。2017年7月，在大数据开源软件领域，Spark 2.2的发布使得基于开源软件的大数据商业服务水平进一步提升，Structured Streaming的开发环境更加完善，将有助于端到端流应用程序的构建。根据开源中国的统计，截至2018年1月，数据库、平台管理等大数据领域的开源软件超过2000个。大数据领域开源软件的丰富和不断创新为大数据服务企业提供了必要的技术支持，是推动大数据服务产业发展的重要力量。

人工智能成为非结构化数据处理的利器。大数据服务中的核心环节是数据价值的挖掘，随着数据资源中非结构化数据的快速增长，传统的数据整合和处理方式已经无法满足大数据分析的需求，集合人工智能技术的大数据服务成为产业发展的重要方向。从数据对象来看，现有的大数据处理技术对于传统的结构化数据拥有较强的处理能力，而对于更多的非结构化数据，其处理难度则大大增强。从技术创新方向来看，拓尔思、东方国信等大数据领军企业均将非结构化数据处理作为其技术研发的重点，其主要思路均是将海量的非结构化数据转化为结构化数据。从技术路径上来看，人工智能技术是非结构化数据处理的重要手段，图像识别、自然语言理解等技术在大数据处理的应用更加频繁。

区块链技术正重构数据交易体系。区块链是指通过密码学方法产生相关联的一串数据块，以分布式方式实现集体维护可靠数据库的技术方案。本质上来看，区块链是一种点对点分布式账本技术，涉及数据库、安全加密、分布式计算、博弈论、共识机制等多种技术，区块链技术下的数据具有完整性、可靠性、连续性、永久性、可追溯性、精确性与透明性等特点，突出应用于有价值的数据流通方面。区块链技术最初是比特币的底层技术，2017年，区块链技术在智能合约等领域实现了应用突破，成为信息技术创新发展的热点领域。从数据交易、流通的角度来看，数据确权机制缺乏、分级分类管理机制缺失、数据追溯能力不强和数据安全保障体系不完善等突出问题已经严重制约了数据的流通，区块链技术基于其共识机制、非对称加密、分布式存储等特点为破解以上问题提供新的路径。2017年，公信宝利用区块链技术正在积极建立去中心化的数据交易所，通过区块链技术引入双向匿名、数据造假控制、信用贡献证明等机制，可以更好地保护个人隐私，实现点对点的数据交换。

（三）企业特点

领军企业通过加速构建行业数据平台。由于数据源在大数据发展中处于基础性关键地位，拥有数据资源的企业在大数据发展中处于优势地位。从我国大数据产业发展现状来看，拥有海量互联网数据资源的百度、腾讯、阿里巴巴，以及拥有电信运营数据的电信运营商在大数据产业发展中处于领先地位。在拥有大量数据资源和大数据关键技术后，互联网大数据服务巨头纷纷开放大数据服务平台，为企业和个人用户提供丰富的大数据服务应用。百度凭借深厚的数据积累，在大数据服务领域占据一定的竞争优势，其提供的数据服务和产品包括了行业洞察、营销决策、客群分析、舆情监控、店铺分析、推荐引擎以及数据加油站等；阿里巴巴推出了大数据平台"数加"，在此基础上提供了20余个大数据产品，涵盖数据采集、计算引擎、整合加工、数据分析、机器学习、数据应用等数据应用服务；京东京东云推出了大数据服务平台——京东云数知，其依托京东云服务，以京东行业发展数据资源和计算能力为基础，打造形成面向社会公众的一站式大数据服务平台；网易推出了网易猛犸，其是一个一站式大数据管理和应用开发平台，覆盖了海量数据存储与计算、数据集成管理、应用开发及数据管理等企业大数据应用场景。

行业企业深耕行业应用需求，提升垂直领域竞争优势。除了大型互联网企业之外，我国行业领军企业和深耕行业信息化的科技企业则聚焦于行业应用，研发面向特定应用场景的行业解决方案，为特定行业企业提供大数据服务。经过多年的积累与发展，金融、电信、政务、商贸等领域数据资源较为丰富，信息化发展水平较高，为行业大数据的发展提供了有利条件。在此背景下，垂直领域的大数据服务业呈现出快速发展态势，在营销、预测、预警、

53

智能管理等场景下实现了应用。此外，随着中国制造2025的持续推进，工业大数据成为了国家关注的焦点，大数据"十三五"规划中也强调要建立工业大数据服务平台，推动工业大数据创新发展。2017年，伴随传统工业企业在大数据领域的业务拓展，一批面向工业应用的大数据服务平台也不断涌现。例如，三一集团利用其丰富的行业资源，打造了工业大数据服务平台——根云。当前，根云平台已经能够提供基于大数据的云服务，已接入能源设备、纺织设备、专用车辆、港口机械、农业机械及工程机械等各类高价值设备40万台以上，采集近万个参数，创造了百亿的大数据应用价值。

第七章　大数据安全

一、发展概况

（一）数据安全问题频发，市场空间持续扩大

2017 年，数据安全问题频频发生，数据泄露事件愈演愈烈，仅上半年数据泄露数量就超过 2016 年全年。2017 年 9 月 7 日，美国征信巨头 Equifax 被曝信息泄露，危及美国近一半人口的社会保障号码、驾驶证号码以及其他个人数据的安全；9 月 25 日，全球最大的安全咨询公司德勤称遭网络攻击，致其重要客户电子邮件被公开。据相关统计数据显示，2017 年上半年，全球共有 19 亿条记录被泄露或者盗取，比 2016 年全年总量 14 亿条还多。2017 年我国网络安全法正式施行，数据安全保护逐渐有法可依，个人数据安全的重视程度将大幅提高，我国数据安全需求进一步释放，市场空间持续扩大。

（二）国家和地方大力推动大数据安全创新发展

2017 年 12 月，中共中央政治局就实施国家大数据战略进行第二次集体学习，习近平总书记在主持学习时强调，"要切实保障国家数据安全。要加强关键信息基础设施安全保护，强化国家关键数据资源保护能力，增强数据安全预警和溯源能力。要加强政策、监管、法律的统筹协调，加快法规制度建设。要制定数据资源确权、开放、流通、交易相关制度，完善数据产权保护制度。要加大对技术专利、数字版权、数字内容产品及个人隐私等的保护力度，维护广大人民群众利益、社会稳定、国家安全。要加强国际数据治理政策储备和治理规则研究，提出中国方案"，体现出保障数据安全的重要性，彰显了我国推动大数据安全发展的重要决心。

国家层面，2017 年 1 月，国家发改委发布《关于开展大数据协同安全国家工程实验室组建工作的通知》，正式确定实验室由奇虎 360 作为承担单位，

中电长城作为参与单位，联合其他相关单位共同建设，实验室将聚焦于提升大数据安全分析能力和保障大数据系统自身安全，重点建设大数据协同安全技术应用研究平台，以解决我国大数据环境下所暴露出的数据安全和系统安全监测、预警和控制处置能力不足等问题。2017年5月，在贵阳举办的国家大数据产业博览会上，大数据协同安全技术国家工程实验室正式揭牌；2017年7月，交通运输大数据系统与安全实验室正式成立。实验室由中国交通通信信息中心、同济大学、北京奇安信科技有限公司（360企业安全集团）和中国交通报社共同建设。2017年11月，大数据协同安全技术国家工程实验室智慧能源大数据安全研究中心在北京正式揭牌成立，该研究中心由大数据协同安全技术国家工程实验室和国家电力投资集团公司共同成立，力图解决大数据时代下新型能源行业面临的网络安全问题。2017年12月，大数据协同安全技术国家工程实验室的牵头单位360公司，基于长期的研究和实践成果开发了基于Hadoop大数据能力的人工智能平台XLearning，将此平台开源公开，供业界同行共享。2018年1月，北京航空航天大学与360正式签署战略合作协议，将在网络安全领域的应用基础研究、网络安全人才培养、网络空间安全学科建设等方面开展全面合作，共同建立大数据协同安全技术国家工程实验室智能安全联合实验室。

地方层面，贵州省作为全国首个大数据综合试验区，高度重视大数据安全技术和产业发展，明确表示在贵阳经开区建设大数据安全靶场，同时快速推进大数据安全产业园建设，并设立"贵阳市大数据信息安全产业创业投资基金"。2017年3月，继贵州省大数据发展领导小组之后，贵州省又成立大数据安全领导小组，从技术支撑、产业协同、追责问责等方面进一步提升大数据安全保障能力，彰显出发展大数据安全产业的决心。2017年12月，北京市与工信部签署《关于建设国家网络安全产业园区战略合作协议》，围绕网络安全产业集聚、核心技术、实验环境、产品应用、成果转化、保障能力、人才引进、国际交流合作、产业政策九大领域开展部市合作。

（三）大数据安全法律法规和规范逐步建立健全

长期以来，我国关于网络和信息安全的法律法规相对较为滞后，数据所有权、隐私权等法律法规和数据安全、开放共享等规范不健全，尚未建立起安全与发展兼顾的信息安全保障体系。然而，2017年6月，《中华人民共和国网络安全法》正式施行，明确提出"国家鼓励开发网络数据安全保护和利用技术，促进公共数据资源开放，推动技术创新和经济社会发展"、"关键信息基础设施的运营者在中华人民共和国境内运营中收集和产生的个人信息和重要数据应当在境内存储"，从国家法律法规层面进一步明确了对大数据安全的管理规范。

在网络安全法的政策体系下，2017年国家相关部门和机构陆续出台了一系列的配套规章和规范性文件。在国家战略方面，2017年3月，外交部和国家互联网信息办公室联合发布了《网络空间国际合作战略》。在网络信息内容管理方面，2017年6月，国家互联网信息办公室陆续出台了《互联网信息内容管理行政执法程序规定》《互联网新闻信息服务管理规定》《互联网新闻信息服务许可管理实施细则》等规范性文件。在网络产品和服务管理方面，国家互联网信息办公室发布了《网络产品和服务安全审查办法（试行）》；工业和信息化部、公安部、国家认证认可监督管理委员会以及国家互联网办公室联合发布了《关于发布〈网络关键设备和网络安全专用产品目录（第一批）〉的公告》。在网络安全事件管理方面，2017年1月，中央网信办发布了《国家网络安全事件应急预案》；2017年5月，工业和信息化部发布了《工业控制系统信息安全事件应急管理工作指南》。在保障大数据产业安全发展方面，2017年1月，工信部制定并发布了《大数据产业发展规划2016—2020年》，规划中特别提到大数据产业要安全规范发展，强调"坚持发展与安全并重，增强信息安全技术保障能力，建立健全安全防护体系，保障信息安全和个人隐私。加强行业自律，完善行业监管，促进数据资源有序流动与规范利用"。同时，提出了大数据安全保障工程，支持相关企业、科研院所开展大数据全生命周期安全研究，研发数据来源可信、多源融合安全数据分析等新型安全技术，推动数据安全态势感知、安全事件预警预测等新型安全产品研发和应用；支持建设一批大数据安全攻防仿真实验室。

（四）大数据安全产业生态体系逐步完善

伴随着我国大数据产业的高速发展，大数据安全保障能力不断提升，围绕人才、战略合作、行业组织等在内的大数据安全生态体系也逐步完善。

在人才方面，早在 2016 年 9 月，中央网信办支持武汉开展国家网络安全人才与创新基地建设，力争打造国内首个具有特色的"网络安全学院 + 创新产业谷"基地。2017 年 8 月，国家网络安全学院、展示中心、国际人才社区、网安基地一期基础设施、中金武汉超算（数据）中心、启迪网安科技孵化园等 6 大项目同步开工，投资总额高达 216 亿元，国家网络安全人才与创新基地进入实质性建设阶段。其中，国家网络安全学院借助模式创新，既汇聚高水平人才资源，又培养产业后备军力量，加强开放合作、体系建设和实战训练，进一步提升网络安全人才的专业实力，推进核心技术研发和全民网络信息安全普及教育。此外，政企、校企合作共同促进大数据安全人才培养成为当今时代发展重要方向。2018 年 1 月，北京航空航天大学与奇虎 360 正式签署战略合作协议，将在网络安全领域的应用基础研究、网络安全人才培养、网络空间安全学科建设等方面开展全面合作，重点研究和解决国家急需的战略性和基础性问题，组建高水平的联合专业研发团队，联合培养高素质研发和应用人才。同时，在区块链技术、人工智能安全、大数据安全、物联网安全、网络舆情监控及预警等方面开展合作。

在战略合作方面，骨干企业借助各自的优势资源，通过强强联合的方式来实现各自的利益，提升大数据安全防护能力。2018 年 1 月，联通大数据有限公司与腾讯公司在北京签署了战略合作协议，双方将结合各自优势，联合组建大数据实验室，在跨平台数据聚合、数据挖掘能力、网络安全技术、产业链整合等方面投入资源，研发相关技术；在电信安全、金融反欺诈等领域共同开发相关产品。

在共建安全生态方面，2017 年 8 月，包括天融信、卫士通、启明星辰、立思辰、美亚柏科、拓尔思、蓝盾股份、任子行、北信源、绿盟科技、飞天诚信、数字认证、中孚信息等在内的 13 家上市安全企业领导人在第三届中国互联网安全领袖峰会上共同发起了《网络安全产业中坚共识》的倡议，强调要构建全方位全天候覆盖建设、运行、应急等环节的保障体系，共同应对网络安全威胁，进一步落实国家加快实现中国网络强国建设战略的落地。《网络安全产业中坚共识》奠定了我国基础设施安全行业责任规范的基本雏形，并促成我国网络安全领域最权威行业联盟的初步建成，对于整个网络安全行业发展起到了至关重要的作用。

（五）工业大数据安全保护力度进一步加大

学习贯彻习近平总书记4.19重要讲话精神，深刻认识"金融、能源、电力、通信、交通等领域的关键信息基础设施是经济社会运行的神经中枢，是网络安全的重中之重，也是可能遭到重点攻击的目标"，落实"要全面加强网络安全检查，摸清家底，认清风险，找出漏洞，通报结果，督促整改"的相关要求。2017年，工业和信息化部出台了《工业控制系统信息安全行动计划（2018—2020年）》，发布了《工业控制系统信息安全防护能力评估工作管理办法》及实施细则，推动了《信息安全技术工业控制系统信息安全防护能力评价方法》国家标准立项，同时组织国家电网等10家中央企业开展工控安全防护能力的预评估工作。此外，在工业大数据安全风险监测和防护方面，工业和信息化部牵头在全国9个省（市）工业和信息化主管部门以及36个企业、科研院所、行业协会，建立工控安全风险信息报送网络，充分利用在线监测、威胁诱捕等技术手段，汇总、分析、研判多种渠道获取的工业大数据安全风险信息。截至2017年底，共处理包括WannaCry恶意勒索软件等工控安全风险信息972条，为建立工控安全行业联防联控风险监测预警应急体系奠定了坚实基础。

二、发展特点

（一）结构特点

大数据安全服务正成为产业主流。大数据安全产业包括安全硬件、安全软件和安全服务三大重要组成部分。在大数据日益复杂的应用场景中，单纯地依靠安全软硬件产品已经无法有效防范未知风险，用户对于提供全生命周期和定制化的安全服务需求越来越迫切，大数据安全分析、测试、评估等服务业务收入比重持续扩大。然而，需要强调的是，大数据安全服务是建立在大数据安全硬件和软件基础之上的，服务能力的提升和关键软硬件功能、性能密切相关，通常来说大数据安全服务是通过平台来提供的。以阿里云的态势感知大数据分析平台为例，通过收集企业原始日志和网络空间威胁情报，依托机器学习还原已发生的攻击，并预测未知攻击，帮助客户扩大安全可见性，建设安全监控和防御体系。

（二）技术特点

大数据技术本身进一步丰富了安全防护的手段，大数据带来下一代安全防护解决方案。当前安全厂商利用大数据技术对事件的模式、攻击的模式、时间和空间上的特征进行处理，总结抽象出来一些模型，变成大数据安全工具；整合大数据处理资源，协调大数据处理和分析机制，推动重点数据库之间的数据共享，加快对高级可持续攻击的建模进程，消除和控制高级可持续攻击的要害。Gartner 在《2017 年十大技术趋势》中也提出"自适应安全架构"，这项技术的核心功能就是需要持续监控和分析，通过分析监控中的数据与历史数据的冲突来调整安全策略，其本质就是大数据分析技术在信息安全的应用。Gartner 预计到 2020 年，为存储用于回溯分析的监控数据，40% 的企业需要建立专门的安全数据中心。

大数据安全与人工智能融合创新将成为产业发展主流。人工智能可以应对网络泛化的数据安全，传统来看，网络边界较为清晰，守住边界即可保障网络安全，如今万物互联时代，智能终端设备和数据量呈现爆发式增长，网络泛在化趋势明显，防护边界逐渐模糊，甚至消失，传统的网络安全防护手段已经无法满足泛网络化的数据安全保障。人工智能技术可以对用户进行实时行为分析，提高分析结果的准确性，同时让威胁检测更加便捷高效。此外，人工智能可以显著提升安全运维效率，以机器学习为代表的人工智能技术可以自动生成规则和提取特征，并通过对系统海量数据和安全事件的分析判断，能够更好地主动感知和预判下一次事件的发生，大幅提高网络安全防护能力和效率。2017 年 1 月，麻省理工研究出一个新型混杂系统，基于人工智能梳理数据，并将分析的异常行为提交给分析人员，能够检测出 85% 的攻击，提出通过人和人工智能的协同能够构建更为强大的网络安全体系。

（三）产品特点

产品平台化趋势明显，安全管理平台（SOC）成为重要的产品形态。安全管理平台（SOC）就是把网络设备、安全设备、系统设备的日志信息收集起来，通过 SOC 系统从全局的角度分析和处理安全问题，反映安全风险状况，并形成有效的安全事件处理决策，制订统一的处理流程规范，统一对安全事件进行响应和处理。随着大数据时代的来临，当前的安全管理平台已经从原先的以资产设备为核心、以业务系统为核心向以数据为核心转变，依托原有的基于规则的关联分析，再充分利用更加丰富的情境数据（漏洞、情报、身份、资产等信息）进行情境关联，借助行为分析、机器学习、数据挖掘等技术来做到感知未知，构建起以数据为核心的安全管理体系，强调更加主动、智能地对网络安全进行管理和运营。

产品注重打造互联互通、开放共享的安全业态。当前大数据安全管理平台呈现开放化的特点，平台开放安全分析的接口，能够实现政企用户网络全要素信息和数据的链接，同时允许其他专业的数据安全厂商将自身的安全分析能力以 APP 的形式接入平台并组合应用，能够更加主动、智能地对企业和组织的网络安全、数据安全进行管理和运营，实现数据的跨企业整合与共享，安全业态从封闭走向开放。

（四）市场特点

数据防泄露（DLP）细分市场保持高速增长。在当前数字经济时代，数据成为企业和单位的核心资产，数据开始渗透到人类生产生活的方方面面，正成为企业经营决策的新驱动、商品贸易服务的新内容、社会综合治理的新手段，带来了全新的价值体现。数据安全不再是一种被动的保护措施，已经成为各个公司和单位以及消费者的主动需求。随着我国网络安全法正式施行，数据安全保护逐渐有法可依，尤其在个人信息安全保护的重视程度与日俱增，我国整个数据安全市场需求将得到进一步释放。

政务领域成为大数据安全需求最为迫切的行业市场。政府作为国家职能机关，政府数据安全与国家安全息息相关，随着互联网 + 电子政务的快速发展，政府信息公开成为必然趋势，我国政府网络作为一个跨地区、跨部门的综合性网络系统，与外网逻辑分离，这种复杂的网络结构必然给政务大数据安全带来新的挑战，政府对大数据安全需求日益扩大。2017 年 5 月，国务院出台了《政务信息系统整合共享实施方案》，并明确提出"强化政务信息资源共享网络安全管理，推进政务信息资源共享风险评估，推动制定完善个人隐私信息保护的法律法规，切实按照相关法律法规要求，保障政务信息资源使用过程中的个人隐私。加强政务信息资源采集、共享、使用的安全保障工作；加强统一数据共享交换平台安全防护，切实保障政务信息资源共享交换的数据安全"。

应用篇

第八章　政务大数据

我国正加速提升政府治理能力，透明、参与、协作、科学决策是政府治理工作的主要目标。在多年的信息化建设中，我国政府积累了海量宝贵数据资源，为利用大数据挖掘政务数据价值奠定了良好基础。通过对海量数据分析挖掘，能够总结经验、发现规律、预测趋势、辅助决策，将大数据应用于政府治理和社会服务领域，将为政府治理和社会服务提供新思路、新方法、新工具，对于提高我国政府治理能力和服务水平具有重要意义。

一、应用需求

随着电子政务不断从单一部门应用向跨部门协同、社会公众共同参与治理的方向发展，大数据便成为了建设智慧政府不可或缺的部分。《关于促进大数据发展的行动纲要》将政府数据资源开放、整合、共享，社会治理能力提升作为推动大数据发展的重要任务。2017 年 1 月，工信部发布《大数据产业发展规划（2016—2020）》，将强化社会治理和公共服务大数据应用作为重点任务，大力推动大数据在政务领域的应用。此外，在 2017 年 12 月 8 日，中共中央政治局就实施国家大数据战略进行第二次集体学习时，习近平总书记从建立健全大数据辅助科学计策和社会治理机制、建设数据共享大平台、提升风险因素感知防范能力等方面，提出"要运用大数据提升国家治理现代化水平"。

政务信息系统整合共享和政务数据资源集聚开放。传统的政务信息系统各自孤立，形成多个信息孤岛，带来信息资源共享不足、社会化利用有限等问题。打造"整合、协同、开放"的新型智慧政府，对政府数据资源的整合统一、开放共享的需求日益强烈，要求政府部门利用大数据技术对拥有的信息和数据进行共享和利用，实现政府各部门的互联互通，提高政府协同办公能力和为民办事效率，降低政府管理成本。2017年5月，国务院办公厅发布了《关于印发政务信息系统整合共享实施方案的通知》，提出加快消除"僵尸"信息系统、加快部门内部信息系统整合共享、提升国家统一电子政务网络支撑能力、推进接入统一数据共享交换平台、加快公共数据开放网站建设、推进全国政务信息共享网站建设、开展政务信息资源目录编制和全国大普查、加快构建政务信息共享标准体系、规范网上政务服务平台体系建设、开展"互联网+政务服务"试点等十项重大任务，并提出"2018年6月底前，实现国务院各部门整合后的政务信息系统接入国家数据共享交换平台，各地区结合实际统筹推进本地区政务信息系统整合共享工作，初步实现国务院部门和地方政府信息系统互联互通"。2017年12月8日，习近平总书记在中共中央政治局就实施国家大数据战略进行第二次集体学习时指出，"要以推行电子政务、建设智慧城市等为抓手，以数据集中和共享为途径，推动技术融合、业务融合、数据融合，打通信息壁垒，形成覆盖全国、统筹利用、统一接入的数据共享大平台，构建全国信息资源共享体系，实现跨层级、跨地域、跨系统、跨部门、跨业务的协同管理和服务。"

大数据辅助政府科学决策。随着社会发展，政府治理涉及的要素日益庞杂，仅凭借以往经验，政府部门很难了解正在或即将发生事情的全貌，难以及时做出正确判断。当前，我国政府正在实现从行政主导型向公众参与、服务型转变，从经验决策型向数据决策型政府转变，科学决策已成为政府改革的核心。因此，政府急需借助大数据技术与思维，掌握决策依据、优化决策过程、跟踪决策实施，提升政府治理能力与决策精准性。在辅助科学决策方面应用需求主要包括以下两个方面。一是利用大数据对日常社会运行进行监测提高政府决策的及时性和准确性。2017年12月8日，在中共中央政治局就实施国家大数据战略进行第二次集体学习时，习近平总书记指出"要建立健全大数据辅助科学决策和社会治理的机制，推进政府管理和社会治理模式创新，实现政府决策科学化、社会治理精准化、公共服务高效化"。二是依托大数据获取综合信息，提高政府决策效率和准确性。特别是在应急处理中，政府通常很难在第一时间获取事件的综合全面情况，并提取到对决策有用的信息，而通过大数据技术实时高速地处理海量数据，可以有效且快速地通过数据的整合、分析、可视化为政府决策提供有效参考，提升政府的综合应急能力。2017 年 12 月 8 日，习近平总书记在中共中央政治局就实施国家大数据战略进行第二次集体学习时指出，"要充分利用大数据平台，综合分析风险因素，提高对风险因素的感知、预测、防范能力。"

　　大数据提高社会治理水平。社会管理是政府职能的重要组成部分，是政府对社会构成的各个方面、社会生活的各个领域以及社会发展的各个环节进行组织协调和监督管理的行为过程。政务大数据在社会管理方面的应用需求主要包括以下两个方面。一是提升社会管理效率的需求。数据去噪技术可以帮助管理者自动去除海量信息中的错误、无用以及重复信息，提高数据资源的价值密度，提升数据管理的效率。数据可视化技术可以将社会运行的信息实时展示在管理者面前，据此管理者可以减少应急情况的反应时间，更加及时地处理社会管理中的紧急情况。利用大数据挖掘和分析，管理者可以更加高效地发现社会中存在的潜在问题隐患，并予以排除。大数据技术极大地提升了数据的处理速度，并能够实现多源数据的综合整理，为日常社会管理效率的提升提供帮助。二是提升社会管理能力的需求。通过大数据挖掘和分析，可以辅助社会管理者发现日常管理中的盲点，找出新问题、新隐患，进而提升社会管理者的管理能力。通过构建传感器网络，可获取更多的社会运行数据，这些数据的采集可进一步提升社会管理者的管理范畴。2017 年 12 月 8 日，习近平总书记在中共中央政治局就实施国家大数据战略进行第二次集体学习时指出，"要加强政企合作、多方参与，加快公共服务领域数据集中和共享，推进同企业积累的社会数据进行平台对接，形成社会治理强大合力。"

　　大数据强化公共服务能力。公共服务是政府为满足公民的生活、生存以及发展需求而进行的经济和社会活动，着重强调政府服务性与公民权利。在公共服务方面，政府的大数据应用需求主要包括以下两个方面。一是提升政府提供服务能力的需求。服务能力不足已经成为制约公共服务事业发展的巨大障碍，大数据技术可以辅助政府部门了解公共服务中的社会需求，提升社会公共服务能力，节约社会资源。在交通领域，利用大数据可以监控车流状况，及时发现交通事故，提高"智慧交通"水平。在医疗领域，利用大数据可以获取病人过去的就医情况和身体素质，提高医疗诊断的准确性，辅助研究人员攻克医疗难题。二是提高民众参与公共事务积极性的需求。大数据技术可以提高公共信息的发布时效，更加便捷地收集到市民的反馈信息，从而为民众的生活提供更加便捷的服务，提升民众参与公共事务的积极性。例如，在交通领域，利用大数据可以实时采集车况信息和车位信息，方便市民选择更优的出行路线并获取停车信息。2017年12月8日，习近平总书记在中共中央政治局就实施国家大数据战略进行第二次集体学习时指出，"要坚持问题导向，抓住民生领域的突出矛盾和问题，强化民生服务，弥补民生短板，推进教育、就业、社保、医药卫生、住房、交通等领域大数据普及应用"。

二、发展特点

（一）政策特点

我国政务大数据的战略制定和应用推广主要由国务院、工业和信息化部以及国家发展和改革委员会主导，各个地方积极响应。

国家政策密集出台。继《关于运用大数据加强对市场主体服务和监管的实施意见》、《政务信息资源共享管理暂行办法》印发之后，国务院分别于2017年1月和2017年5月，印发《"互联网＋政务服务"技术体系建设指南》和《政务信息系统整合共享实施方案》，推动政务信息系统互联互通、公共数据共享以及政务技术和服务体系建设。为增强《政务信息资源共享管理暂行办法》的指导性和可操作性，2017年6月，国家发改委会同网信办共同印发《政务信息资源目录编制指南（试行）》，推进政府数据资源的国家统筹管理。2017年8月，国家发改委、中央网信办、中央编办、财政部、审计署五部委联合印发《加快推进落实〈政务信息系统整合共享实施方案〉工作方案》，对政务信息系统整合共享工作作出了具体部署。2017年10月，发改委印发《关于开展政务信息系统整合共享应用试点的通知》，确立优先在基础条件较好的北京市等省（市）、中央编办等部门开展政务信息系统整合共享应用试点工作。国家粮食局和国土资源部于2017年11月分别印发《国家粮食局政务信息系统整合共享工作方案》和《国土资源部政务公开基本目录》、《2017年国土资源部政务公开要点》，推动大数据在粮食信息资源管理和国土资源方面的应用。此外，财政部于2017年1月印发《政务信息系统政府采购管理暂行办法》，为政务信息系统采购工作提供政策依据。

地方政府积极布局。贵州省：贵州省是全国首个获批大数据综合试验区的地区，在综合试验区的建设过程中，贵州省积极推动大数据在各个行业领域的应用，其中，政务大数据作为大数据产业发展的关键行业领域，成为了贵州省政策出台和着力推动的重要方向。2017 年 10 月，对接国家《政务信息系统整合共享实施方案》，贵州省出台了《贵州省政务信息系统整合共享工作方案》，并提出 2017 年 12 月前，形成集约统一的云上贵州数据共享交换平台。此外，作为贵州省省会城市，贵阳市也积极推动政务大数据发展，2017 年 5 月，贵阳市发布《贵阳市政府数据共享开放条例》，以规范贵阳市政府数据共享、开放行为及其相关管理活动，并于 2017 年 12 月印发《贵阳市政府数据资源管理办法》、2018 年 1 月正式印发《贵阳市政府数据共享开放实施办法》，进一步强化政府数据公平有序开放共享。河南省：河南省作为获批的八个国家大数据综合试验区之一，在推动政务大数据发展方面做了较多工作。2017 年 2 月，河南省印发《河南省大数据产业发展引导目录（2017 年本试行）》，将发展政务服务大数据和益民服务大数据作为大数据产业发展的重点任务。2017 年 4 月和 2017 年 5 月，河南省分别印发《河南省推进国家大数据综合试验区建设实施方案》、《关于加快推进国家大数据综合试验区建设的若干意见》，两个文件都将推动政务数据开放共享作为其主要任务，提出了推进政务数据中心建设、推进电子政务应用系统迁移上云、制定政务公共数据开放共享清单、建设政务数据共享交换平台、完善政务数据库、提升政务数据开放能力等多项子任务。河南省于 2017 年 10 月印发《河南省政务信息系统整合共享实施方案》，加快推进政务信息系统的整合共享工作。福建省：2017 年，福建省相继印发了《2017 年数字福建工作要点》《福州市政务数据资源管理暂行办法》《福州市政务信息系统整合共享实施方案》《福州市政务信息资源目录编制实施方案》等政策文件，推动政务数据采集、登记汇聚、开放共享和服务应用。此外，2017 年，随着国家《政务信息系统整合共享实施方案》印发，浙江、安徽、上海、辽宁、江西、湖北、河北、甘肃、海南、山西、重庆等省级政府以及成都、银川等市级政府纷纷印发了政务信息系统整合共享实施方案，推动政务信息系统整合和政务数据资源集聚和共享。

（二）市场特点

政务服务是政务大数据的主要应用领域。一是在突发事件预警、治安防控、应急救援等方面的应用。汇聚公安、地震、气象、国土、安监、水务、林业、卫生等部门数据及酒店、宾馆、交通等企业数据，开展安全状态分析研判、预案管理、协调调度等服务。2017年3月，贵阳云岩区启动大数据应急指挥平台建设，平台投入使用后，将对接应急办、住建局、国土局等多家政府职能部门的数据，打造集日常数据监测与突发事件及时处置功能于一体的综合应急平台。二是应用于宏观经济分析和预测。汇集统计局、地税局、工商局、国土资源局、住建委等部门的各类数据资源等，开展经济运行状态分析，为宏观经济预判提供支撑服务。九次方推出经济运行分析大数据平台，围绕用户经济运行领域的需求，通过数据采集、分析、预测、预警等模块，为政府、行业等提供大数据分析和决策服务，2017年，九次方研发的经济运行分析大数据平台已在多个省市政府部门实施应用。三是环境分析和监管。汇集环保、电力、水务、工业等部门各类数据，开展空气、烟尘、污水、噪声等方面的环境质量监测服务和危险废弃物、放射源废物等的监管服务。微软亚洲研究院利用大数据监测空气质量，推出 Urban Air 系统，截至2017年2月，该服务已经覆盖我国300多个城市，并且被我国环保部采用。2017年7月，河南省智慧环保大数据平台建成，实现了对全市环境实施在线监测和共享。四是食品药品监管。汇集食品管理部门、药品管理部门、工商局、税务局等部门的数据，结合食品药品销售企业和电子商务企业的运营销售数据，提供食品药品监管服务。2017年1月，江苏省食品药品监督管理局成立"食品药品安全智慧监管和大数据工程建设领导小组"，启动省级食品药品安全监管大数据中心和基于大数据技术的智慧监管云平台。此外，内蒙古、广东等地也积极推进大数据在食品药品安全监管方面的应用。

政务大数据为智慧城市建设提供支持。智慧城市的建设带来了数据的爆发式增长，政务大数据为智慧城市各个领域实现"智能化"提供支撑。杭州市加快智慧城市建设，截至2017年底，阿里巴巴的"城市大脑"在杭州市主城区和萧山区等多地展开试点，试点区域有80%的路口实现了开车"只等一个红绿灯"，实现了主城区通行时间缩短15.3%，高架道路出行时间减少4.6分钟。成都市大力推动"智慧交通"建设，2017年3月，成都市与滴滴签订战略合作协议，共同推动出行相关数据的打通和开发利用，为成都市交通决策提供参考。软通动力致力于运用大数据、云计算、物联网、人工智能等新技术助力城市治理能力提升，搭建了城市智慧中心服务平台，2017 年 11 月，在"2017 第八届中国（天津滨海）国际生态城市论坛暨全国智慧城市合作大会"上，软通动力获得"2017 年中国智慧城市领军企业奖"。2017 年 9 月，广东省启动政务大数据创新应用大赛，大赛以"数字城市"为主题，要求参赛者充分挖掘城市交通、医疗、教育、生活与宜居、天气、社交等智慧城市中各种公共数据中的价值。济南市全面推进"互联网＋公交"工程，2018 年 1 月起，支付宝扫码乘公交车正式上线，截至目前，济南市已经有 5000 多辆公交车可以刷支付宝，通过这一举措将改变传统的数据孤岛和信息壁垒。此外，济南公交还与中国联通合作，探索利用大数据技术分析管理决策技术，提升公交智能化运行能力，为实现全天候"定点发车、准时到站"、运力投放、路线规划等提供支撑。

（三）企业特点

企业注重公益大数据服务。越来越多的大数据企业无偿为政府和社会公众提供开放式大数据应用，积极参与政府大数据和公共服务大数据应用。这类服务虽然无法直接为企业带来收益，但在提升企业的公众形象和影响力方面作用巨大。典型案例如阿里、百度、腾讯等企业提供的公益大数据服务。如，2017 年 7 月，阿里联合多家媒体共同打造"天天正能量"网络公益大数据平台，为公益捐赠、公益众筹、公益行动、公益动态提供支持。2017 年 10 月，百度与联合国开发计划署驻华代表处共同发表《人类发展指数之生活水平维度：应用大数据测量中国贫困》报告，运用大数据分析提供的动态信息来测量贫困，为政府实现贫困人口识别、精准帮扶提供支撑。2017 年 12 月，百度与中国城市规划设计研究院签订战略合作协议，推动中国城市规划进入大数据时代，并且百度地图还将相关数据向中国城市规划设计研究院雄安新区规划工作组开放，助力智慧雄安建设。2017 年 7 月，腾讯与中国地震应急搜救中心签订战略合作协议，腾讯向中国地震局提供位置服务大数据，助力防灾、减灾、救灾决策。

企业大数据处理能力不断提升。互联网企业在提供大数据服务的过程中构建了一套自主创新的完整的大数据解决方案，在软件、硬件、算法，以及大数据分析、挖掘、可视化等方面拥有全球领先的技术和人才。阿里巴巴依托先进的云计算架构、流计算技术、人工智能技术等，实现了面对海量实时数据时秒级数据延迟处理。2017 年"双十一"期间，阿里巴巴交易峰值 32.5万/秒，支付峰值 25.6 万/秒，数据库处理峰值 4200 万次/秒。

三、应用案例

（一）中兴智慧政务解决方案

中兴智慧政务解决方案是由中兴公司开发的，用于助力数字政府建设的优秀解决方案。该解决方案利用物联网、云计算、大数据、分布式数据库、区块链、移动互联网、数据共享交换等先进技术，助推政府行政体制改革，实现简政放权、放管结合和优化服务协同推进，实现智慧政务，达到公共管理高效精准、公共服务便捷惠民、社会综合效益显著的目标。智慧政务解决方案以中兴的 GoldenData 大数据平台为核心，截至 2017 年，该平台已经在中信银行总行、中国农业银行总行、沈阳大数据中心、湖南省电子政务大数据中心、云南省"互联网＋政务"服务、银川智慧政务等成功应用。以智慧银川为例，截至 2017 年，智慧银川已经建立了十个系统，形成 13 个子模块，涵盖了智慧政务、智慧环保、智慧交通、智慧安全、智慧医疗、智慧社区、智慧旅游等多个方面，通过摄像头、物联网设备等多种采集设备采集城市空间各节点的数据，并将所有数据汇集到大数据中心，进行整合、分析挖掘，最终达到辅助政府决策的目标。

（二）华为政务大数据解决方案

华为作为中国政务云和大数据市场的重要参与者，在全国多个政务云建设中，已经打造了多个成功的政务大数据的实践案例，特别是在数据共享交换场景，大数据清洗、整合、分析场景，宏观经济运行、公共信用、公民画像、精准扶贫等大数据应用场景取得突破性进展。华为云包括私有云、公有云两种，并且以混合云形式进行灵活的按需联结，为政府用户提供自建、租赁、按需服务等多服务模式，华为云包括 FusionSphere 云操作系统、Mana-geOne 运营管理平台、IoT 联接管理平台、FusionInsight 大数据分析平台、企业智能平台（EI）等功能模块，截至 2017 年 11 月，在政务云市场，华为服务全球超过 80 个国家和地区，超过 16 个国家部委、15 个省级、200 多个地市县级政府。其中，深圳作为国家新型智慧城市建设先行区，是政务云和政务大数据的应用典范，依托华为政务大数据解决方案，深圳市政府基于本地人口数据以及学校资源数据，做本地学位的压力分析，实现基于大数据的政府学位规划。2017年11月，华为面向西欧地区发布华为政务云解决方案，聚焦基于物联网的城市运维管理、基于大数据智慧交通和公共安全等多个业务场景。此外，2017年12月，华为中标咸宁市政务云和大数据建设项目，将依托华为在政务领域的技术优势，为咸宁市打造统一的电子政务网络、形成统一的云计算中心、统一的政务大数据集成与分析平台等，把咸宁政务云和大数据中心打造成为湖北政务云和大数据中心标杆。

（三）国创科视城市级时空大数据平台

城市级时空大数据平台是由国创科视搭建的城市数据感知、分析处理和运营服务平台，是政务大数据应用的成功案例之一。该平台通过连接 WLAN 无线网络、物联传感网络、云 POS 机等底层网络和设备实现对城市商场、医院、学校、公交枢纽、文体场馆、会议中心、休闲娱乐场所、政务服务中心等8类场景的覆盖，形成城市范围内的市民时空大数据，并利用时空大数据分析、无线控制、定位和人流量分析等功能，通过城市服务门户系统、APP、公众号等窗口向上提供停车出行、医疗健康、房屋租赁、全民城管、政府"政务＋民生"等服务，帮助政府做好公共服务的同时提升市民的信息服务体验感和幸福感。2017年3月，国创科视获批建设"智慧城市大数据分析系统实验室"，截至2017年底，其城市级大数据平台已经在沈阳市、石家庄市、大连市、廊坊市、唐山市、长沙市等十几个城市搭建运营，逐步实现全国业务布局。

第九章　工业大数据

　　随着二维码、条形码、RFID、工业传感器、工业物联网、工业自动控制系统、ERP、MES、PLM、SCM、CAD/CAM/CAE/CAI 等在工业企业中得到了广泛应用，尤其是互联网、物联网、移动互联网等新兴信息技术在工业领域快速应用，推动工业企业逐步实现了生产流程各环节的互联互通，促进互联网与工业加速融合，使得工业企业所拥有的数据日益丰富。但智能硬件设备、互联互通的网络以及高速通信等只是工业企业实现智能化转型的基础，实时感知、采集、监控生产过程中产生的大量数据，进而对数据进行分析处理，并根据分析进行智能决策才是智能化的核心内容。工业大数据中的数据泛指工业领域信息化应用过程中产生的所有数据，其呈现出体量大、多源复杂、动态性强、价值密度低等特点，通过运用大数据技术对工业企业产生的海量数据进行分析挖掘，得到有价值的分析结果，存储、识别、传输的意义才得以实现，互联网与工业才能够实现融合创新发展。

一、应用需求

　　工业大数据是支撑制造业转型和构建智能制造产业生态的重要基础。工业大数据主要包括仿真、设计、工艺、试验、加工、图纸、配置关系、产品结构、变更记录等产品数据；管理制度、组织结构、人力资源、薪酬、福利、财务、营销、设备、质量、生产、采购、库存、售后服务、知识产权、市场推广、办公文档、媒体传播、电子商务等运营数据；客户、供应商、合作伙伴、联系人、联络记录、信用记录、订单、合同、回款、客户满意度等价值链数据；政策信息、经济数据、行业数据、社交数据、竞争对手数据等企业外部数据，它贯穿于制造业的整个价值链和制造产品的整个生命周期，涉及人、产品、设备、软件、环境等众多主体。通过工业大数据技术对产品数据进行分析，可以优化自动化设计和数字化仿真环节；通过在生产制造过程中的应用，可以优化生产效率，提高生产故障预测准确率；通过在产品生命周期中应用工业大数据技术，可以实现智能管理；此外，工业大数据还可以支撑制造业企业开展智能化服务、智能化监管等业务，以及个性化定制、柔性定制等智能制造新模式，有助于企业智能化转型，以及智能制造产业生态构建。2017 年 10 月，党的十九大报告指出，"加快建设制造强国，加快发展先进制造业，推动互联网、大数据、人工智能和实体经济深度融合"，为工业大数据发展提供了机遇、指明了方向。

工业大数据是推动工业互联网加快发展的关键。工业互联网是工业与新一代信息技术融合的产物，而工业大数据作为连接汇聚底层软硬件设备数据、支撑上层应用的重要技术，它将成为工业互联网平台的重要内容和关键一环。应用工业大数据技术可以实现工业数据的采集、汇聚、清洗和整合，强化工业互联网平台有效数据的积淀；可以实现海量数据的分析挖掘，为工业互联网平台其他应用提供数据分析微服务；可以实现数据分析结果的可视化，为工业互联网平台数据展示提供支撑；可以实现监测、预测、决策等功能，为工业互联网发展提供支撑。2017 年 11 月，国务院印发了《关于深化"互联网 + 先进制造业"发展工业互联网的指导意见》，提出实施工业互联网关键技术产业化工程，"聚焦重点领域，围绕生产流程优化、质量分析、设备预测性维护、智能排产等应用场景，加快开发工业大数据分析应用软件"，到 2020 年，实现工业大数据清洗、管理、分析等功能的快捷调用。

工业大数据是推动工业企业实现创新转型的有力支撑。以大数据思维为支撑，围绕工业企业重点关注的分析决策任务，如用户需求与趋势把握、产品创新与产品管控、制造过程与工艺优化、供应链协同、企业风险分析与预警等，研究多行业工业企业大数据的分析应用场景，提出工业企业大数据应用的方法论，设计大数据分析决策主题与分析决策流程，将为工业企业利用工业大数据创新商业模式与价值发现提供支撑。此外，以提升制造企业产业应变能力与创新转型为目的，着重针对制造企业在互联网和大数据环境下的实时化市场洞察能力弱、企业生态系统协同应变不足、企业各业务环节精益管理水平不高等问题，攻克一批制造企业大数据分析与处理的关键技术和支持产品设计、生产制造和经营管理的大数据算法库和决策分析模型，并形成一套制造业大数据的技术标准和业务标准，在此基础上研发制造企业大数据智能分析与决策系统，并重点面向机械制造、快消品、航空航天、轮胎等行业的制造企业进行应用示范和推广，将为制造企业应用工业大数据创新业务模式、提升应变能力提供支撑，将助推工业企业快速实现新旧动能转换，形成新的经济增长点。2017 年 1 月，工信部印发的《大数据产业发展规划（2016—2020）》提出加快工业大数据等新兴技术在制造业的深度集成和应用，打造制造业企业的大数据"双创"平台，通过培育新技术、新业态和新模式，推动工业企业转型升级。

二、发展特点

（一）创新特点

工业大数据助力研发设计模式创新。一是实现定制化设计。企业通过互联网平台能够收集用户的个性化产品需求，也能获取到产品的交互和交易数据，挖掘和分析这些客户动态数据，能够帮助客户参与到产品的需求分析和产品设计等创新活动中，实现定制化设计，再依托利用柔性化的生产流程，就能为用户生产出量身定做的产品。二是利用大数据进行虚拟仿真。传统生产企业在测试、验证环节需要生产出实物来评测其性能等指标，成本随测试次数增加而不断提升。利用虚拟仿真技术，可以实现对原有研发设计环节过程的模拟、分析、评估、验证和优化，从而减少工程更改量，优化生产工艺，降低成本和能耗。三是促进研发资源集成共享和创新协同。企业通过建设和完善研发设计知识库，促进数字化图纸、标准零部件库等设计数据在企业内部，以及供应链上下游企业间的资源共享和创新协同，提升企业跨区域研发资源统筹管理和产业链协同设计能力。提升企业管理利用全球研发资源能力，优化重组研发流程，提高研发效率。四是培育研发新模式。基于设计资源的社会化共享和参与，企业能够立足自身研发需求开展众创、众包等研发新模式，提升企业利用社会化创新和资金资源能力。以海尔为例，截至 2017 年 11 月，海尔 COSMOPlat 已经聚集了上亿的用户资源，整合了 300 万 + 的生态资源，通过定制化设计、大数据仿真制造、资源共享、创新协同等方式实现了大规模个性化定制。

工业大数据助力生产体系创新。一是提升车间管理水平。现代化工业制造生产线安装有数以千计的小型传感器，来探测温度、压力、热能、振动和噪声等，利用这些数据可以实现很多形式的分析，包括设备诊断、用电量分析、能耗分析、质量事故分析（包括违反生产规定、零部件故障）等。在生产过程中使用这些大数据，就能分析整个生产流程，一旦某个流程偏离了标准工艺，就会发出报警信号，快速地发现错误或者瓶颈所在。二是优化生产流程。将生产制造各个环节的数据整合集聚，并对工业产品的生产过程建立虚拟模型，仿真并优化生产流程。当所有流程和绩效数据都能在系统中重建时，对各环节制造数据的集成分析有助于制造商改进其生产流程。例如，在能耗分析方面，在设备生产过程中利用传感器集中监控所有的生产流程，能够发现能耗的异常或峰值情形，由此便可在生产过程中优化能源的消耗，对所有流程进行分析将会大大降低能耗。三是推动现代化生产体系的建立。通过对制造生产全过程的自动化控制和智能化控制，促进信息共享、系统整合和业务协同，实现制造过程的科学决策，最大程度实现生产流程的自动化、个性化、柔性化和自我优化，实现提高精准制造、高端制造、敏捷制造的能力，加速智能车间、智能工厂等现代化生产体系建立，实现智能生产。2017年，航天云网 INDICS 工业物联大数据开放平台助力成都若克高铁刹车片产线实现智能化改造，改造后通过平台的数据采集、处理分析功能，实现设备远程智能诊断和维护，提高了设备利用率，降低设备能耗，通过优化企业信息管理流程，消除了信息孤岛，大幅降低操作员工，产能提升 80%，产品合格率提升了 8%，产品利润率从 4.7% 提升到 17.9%。

工业大数据助力经营管理体系创新。一是优化工业供应链。RFID 等电子标识技术、物联网技术以及移动互联网技术能帮助工业企业获得完整的产品供应链的大数据，利用这些数据进行分析，将带来仓储、配送、销售效率的大幅提升和成本的大幅下降。跟踪产品库存和销售价格，而且准确地预测全球不同区域的需求，从而运用数据分析得到更好的决策来优化供应链。二是推动经营管理全流程的衔接和优化。整合企业生产数据、财务数据、管理数据、采购数据、销售数据和消费者行为数据等资源，通过数据挖掘分析，能够帮助企业找到生产要素的最佳投入比例，实现研产供销、经营管理、生产控制、业务与财务全流程的无缝衔接和业务协同，促进业务流程、决策流程、运营流程的整合、重组和优化，推动企业管理从金字塔静态管理组织向扁平化动态管理组织转变，利用云端数据集成驱动提升企业管理决策的科学性和运营一体化能力。例如海尔公司建立了完善的供应链体系，它以订单信息为中心，带动物流和资金流运动，整合全球客户数据、企业内部数据、供应商数据等资源，通过工业大数据分析技术，实现供应链持续优化和改进，保障了企业对客户的敏捷响应，截至 2017 年 9 月，海尔已经集聚了上亿用户资源，同时聚合了超过 300 万的生态资源。2017 年 9 月，海尔凭借以 COS-MOPlat 为中心的供应链管理模式入选工信部 2017 年服务型制造示范项目。

工业大数据促进商业模式创新。大数据将帮助工业企业不断创新产品和服务，发展新的商业模式。通过嵌在产品中的传感器，企业能够实时监测产品的运行状态，通过商务平台，企业能够获得产品的销售数据和客户数据，通过对这些数据的分析和预测，企业能够开展故障预警、远程监控、远程运维、质量诊断等在线增值服务，提供个性化、在线化、便捷化的增值服务，扩展产品价值空间，使得以产品为核心的经营模式向"制造 + 服务"的模式转变。2017 年，上海先行先试，确定了上海服务型制造服务领域包括系统解决方案服务、支持服务、定制服务、研发/设计服务、信息增值服务、网络化协同制造服务等六大类，计划从 2018 年开始开展服务型制造试点工作。2017 年，振华重工加快建设港口装备的远程监测和诊断系统，该系统利用传感器、大数据、人工智能、云计算、3D 仿真等技术，为用户提供"4 级危害故障预警"等服务，该系统计划于 2018 年投入使用。

（二）企业特点

离散制造企业以工业大数据提升企业协同能力。离散制造行业将工业大数据作为提高企业信息化能力的新手段，协同设计、协同制造、协同服务对企业提高经营管理能力、拓展商业模式、提升核心竞争力具有重要作用。中国商飞认为互联网和大数据正在从设计和制造两个方面，深刻影响飞机制造行业的核心竞争要素：一是参数化的飞机数字设计，参数化的设计可根据参数从知识库中提取模型，有效降低设计的工作量和从业人员的门槛，飞机设计人员的年轻化大幅提升工作效率并节约成本；二是协同设计和制造，传统过程是，先进行数字化设计，之后交给强度进行校核，然后反馈修改设计，虽然已经实现了全数字化,但效率仍有提升的空间,与互联网融合实现的在线协同设计,可利用数据共享的优势,贯穿设计、强度、管路、液压等全流程,并行工作的效率大幅度提升,互联网还能进一步使设计和制造、客户联系在一起,问题早发现,早修改。2017 年 4 月,中国商飞与 GE 公司、昂际航电共同签订大数据合作总体框架,积极推动工业大数据在民机研发设计、生产制造和运营服务等领域的应用。2017 年 12 月,中国商飞成立数据管理中心,为飞机产品的研制和全生命周期管理提供服务和有效保障。上海电气风电集团致力于通过数据驱动创新,实现风场智能化运行,2017 年,集团依托先进的人工智能、大数据、云计算、物联网等技术,自主研发了"风云系统",实现风电全生命周期管理。吉利汽车面对汽车行业日趋激烈的竞争态势,提出"造每个人的精品车",利用互联网邀请用户参与车辆的开发和设计,利用大数据提升供应链和整车的质量品质。

流程制造企业运用工业大数据提升物流和销售效率。流程制造行业更多从规范和拓展市场的角度积极推进互联网与工业的融合,与该行业整体存在产能过剩的情况有密切的联系。欧冶云商是宝钢旗下的电商服务公司,包括电子交易、技术服务、物流仓储、金融服务、大数据分析等五大平台,目前主要从事宝钢自营钢铁的电商交易活动,立足宝钢的钢贸商群体构建信用体系,同时面向大客户建设可信任的仓储流通体系。2017 年,欧冶云商向第三方交易平台发展,5 月,平台重构项目顺利上线,实现日交易量 6000 多万吨,欧冶云商正在通过联合大的钢铁企业,用互联网的方式建立新的钢铁贸易生态体系。找钢网是民营初创企业,从事全产业链的钢材电商服务,其主要商业模式为钢材撮合电子交易和品牌钢厂的电子分销,仓储和物流采用轻资产租赁方式。2017 年 3 月以来,找钢网日均销售量达 10 万吨左右,目前找钢网依托运行多年积累的海量的订单数据打造了找钢网工业大数据平台,通过该平台能够精准、实时反映钢材市场运行和供需状况,为上游钢厂和下游物流企业提供精准营销和智慧仓储物流服务。

集成服务企业利用工业大数据平台为企业提供综合服务。2017 年 6 月,航天云网正式全球发布 INDICS 平台,该平台通过线上实现制造信息互通、资源共享、能力协同、开放合作、互利共赢,进而牵引线下智能化改造,可以为企业提供智能制造、协同制造、云制造等方面的公共服务。同时,通过 IN-

DICS 平台，可以打造线上线下结合、制造服务结合、创新创业结合的新业态。截至 2017 年 6 月，平台注册用户近 80 万，线上协作需求发布 1000 亿元左右，嵌入云平台企业 1500 多家，设备接入云平台 6000 多台。

三、应用案例

（一）东方国信 BIOP 工业大数据平台

东方国信依托自主可控的工业大数据研发和服务能力，打造了 BIOP 工业大数据平台，并于 2017 年 6 月，在第 21 届中国·国际软件博览会上正式发布展示。BIOP 平台对标 GE Predix、西门子的 MindSphere 等，具备数据实时采集、数据整合治理、数据存储传输、数据建模、流式计算、机器学习、数据可视化、流程引擎、数据应用等功能，可以实现从设备端到服务端的无缝衔接，通过整合现有生产端的 MES、ERP 乃至 CPS 等实时数据，统一汇总分析，提供实时监控、生产管理、能效监控、物流管理等多种生产运行管理的服务，并向第三方开放设备管理、资产管理和经营管理等模块。BIOP 平台应用场景涵盖矿山安全、城市及工业锅炉、流程制造、离散制造、轨道交通等多个领域，并积极向智慧照明、水电、空压机、城市供热、风电等领域拓展。以炼铁大数据智能互联云平台为例，截至 2017 年 7 月，该平台已经实现全国 60% 的高炉系统覆盖率，每年平均节省冶炼成本 100 亿元，二氧化碳排放量减少 1000 万吨。

（二）青岛酷特智能大规模个性化定制

2017 年初，青岛红领集团正式更名为青岛酷特智能股份有限公司，酷特智能是在全面顺应"互联网＋"的趋势，加速"去红领化"，实现企业从传统的 OEM 和 ODM 模式向服装私人订制（C2M）模式转型的结果。酷特智能充分围绕客户个性化需求，利用大数据、物联网等信息技术建立大规模个性定制新模式，快速响应全球消费者的多元化需求。酷特智能的制造模式主要有以下特点：一是运用大数据技术满足客户差异化需求。酷特智能在多年的生产过程中，积累了海量的版型、款式、工艺等方面的数据，建立了服装版型、款式、工艺、BOM 四大数据库，数据库量级达到百万万亿级，客户可以利用数据库数据进行自由搭配组合。二是运用物联网技术实时传递生产信息，实现生产与管理的集成。酷特智能实现了服装设计、下单、定制的全部数字化。酷特智能生产的每件定制产品都有专属芯片，各工序员根据芯片指令完成制作，芯片精准地将个性化定制工艺参数和要求传递给工位上的电脑，确保定制产品高质高效完成；同时，生产管理部门可实现对每道工序、每个环节在线实时监控。三是以生产流程的模块化、标准化布局，实现个性产品规模化生产。酷特智能的 RCMTM 平台通过将客户在定制平台上填写的数据与数据库中存储的模型进行对比，可以实现个性化数据的标准化；然后按照标准化数据将订单拆分成若干模块，并自动分配给生产线上的工人进行后期制作。通过上述模式能够在所有细节上既实现个性化定制，又做到规模化生产。四是客户需求数据驱动柔性定制模式。通过酷特智能的 C2M 平台，可实现制造体系与用户需求数据无缝对接，于是制造环节能够根据用户的个性化需求快速调整生产要素和柔性布局。酷特智能的大规模个性化定制模式颠覆了服装行业经营传统，大幅提升了企业经济效益。截至 2017 年，酷特智能已经能够满足全球 99% 的用户提交的个性化定制信息，每件产品的生产周期缩短到一周，并且实现了零库存。2017 年 7 月，青岛酷特智能股份有限公司的"面向服装行业的大规模个性化定制应用基础性标准研究及试验验证"项目入选国家智能制造专项。2017 年 11 月，酷特智能与北京大数据研究院共同成立工业大数据实验室，推动工业大数据科研和成果转化，为企业用好工业数据提供帮助和指导。同时，酷特智能海域咸阳市政府签订长期战略合作协议，帮助咸阳当地传统工业企业转型升级，截至 2017 年底，酷特智能已经签约了 70 多家企业，涵盖近 20 个行业领域。

（三）航天云网工业物联大数据开放平台

航天云网的 INDICS 工业物联大数据开放平台是 INDICS 平台体系下面向工业大数据领域的解决方案，包括数据采集层、数据分析层、业务服务层、数据库、外部系统等多个组成部分，可提供产品和资产云端接入、资产性能管理和运营优化服务，以及基于数据的产品创新应用、生产线优化分析、供应链优化和工业治理应用等工业大数据应用服务。通过汇聚高价值制造过程和资源数据，发挥数据的创新支撑潜力，带动智能制造模式的创新和产业价值链体系的重构。截至 2017 年底，INDICS 工业物联大数据开放平台已经广泛应用于机械设备、智慧生活、家电制造、能源管理等领域，实现10多万台设备的在线接入，每秒100万测点，每天864亿条数据，每天9T存储，支持excel、file、json、音频、视频、图片等多种接入方式，支持大多数主流接入协议，可提供机台监诊和预防保养、设备自动化、厂务能源管理、整合和生产履历、设备监诊和效益优化、厂务环境监控等服务。

第十章　金融大数据

金融业是大数据的重要生产者，也是大数据的主要应用者。金融大数据作为一种新兴业态，正成为金融行业创新发展的前沿阵地，其发展将有力撬动金融产业和信息产业的全面快速发展。全国三大金融中心北京、上海、深圳依托强大的金融产业基础，积极推动大数据等信息技术在金融行业的广泛应用，培育发展了一批以网商银行为代表的新业态、新模式。未来，随着金融数据资源的持续增长以及互联网金融服务功能和模式的不断创新，大数据将成为金融产业转型升级的关键环节，提升金融服务价值和效率，引领我国金融产业快速发展。

一、应用需求

金融是关系国家发展的重要领域和行业，而目前传统金融服务已经无法满足用户对于资金融通的需求。大数据技术作为一种能够充分挖掘数据背后价值的新兴科技，推动大数据与金融的深度融合，积极发展金融大数据，对金融企业的市场营销、精准管理、创新发展、转型升级以及供给侧结构性改革都具有十分重要的意义，大数据技术将成为解决传统金融行业痛点的"灵丹妙药"。

金融行业将进入"数据为王"的新纪元，波士顿咨询报告指出，银行业每创收 100 万美元，平均就会产生 820GB 的数据，2017 年是中国金融业步入大数据时代初级阶段。面临金融大数据即将全面展开的时代，金融机构间的竞争将围绕数据资源累积与应用的竞争全面开展。国内多数大型金融机构在业务开展过程中积累了客户身份、资产负债情况、资金收付交易等大量高价值密度的数据，截至 2017 年，多数大型金融机构的累积数据量已经超过 PB 级以上，并且非结构化数据量保持持续快速增长态势。这些数据通过运用专业技术分析挖掘，可以产生巨大的商业价值。正在兴起的大数据技术与金融业务的快速融合将极大地提升金融机构对网络技术的应用效率、信息综合程度和信息服务水平，极大地丰富、完善和提高管理水平和创新能力，给未来金融业的发展带来重要机遇。

大数据技术为金融机构战略转型提供手段。2017年，我国宏观经济结构仍处于调整期，利率进一步市场化，国内传统金融机构面临互联网的猛烈冲击，面临盈利空间收窄、核心负债流失以及业务定位亟待调整等问题，因此传统的金融机构亟须实现从被动回应服务向主动服务、个性化服务的转变，需要利用数据进行深度认知分析，拓展新的商业价值。业务转型的关键在于创新，但以往的金融机构的创新没有充分挖掘客户的内在需求，未能为客户提供更有价值的服务。通过运用大数据技术，金融机构可以深入挖掘数据资源的潜在价值，明确市场定位，合理配置资源，推动金融业务创新。金融大数据的目标应用场景包括银行、证券、保险、信托等金融服务，以及征信等中间服务等，大数据技术将在金融产品设计、定价、风控、销售、客服、监管等多个环节发挥巨大作用，助力金融机构完成业务创新和服务创新。当前，传统银行开始更多关注通过大数据技术实现客户体验提升、交易效率提高以及金融服务整合，截至2017年底，工商银行、农业银行、建设银行、中国银行、广发银行等多个传统金融机构都开始建立自己的大数据分析系统，积极利用大数据技术实现转型升级。

大数据技术为金融机构降低管理和运行成本提供工具。运用大数据技术对金融机构内部运营数据进行分析，金融机构能够有效定位内部管理存在的问题，并根据大数据分析结果制订合理改进方案，形成利于自身发展的管理模式，降低管理运营成本。除此之外，大数据技术还为定制化服务和产品营销提供了机遇，通过分析客户的消费习惯与行为特征数据，可以更深入地了解客户需求，提升市场营销效果。中信银行建立了基于全生命周期和全流程管理的精准营销模型，通过大数据驱动对潜在客户、保持客户、新客户活跃度和流失唤醒等进行管理，提升精准营销成功率。此外，2017年，中信银行发力场景化营销，推出"中信红权益"，整合线上线下数据，形成用户完整、清晰画像，重构消费者决策历程，加强场景内的产品交叉营销，着力打造基于大数据的场景营销体系。

大数据技术为降低信息不对称程度、提升风险控制能力提供途径。金融机构引入大数据技术后，可以逐渐减少对客户提供的财务报表的依赖程度，大数据技术可以辅助金融机构构建更加科学的信用评级体系。通过对客户的资产情况、负债情况、流动性情况以及账务流水、交易支付、纳税、信用记录等多源数据的挖掘分析，可以实现对客户的动态全程监控分析，发现异常信用卡使用情况，甄别客户极端消费行为，建立造成信贷风险的客户特征与背景，及时发现可能造成风险损失的客户，形成关于贷款人或信用卡申请人的全面风险评估结果，为金融机构的借贷业务提供决策依据，降低动态违约概率和损失率，提高贷款决策的可靠性。2017 年 7 月，中信银行与九次方合作共同研发"风险预警大数据平台"，整合内外部多维度数据，实现数据实时更新，并将收集的数据进行关联分析，促使风险决策从以前的"被动风控"向"主动风控"转型，用以有序化解风险。

二、发展特点

（一）规模特点

图 10 - 1　中国金融大数据应用市场规模（亿元）及增长率（％）

资料来源：贵阳大数据交易所，华金证券研究所。

大数据推动金融行业快速转型发展，打开千亿市场空间。大数据市场是万亿级市场，2017 年，我国大数据硬件、大数据软件、大数据服务等在内的大数据核心产业环节产业规模预计可达到 4200 亿元，大数据关联产业规模预计超过 7 万亿元，大数据融合产业规模预计达到 5.5 万亿元。金融大数据作为大数据一个重要应用领域，据贵阳大数据交易所和华金证券研究所统计分析，2017 年中国金融大数据应用市场规模达到 160.5 亿元，同比增长 177.68%；预计未来五年年均增长率超过 100%，到 2020 年，这一数字将突破 1300 亿元，金融行业进入大数据的快车道时代。

（二）政策特点

政策对于推动金融产业的发展至关重要。近年，我国政府出台了一系列政策积极推动金融科技和金融大数据产业发展。截至 2017 年初，我国已经相继出台了《关于大力推进体制机制创新扎实做好科技金融服务的意见》、《关于促进互联网金融健康发展的指导意见》、《推进普惠金融发展规划（2016—2020 年)》、《促进大数据发展的行动纲要》、《大数据产业发展规划（2016—2020 年)》、《云计算和大数据重点专项实施方案》等一系列金融大数据相关政策，政策明确提出大力培育和发展金融科技，推动金融领域数据汇聚、共享和分析挖掘。2017 年，十九大、全国金融工作会议、中央经济会议等金融相关会议相继召开，我国更加注重加强金融风险研判以及重点领域金融风险防控，不断完善金融风险监测、评估、预警和处置体系。金融行业严监管政策措施，为基于金融大数据的监管科技发展提供了空间。

（三）市场特点

银行大零售为金融大数据提供重要市场。2017 年在某种程度上可以称之为银行零售转型的元年，2017 年以前，银行的个人贷款主体是房地产按揭贷款，而 2017 年以后，银行个人贷款明显转向了信用卡贷款和零售消费贷款，个人房贷比例明显下降。在这种大背景下，银行将深挖客户需求，综合银行内外部、线上线下多维度数据，充分利用互联网和大数据技术，探索开发差异化的金融产品和提升用户体验，满足客户多方面的融资和服务需求，提高客户黏性，将对银行零售业务的开展提供支撑。此外，大数据技术的应用还将有助于银行零售风险防控。银行零售的转型为金融大数据发展提供了广阔市场。

大数据征信仍是发展热点领域。征信产业依赖数据流通，大量优质数据是基础，传统的征信方式严重依赖线下渠道，主要靠搜集到的客户身份特质、资产负债和资金收付等历史信贷方面的信息，信息相对不完整，很多长尾的信贷需求无法满足，并且缺乏实效性数据的输入，反映的往往是滞后数据的结果，存在一定的结构性风险。在大数据的视角下，大数据征信的数据采集内容和范围不断拓宽，信息主体在互联网和IT系统上产生海量数据，包括动态信息、非结构化信息的采集，所有的数据都可能被作为信用评估的基础数据，并且数据技术的进步直击征信行业痛点，为金融行业的征信提供有力的技术支持，通过运用大数据技术对多维数据的分析、挖掘和运用可以极大地扩展征信体系的数据范围和实时性，可以更科学地评估用户的信用状况。2017年，我国大数据征信产业链条不断完善，已初步形成了以监督机构为指引，金融、公共、互联网巨头等为数据来源，征信机构和大数据金融公司为征信服务主体，金融、消费等行业为下游客户的大数据征信产业链。

个人征信大数据市场空间巨大。消费在我国经济中的地位不断提高，2017年6月，波士顿咨询公司和阿里研究院联合发布《中国消费新趋势——三大动力塑造中国消费新客群》，报告指出，预计到2021年中国的消费市场将达到6.1万亿美元，扩大近一半的规模，并且近半数消费来自于网络，信用卡消费、电商消费贷款的消费习惯的形成激发了企业对于用户个人征信的需求。未来随着消费需求的增长，个人征信市场将迎来爆发式增长，预计到2020年我国个人征信行业的潜在市场规模将达到2688.9亿元，复合增长率达到8.77%。而据估计，截至2017年底，我国个人征信市场的渗透率仍不足10%，面临不断增长的市场需求和巨大的市场空间以及传统征信产业增长乏力的局面，上市公司、银行、传统征信机构以及互联网征信机构都纷纷布局转向大数据征信领域。大数据技术可以充分挖掘金融机构积累的用户数据以及用户在互联网上形成的海量行为数据的价值，大数据征信产品不仅可以用于个人贷款，还可以用于保险、就业、社交与网络买卖交易等领域，截至2017年底，芝麻信用、腾讯征信、前海征信、鹏元征信、中诚信、中智诚、考拉征信、华道征信8家个人征信机构以及银之杰、拓尔思、中科金财、新国都、海立美达、航天信息、奥马电器等多家上市公司均纷纷完成大数据征信布局，并推出了自己的大数据征信产品。

大数据风控在网贷市场前景广阔。贷款业务的线上化和去中心化催生了网贷快速发展。网贷的产生补充了我国尚未成熟完善的金融市场，填补了部分金融服务空白，也为投资者提供了新的金融投资理财产品。国务院印发《推进普惠金融发展规划（2016—2020年）》，提出大力发展普惠金融和支持互联网金融创新，网贷将迎来新的发展机遇。虽然2017年，网贷进入"严监管"年，但数据显示，中国网贷用户仍呈快速增长态势，2017年初中国网络信贷用户达到1.6亿人，预计到2020年这一数字将达到2.2亿人。2017年，大批网络信贷平台上市，现金贷等新型模式兴起，据艾瑞咨询数据显示，2017年中国网络信贷余额超过2万亿元，复合增长率超过63.7%，预计2020年网络信贷余额规模将达到61792.2亿元。根据KPMG的统计，全球100大金融科技公司中22%是网贷公司，仅次于支付公司（25%）。随着网贷在近几年呈现爆发式增长态势，对金融风控提出了新的要求、带来了新的挑战，用户对于风险控制变得越来越关注。但是，目前网贷行业普遍采用的风控手段主要通过线下完成，过于依赖人工，采集的数据主要是年龄、职业、收入等信用数据，不太关注用户行为数据，这些特征带来的是审核成本高、审核标准不一致、审核速度慢且数据更新不及时的问题，而且难以有效规避参与方可能出现的道德风险。近年，网贷风险事件时有发生。据网贷之家统计，2017年全年全国网贷停业及问题平台数量为645家，截至2017年12月底，全国网贷行业正常运营平台数量达到了1931家，相比2016年底减少了517家。而大数据风控凭借互联网和大数据技术优势，将信用风险的用户行为数据考虑在内，从而实现较低的审核成本、审核标准的统一、审核的高效和数据的实时录入。当前互联网金融已经积累了丰富的数据，各类风控模型逐渐成熟。借助大数据技术，金融行业传统风控手段将重塑，网贷机构可以通过运用大数据等技术手段，对借款人进行风险控制和风险提示，精准把握用户的贷款需求和还款能力，使得金融风险管控更为智能化、公开化、可视化。

大数据风控在消费信贷市场空间巨大。电商的迅猛发展改变了客户消费习惯，便捷的支付及消费分期等服务提升了用户体验，随着消费金融的发展消费信贷市场快速开拓。2017年12月，易观和融之家联合发布《2017年中国消费信贷市场发展报告》，报告显示，我国消费信贷市场保持快速增长，截至2017年末，中国消费信贷（不含放贷）市场规模将达到9.8万亿元，预计到2019年这一数字将突破14.6万亿元。互联网消费金融带来了新的技术形式和风险管理模式，基于数据形成的大数据风控将是核心发展方向，数据资产成为金融商业模式下可变现的重要资产。金融企业可以对行业客户海量服务信息进行捕捉及分析，并利用各种服务交付渠道的海量客户数据，开发新的预测分析模型，对客户消费行为模式进行分析，提高客户转化率。

（四）企业特点

传统金融机构从自身业务入手积极布局金融大数据。传统金融行业如银行、保险等领域，金融机构在开展业务过程中积累了大量的客户身份信息、负债情况以及资金交易收付情况等高价值密度的数据，运用大数据技术对积累的数据进行分析挖掘，可以产生巨大的商业价值，大数据已成为金融业重要支撑。截至2017年底，工商银行、农业银行、建设银行、中国银行、广发银行等都已经建立了自己的大数据分析系统。

大型电商平台以及互联网巨头从线上消费金融领域切入金融大数据。大型电商平台以及互联网巨头依托消费场景，通过自建消费金融业务线，利用消费分期，提升交易额，增加用户黏性，并通过跟踪监测用户在分期之后的还款行为，评定用户的支付能力、诚信等，进而完善征信数据库。代表型产品如平安普惠、微粒贷、京东白条、蚂蚁花呗、蚂蚁借呗、拍拍贷等。

传统金融机构与互联网企业共同拓展金融大数据市场。传统金融机构在业务开展过程中积累了海量的用户数据，而互联网企业具有大数据核心技术，两者的合作将共同推动金融大数据的发展。2017年，四大银行与BATJ积极合作，如3月，阿里巴巴与建设银行在信用卡、支付领域合作；6月，京东金融与中国工商银行签署金融业务合作框架协议；6月，腾讯与中国银行共建统一金融大数据平台；6月，百度与农业银行共建金融大脑。

三、应用案例

（一）百度大数据风控平台"般若"

2017年，百度开放大数据风控平台"般若"，该系统实现信贷业务流程全覆盖，包括贷前的智能获客、贷中的审批授信、贷后的监控催收。贷中的审批授信包括身份核验、黑产的欺诈识别、信用风险度量等。贷后监控催收包括对贷款进行监控、催收和复联等。该平台使用百度自有的数据特征和算法，提出了整体解决方法：利用梯度增强决策树聚合大数据高维特征，可以实现高维数据降维、提升风险区分度；利用深度学习算法，将特征嵌入，通过关联挖掘等解决数据稀疏问题。"般若"可将行为的风险区分度提升5%+"，而依托百度数亿级的用户数据，通过图计算方法，可将信用标签进行传递，进一步丰富信贷样本。2017年，在信用领域，"般若"利用央行征信数据和百度数据将客户群的风险区分度提升13%；在反欺诈领域，"般若"平台已经形成百亿节点、五百亿边的关联网络，可以大幅提升识别骗贷团伙的成功率。截至2017年底，"般若"与百度金融其他产品一起实现完整的一站式金融服务解决方案，合作伙伴近400家，每天对外服务超过百万次。

（二）文思海辉·金融定制化银行大数据解决方案

2017年，文思海辉推出文思海辉·金融定制化银行大数据分析方案，从数据整合治理、数据分析挖掘、数据应用等多个层次深入构建金融业数据分析框架。在数据整合治理方面，强调行内外数据的整合以及处理；在数据分析挖掘和应用方面，综合考虑不同银行大数据技术体系构建的现状，面向不同业务使用和业务场景，通过客户标签、分析挖掘等方法帮助客户定制大数据分析框架。文思海辉·金融定制化银行大数据分析方案通过大数据驱动的业务用例发掘价值，通过有效的大数据分析挖掘技术及时洞察用户需求、提升用户体验、提升收入并降低银行风险。以文思海辉·金融为某银行客户搭建的理财产品推荐系统为例，该系统使用电商行业常用的协同过滤算法+其他辅助算法打造了智能组合推荐方式，形成了基于社区的智慧营销模式，以保证可以在合适的时间，以合适的渠道将合适的产品推荐给合适的客户。未来文思海辉将助力银行推进客户拓展、客户体验提升，据相关数据显示，以大数据分析为核心手段，银行可实现15%—25%的收入增长，可降低5%—15%的前、后台运营成本，削减30%—35%的不良贷款流入总量。

（三）51 iCredit 大数据风控系统

2017年5月，51信用卡发布 iCredit 大数据风控系统，iCredit 系统可以实现精准用户评估，快速风控模型和策略迭代，从而为用户提供个性化、简单和便捷的金融产品和服务。51信用卡业务覆盖负债管理、金融服务和科技服务三个板块，拥有"51信用卡管家"等多款产品，用户数已经过亿。iCredit系统利用51信用卡各产品积累的海量信用卡账单数据、身份信息、运营商数据和微博、短信等数据，对内外部数据进行清洗整合，汇聚形成了针对每个信贷客户的数万个风控变量的风险特征库和近实时的分析数据集市。同时，iCredit 通过采用逻辑回归、决策树、随机森林、机器学习、深度学习等算法，对多维度数据的综合挖掘，建立了多维度的客群细分，构建了精准高效的风控模型，实现了更快更准的信用卡管理。2017 年，iCredit 系统已经开始局部技术输出，已经在 51 人品贷等旗下产品上开始应用。

第十一章　健康医疗大数据

健康医疗是国内大数据应用的热门行业，健康医疗行业大数据占国内大数据市场规模的比重正随着我国人口老龄化及医疗政策的推动而逐渐上升。我国存在人口基数巨大、医疗需求攀升、医疗资源浪费严重、医疗资源紧缺和配置不合理、医疗支出增长过快、商保发展乏力等问题，健康医疗大数据的应用需求主要体现在公共卫生、个人健康管理、养生养老、智慧医疗、医疗行业监督、医药研发等方面。据贵阳大数据交易所预测，到2020年，我国医疗大数据应用市场规模将达到79.05亿元。

我国正处于实施医疗改革、加快卫生信息化建设的关键时刻。国务院、国家卫计委、卫生部逐步加大我国医疗卫生信息化改革力度，各地出台了关于医疗信息化建设总体要求的政策以及促进医疗机构如医院、医药厂商等信息化政策。随着健康医疗大数据政策频出，健康医疗大数据应用发展已经成为国家大数据战略布局，国家卫计委先后确定二批国家健康医疗大数据应用中心与产业园试点建设，健康医疗大数据的应用正在加速落地。全面促进云计算、大数据、物联网、移动互联网等信息技术与健康服务的深度融合，推进"互联网＋健康医疗"服务，是我国深化医疗改革、助力医疗产业转型升级的重要措施。

一、应用需求

医疗关乎每个个体的生命健康，推进健康产业的信息化、智能化意义重大，而健康医疗大数据产业是关键环节。健康医疗大数据是指所有与医疗卫生和生命健康活动相关的数据集合，是覆盖全员人口和全生命周期、涉及国家公共卫生安全和生物信息安全的极大量数据。健康医疗大数据包含政府机构、卫生医疗机构等组织产生的数据，以及从互联网、物联网、第三方等途径获得的数据，包括患者基本数据、电子病历、诊疗数据、医学影像数据、医疗设备和仪器数据及经济数据等。据 IDC Digital 预测，截至 2020 年医疗数据量将达 40 万亿 GB，是 2010 年的 30 倍。

健康医疗大数据有助于公共卫生管理。公共卫生部门可以通过覆盖全国的患者电子病历数据库，整合社会网络公共信息资源，及时掌握和动态分析全人群疾病发生趋势及传染病疫情信息等公共卫生风险，完善重大疾病和传染病敏感信息预警机制，并通过集成疾病监测和响应程序，快速进行响应。这将带来医疗索赔支出减少、传染病感染率降低，卫生部门可以更快地检测出新的传染病和疫情。健康医疗大数据可加强检验检疫、公共卫生、口岸边检、外事、商务、旅游发展、海关、民航、铁路等部门业务协同，防控输入疫情，提高突发公共卫生事件应急响应能力。此外，通过提供准确和及时的公众健康咨询，推动疾病危险因素监测评估和妇幼保健、老年保健、国际旅行卫生健康保健等智能应用，普及健康生活方式，将会大幅提高公众健康风险意识，同时也将降低传染病感染风险。

健康医疗大数据有助于推进卫生计生行业治理。我国由于过度医疗、过度耗材、医疗资源分配不合理等问题造成的医疗资源浪费问题严重，常见现象例如大处方、偏好昂贵药品、检查项目、治疗手段，不必要的重复检查，医生、药品、器械使用率低下等。建设覆盖医疗行为监管、卫生费用监测、药品（含耗材）招标采购配送监管、医保支付等在内的医药综合监管平台，可以实现对医疗服务价格、医保筹资和支付、居民医疗负担控制、药品使用等关键指标的实时监测，强化全流程监管能力。此外，健全基于大数据的医疗机构评价体系，整合分析临床、运营、成本核算、质量评价数据，可以提高评价结果的权威性和可信度，并将其与医院评审评价、经费拨付、绩效工资等挂钩，推动公立医院深化改革。

健康医疗大数据有助于个人健康管理。通过医疗物联网与移动互联网等技术，利用信息系统对个人健康状态进行连续观测，医务人员通过对健康信息的集成整合，为在线远程诊断和治疗提供数据参考，从而实现个人健康状况的有效分析和干预。另一种在研发领域有前途的大数据创新，是通过对大型数据集（例如基因组数据）的分析发展个性化治疗。这一应用考察遗传变异、对特定疾病的易感性和对特殊药物的反应的关系，然后在药物研发和用药过程中考虑个人的遗传变异因素。个性化医学可以改善医疗保健效果，比如在患者发生疾病症状前提供早期的检测和诊断。针对不同的患者采取不同的诊疗方案，或者根据患者的实际情况调整药物剂量，可以减少副作用。个性化医疗目前还处在初期阶段。麦肯锡估计，在某些案例中，通过减少处方药量可以减少30%—70%的医疗成本。

健康医疗大数据有助于推进实施精准健康扶贫。深入开展农村建档立卡贫困人口因病致贫、因病返贫调查摸底，全面核准患病家庭、人员、病种及诊治情况，建立城乡居民因病致贫、因病返贫管理数据库，为实施分类救治提供基础数据和决策依据。利用贫困人口健康档案，开展贫困人口疾病关联性分析，挖掘分析"因病致贫""因病返贫"影响因素。加强健康医疗大数据与城乡居民医保等数据交换，完善基本医疗保险、大病保险、医疗救助、医疗扶助"四重医疗保障"。鼓励商业保险机构参与健康医疗信息化建设与资源共享，全面实现大病保险与基本医疗保险和医疗救助等"一站式"即时结算服务。

健康医疗大数据有助于深化远程医疗服务。通过完善省、市、县、乡四级远程医疗网络，利用三级医院优质医疗资源，可以面向中小城市和农村边远地区基层医疗卫生机构开展健康医疗咨询、远程门诊、远程诊断、远程会诊、远程手术指导、远程培训等服务，健全检查检验结果互认共享机制，实现优质医疗资源下沉。通过加快医联体建设，推进大医院与基层医疗卫生机构、全科医生与专科医生的数据资源共享和业务协同，健全基于互联网、大数据技术的分级诊疗信息系统。通过省级远程医疗管理平台与国内知名医疗机构的互联互通，依托公立骨干医疗机构可建立基于远程医疗的公益性互联网医院或会诊中心。此外，可以完善远程医疗价格、医保支付和质量管理等制度，确保远程医疗系统常态化运行。

健康医疗大数据有助于发展智慧健康养生养老。近20年来，我国人口总量持续增长，老龄化问题严重，老年群体的医疗需求增大。通过健康医疗数据与食品安全数据的互联互通，可发展基于个人健康、身体素质、生活环境等数据分析的个性化饮食处方和膳食养生等服务。针对慢病管理，可利用"互联网＋慢病管理"模式，以健康档案为基础，强化人群健康管理和慢性病危险因素监测，加强高血压、糖尿病、恶性肿瘤等慢性病早期筛查、早期发现和早期治疗，完善随访服务和康复指导。此外，通过采集、汇聚和转化临床医学、卫生资源、气候、土壤、微生物、水质等健康医疗相关数据，可以开展关联性应用研究。

健康医疗大数据有助于发展智慧健康医疗便民惠民服务。整合优质医疗资源，推进互联网健康咨询、网上预约分诊、移动支付和检查检验结果查询、随访跟踪等应用，可优化形成规范、共享、互信的诊疗流程。通过居民健康卡、社会保障卡等应用集成，可有效促进居民个人电子健康信息动态、实时、连续更新，以居民电子健康档案为基础，可开展覆盖全生命周期的预防、治疗、康复和健康管理等电子健康信息服务。通过逐步整合现有新农合、城镇居民基本医保等医保管理信息系统，实现统一平台管理，支持跨地区费用核查和即时结算，有助于推进智慧医保建设。

二、发展特点

（一）政策特点

国家政策不断引导和激励，健康医疗大数据正在成为未来健康医疗产业发展新的增长极。2015 年以前，我国区域信息化建设尚未形成规模，大数据的开放和共享相关保护法规体系尚未完善，导致我国数据源开放和共享化程度处于较低水平。2015 年，国务院发布《促进大数据发展行动纲要》，明确了关于数据使用的总体要求，并将有效促进医疗数据的开放和应用。2016 年 6 月底，国务院出台了《关于促进和规范健康医疗大数据应用发展的指导意见》，标志着我国首次将健康医疗大数据确定为重要的基础战略资源；9 月，国家卫生计生委发布《电子病历共享文档规范》《电子病历与医院信息平台标准符合性测试规范》《电子健康档案与区域卫生信息平台标准符合性测试规范》一系列政策性文件，对我国基于电子病历的医院信息平台的标准化建设和基于居民健康档案的区域卫生信息平台的标准化建设具有指导促进作用；10 月，中共中央、国务院印发了《"健康中国 2030"规划纲要》，作为我国未来 15 年推进健康中国建设的行动纲要，其中特别强调发展健康产业和医疗大数据、培育健康医疗大数据应用新业态。健康医疗大数据应用发展被纳入国家大数据战略布局，健康医疗大数据的战略地位正日益提升。

各地政府就本地促进和规范健康医疗大数据应用发布相关政策。随着国家出台医疗大数据发展政策，为贯彻落实《国务院办公厅关于促进和规范健康医疗大数据应用发展的指导意见》精神，加快全民健康信息化建设，推进健康医疗大数据汇聚融合和共享应用，各地政府及医疗卫生部门积极响应国家"互联网＋医疗"发展战略，根据本地区医疗特点制定发展策略。《重庆市健康医疗大数据应用发展行动方案（2016—2020 年）》《山东省人民政府办公厅关于贯彻国办发〔2016〕47 号文件促进和规范健康医疗大数据应用发展的实施意见》等政策于 2016 年发布，2017 年 4 月，福州市政府发布《福州市健康医疗大数据资源管理暂行办法》，该办法是全国首个行业性大数据管理办法，此外，福州市政府办公厅于 11 月制定了《福州市健康医疗大数据开放开发实施细则》，进一步落实对健康医疗大数据开放的监管和引导；7 月，贵州省政府发布《贵州省政府办公厅下发关于促进和规范健康医疗大数据应用发展的实施意见》，以加快全民健康信息化建设，推进健康医疗大数据汇聚融合和共享应用；广东《云浮市促进和规范健康医疗大数据应用发展实施方案》。各地政策环境的不断完善标志着我国健康医疗大数据的发展与应用正逐步落地。

（二）区域特点

华东地区健康医疗大数据应用及产业园建设试点成果显著。2016 年 10 月 21 日，国家卫计委宣布：福州、厦门、南京、常州四个城市共同入围健康医疗大数据应用及产业园建设国家试点，标志着我国的健康医疗大数据便正式从华东地区为入手开始落地实施。2017 年，福建省和江苏省作为国家健康医疗大数据中心的"先行者"，立足自身优势，各自发展出了不同的模式。

福州模式。2016 年 11 月，国家健康医疗大数据中心及产业园建设试点工程在数字福建（长乐）产业园正式挂牌，该试点工程（福州园区）规划用地面积 1000 亩，其中国家健康医疗大数据中心规划用地 60 亩，拟建设一个中心、一个产业园、两个基地、四大运用领域。一个中心就是在长乐市建设的"健康医疗大数据中心"，包括中心机房建设、健康医疗数据目录库建设和中心平台建设；一个产业园就是在园区内布局健康服务片区、精准医疗片区、生物医药片区、科技金融片区等四个特色产业片区。两个基地为建设健康城市战略运营基地、健康人文国际交流基地；四大应用领域是发挥"治未病、健康云、VR产业、医联体"四个优势，促进"健康养生、精准医疗、智慧健康、分级诊疗"四大运用。该项目预计到2017年底，实现福州市健康医疗各业务领域信息资源面向健康大数据中心汇集，吸引或培育50—100家健康大数据企业落户产业园，其中包括1—3家龙头企业。到2020年底，带动大健康产业链发展，产业园技工贸总产值达到1000亿元。到2025年，福州健康医疗大数据产业园建成为泛珠三角最大的大数据中心。2017年3月23日，长乐市举行重点项目建设集中开工推进仪式，该项目将成为立足福建、面向全国的健康医疗大数据中心，实现全省各类医疗机构、政府有关单位的健康医疗数据的汇聚和备份，实现平台间有机联系和统筹调度。中心平台建设总投资预计1.4亿元。另外，继贝瑞和康、无创心电之后，深圳品生医学研究所也已确定入驻。2017年4月，福州在全国首发"一个办法、两大平台"，即《福州市健康医疗大数据资源管理暂行办法》、国家健康医疗大数据平台（福州）和国家健康医疗大数据安全服务平台（福州）。这标志着国家健康医疗大数据试点工程取得重大突破。福州率先启动的"两大平台"，汇聚公共卫生数据、临床数据、基因组学数据、物联网数据等近百亿条数据，在安全为先、隐私保护的前提下，将对外提供数据、应用、科研、生态和安全五方面服务。截至2017年4月21日，"两大平台"已完成全市13家市属医院、24家县级医院和其他医疗机构的健康医疗大数据采集。

厦门模式。2016年11月29日，国家健康医疗大数据中心与产业园建设试点工程厦门园区在福建省厦门市揭牌，计划在2017年2月底前，完成试点工程厦门园区相关方案和配套政策的制定完善工作，全面启动健康医疗大数据中心与产业园建设项目。2017年年底，建成厦门健康医疗大数据中心，并使之成为全省大数据中心，培养一批健康医疗大数据开发应用产业化示范项目。2018年年底，把厦门健康医疗大数据中心打造成东南健康大数据中心，基本建成覆盖全生命周期、结构合理、功能齐全的大健康医疗产业体系。2020年年底，力争建成国家健康医疗大数据中心并形成可复制、可推广的厦门模式，健康产业产值达到1200亿元。随着试点项目的落地，厦门市将建成一批"互联网＋健康医疗"服务示范工程，包括进一步完善全域就诊预约平台、可穿戴设备数据与居民健康数据实时互联、推动电子医保卡和移动支付、基因检测与健康医疗数据对接、有效提升精准医疗水平、建立国家健康医疗大数据研究分院、国家健康医疗领域开放大学分校，建设心脑血管、肿瘤等临床医学数据示范中心，构建临床决策支持体系。此外，厦门市还将打造一批信息安全项目，带动网络空间安全、电子数据监管、电子数据取证等信息安全服务发展；发展慢病管理、智慧健康养老、健康医疗旅游、健康保险、远程健康管理咨询、远程居家看护、健康食品等新型服务业态。

南京模式。2016年10月，国家健康医疗大数据中心与产业园建设试点工程（南京园区）正式挂牌，规划为"1个中心3个应用基地"四大功能片区，分别是健康医疗大数据存储中心、国际健康服务社区、南京生物医药谷及健康科技产业园，总规划用地面积约17.3平方公里。2017年，南京扬子国资投资集团作为健康医疗大数据试点项目的具体承办单位，重点围绕"1中心、3基地"加快推进试点工程建设，完成总投资60亿元，其中健康医疗大数据存储中心、应用中心和展示中心的建设取得积极进展。存储中心一期工程已于2017年9月底全面完成，其存储容量达52PB，并配置了2340TFLOPS的超算设备，江苏省8000万人的个人健康档案和电子病历及全省174家三级医院影像资料等健康医疗大数据将统一存储在该中心。此外，应用中心的建设以基因测序为特色，购置了50台基因检测设备，包括全球第一批Novaseq 6000和PacBio Sequel，引进了诺禾致源、云健康基因、世和基因等一流的基因测序企业入驻，并吸引了一批海内外高端人才，目前是全亚洲最大的基因测序基地，年测序能力达40万—50万人次。该中心未来将联合东南大学、南医大发起"中国百万人群全基因组测序计划"，建立国内最大规模的DNA测序平台、生物组学大数据分析中心和中国人群特有的遗传信息数据库，为重大疾病的预防、环境干预、早期诊断和治疗等提供数据支撑。

常州模式。2017年12月，由江苏省卫生计生委和常州市人民政府联合主办的国家健康医疗大数据应用发展研讨会在江苏省常州市召开，国家健康医疗大数据常州中心正式启动。目前，常州市已初步构建"一中心多园区"健康医疗大数据格局。"一中心"即国家健康医疗大数据（常州）中心。"多园区"分别是江苏中关村（000931，股吧）科技产业园、茅山健康颐养产业园、常州西太湖国际医疗产业园、常州生命健康产业园、常州健康养老服务业集聚区等。常州市已建成"市县一体化"全民健康信息平台，实现所有公立医疗机构互联互通和数据共享交换，形成了比较完善的全员人口、电子病历和电子居民健康档案数据库。2016 年，在全省区域健康信息平台分级评价中，常州市名列第一名。

华东及健康医疗大数据中心第二批国家试点正式发力。健康医疗大数据中心第二批国家试点将在山东、安徽、贵州三个省开展，其中，作为山东省健康医疗大数据建设的重要一环，济南市健康医疗大数据中心加快推进。

济南市以推动全民健康信息互联互通为重点，以集聚健康医疗大数据、打造大健康产业为目标，实施健康医疗大数据应用发展行动计划。按照"一中心（大数据中心）、一高地（高端健康医疗硅谷）、两园区（健康医疗科技创新产业园、健康医疗生活方式文化产业园）"布局，设立了具有明显区位、交通、生态和产业优势的健康医疗大数据产业园。目前，保障政策在健康医疗大数据产业园的支撑作用开始显现，省政府批准新组建的齐鲁医科大学确定落户，引进及在谈项目 30 余个，总投资近 260 亿元，签约了国家人类遗传资源库山东创新中心、中科院中能医用直线加速器等一批重大项目。依托浪潮集团技术优势，济南市正在组建山东健康医疗大数据有限公司，具体负责健康医疗大数据中心先期建设，承担与国家健康医疗大数据集团项目对接任务，将大数据与新一代信息技术、医疗康养相结合，将健康医疗大数据列入新旧动能转换重点工程，助推健康医疗大数据平台建设。2018 年上半年中心将完成规划设计、项目启动等前期工作，依托山东健康医疗大数据有限公司开展先期建设。发挥大数据产业优势，积极参与国家健康医疗大数据发展战略，在产业运营、科研机构建设中注入"济南元素"。

（三）市场特点

我国对数据应用政策的释放和推进，促使医疗大数据产业加速形成。从数据收集、融合、清洗处理到应用环节，由数据融合相关公司的高速发展，到数据应用相关公司增长迅速，医疗大数据市场应用前景广泛。国内市场健康医疗大数据供应商第一阵营有英特尔、微软、戴尔、思科、IBM、MEC 等老牌互联网大数据巨头，其主要目标客户为国内大型医院；第二阵营的主要代表有东软、东华、用友、方正等，主要服务对象是大中型医院及相关卫生体系。根据相关研究机构资料，我国医疗大数据企业排名（前 20 名）如下表所示。

表 11–1　医疗大数据企业排行榜（前 20 名）

排名	企业名称	排名	企业名称
1	荣科科技	11	万达信息
2	易联众	12	上海京颐科技
3	东软集团	13	芯联达科技
4	乐心医疗	14	零氪科技
5	联众医疗	15	妙健康
6	药明康德	16	明码生物科技
7	易康云	17	华康移动医疗
8	蓝网科技	18	思派网络
9	联达动力	19	医渡云
10	北大医信	20	中迈数字医疗

　　国家筹建三大医疗大数据集团公司。国家试点健康医疗大数据中心的建设，除了有地方政府来推动和引导，同样需要企业来承担建设的职责。对此，国家卫生计生委牵头成立了三家被业内称作"国家队"的企业。2017 年 4 月，中国健康医疗大数据产业发展有限公司成立，该公司是由中国电子为首、由四大央企联合发起成立的；中国健康医疗大数据科技发展集团公司成立，由中国科学院控股有限公司、中国银行、工商银行、中国电信、中国信达、广州城投、神州数码、首钢、东软、万达信息、易联众和荣科科技等公司发起；5 月初，中国健康医疗大数据股份有限公司成立，该公司以神州数码控股、工商银行、中科院控股、中国电信等 13 家行业领军企业为重要成员。"国家队"企业的相继成立，显示出国内健康产业的发展潜力与重要性，也是对国务院《关于促进和规范健康医疗大数据应用发展的指导意见》的积极履行。

　　科技巨头与医院携手推进医疗数据化。以医疗大数据为基础，科技巨头正与医院联手，推动病历结构化、术语标准化，并逐步推进实现精准医疗及智能医学，未来还会进入医学疾病预防、医药生产、医疗保险等多个市场。例如，腾讯移动事业部就在着手解决挂号、支付等问题，其服务已经在北上广深等一二线城市展开，医保的在线支付正在积极探索中。腾讯在医疗信息产业链中，也进行了多方面的投资，如好大夫、丁香园、春雨医生、微雨等。其旗下的腾爱医生则能帮助医生管理团队和患者。此外，腾讯还在拓展人工智能项目，与中山大学肿瘤防治中心在食道癌筛查方面进行实验项目，还和其他医院进行肺结节检测系统、辅助诊疗系统项目。百度、阿里巴巴、华为等科技巨头也纷纷布局医疗大数据产业。2016 年，华为云联合药明康德打造了国内首个精准医学大数据云平台"明码云"，全面助力我国精准医学计划；2017 年，阿里云正式进军医疗 AI 领域，推出了 ET 医疗大脑，采用深度学习帮助医生提升医术。

创业公司和传统企业是健康医疗大数据市场的重要组成。在健康数据的积累和分析以及健康大数据行业基础设施的完善方面，创业公司和传统企业是健康大数据产业的重要支柱。2017 年 4 月，零氪科技发布了 Hubbleubble 医疗大数据辅助决策系统，从医院管理、科研与临床为医院与医生提供辅助工作。而零氪科技与中科院计算所烟台分所打造的"中科天启"系统，是针对医疗机构大数据舆情风险监控的管理系统。作为一家成立于 2014 年的临床数据融合系统创业公司，零氪科技显示出了其创新能力。成立于 2000 年的雕龙医疗数据，具备医疗运营流程管理系统、大数据集成平台和医疗数据专题分析等产品和服务，已于 2016 年挂牌"新三板"。而东软集团、永洪科技这样的信息化、数据服务传统企业，也在积极布局医疗大数据领域。另外，在具体的疾病诊断领域，如人工智能＋医疗影像方面，涌现了一大批创业公司，如雅森科技、万里云等。

三、应用案例

（一）广东省人民医院利用大数据调配床位

应用背景：起因于国外医院的经验以及广东省人民医院各专业科室差异很大的病床使用率。长期以来，优势专业病源充足，病人候床情况严重，排队入院，相反有些专业空床情况明显，病床使用率仅 65% 左右。为此管理层打出了模糊临床二级分科、跨科收治病人、集中床位调配权的一套"组合拳"。

数据源：患者数据：挂号数据、电子病历、患者基本数据等。

医院数据：各科室床位使用情况、诊疗活动、平均住院费用、平均住院周期等。

实现路径：对跨科收治病人之后的科与科之间的工作量、收入、支出、分摊成本等指标进行合理的划分，强化了入院处的集中床位调配权，解决病人入院排队情况，使医院更好地履行了社会责任，同时也增加了医院的效益。

应用效果：提高病床使用率。病床使用率由87%提高到92%，优势专业候床排队现象明显减少。支持决策判断。优势专科与弱势专科的病人在地域构成比、平均住院费用等指标上存在显着差异，应用大数据调配床位可以缓解床位紧张问题。

（二）华大基因推出肿瘤基因检测服务

应用背景：伴随着生物技术、大数据技术的发展，个体基因检测治疗疾病已经成为现实。其中，最广为人知的是美国好莱坞女星安吉丽娜·朱莉，在2013年经过检测她发现自身携带致癌基因——BRCA1基因，为防止罹患卵巢癌，于2015年切除了卵巢和输卵管。目前，国内外已经有多家基因检测机构，如我国的华大基因、贝瑞和康、美国的23andMe、Illumina公司等。华大基因一直致力于肿瘤基因组学研究，已经研究20多类癌症。近日，华大基因推出了自主研究的肿瘤基因检测服务，采用了高通量测序手段对来自肿瘤病人的癌组织进行相关基因分析，对肺癌、乳腺癌、胃癌等多种常见高发癌症进行早期、无创伤检测。

数据源：测数据：患者血清、口腔黏膜数据、基因测序等。

其他数据：体检数据、电子病历、遗传记录、患者调查、地理区域以及生活条件等。

实现路径：首先采取患者样本，通过测序得到基因序列，接着采用大数据技术与原始基因比对，锁定突变基因，通过分析做出正确的诊断，进而全面、系统、准确地解读肿瘤药物与突变基因的关系，同时根据患者的个体差异性，辅助医生选择合适的治疗药物，制定个体化的治疗方案，实现"同病异治"或"异病同治"，从而延长患者的生存时间。

应用效果：癌症诊断和预测。肿瘤医院的病人中有60%至80%刚到医院时就已经进入中晚期，癌症早期的筛查可以帮助患者有针对性地改善生活习惯或者采取个体化的辅助治疗，有益于身体健康；同时将癌症扼杀在摇篮里，从而降低日后巨大的医药开支和生活困扰。助力个性化医疗。结合生物大数据，挖掘疾病分子机制最终可以达到更好的筛查、更好的临床指导以及更好用药的过程。

第十二章 社交媒体大数据

随着我国互联网技术的不断发展和手机用户量的持续增长，社交媒体已成为互联网媒体中最为流行的媒体类型之一，凭借用户基数大、信息传播快、互动功能强等特点，成为网上内容传播的重要力量。在我国，微博、微信、豆瓣、天涯、今日头条等社交媒体 APP 的普及使用，使得用户信息大量集聚至诸多社交媒体平台之上，其生成的用户数据价值已经远大于媒体网络本身的价值，社交媒体大数据正成为辅助政务决策、提供网络舆情监管及企业开展数字营销的重要分析依据。

大数据时代，数据在社交媒体行业的核心资源地位愈加凸显。随着我国信息技术及企业信息化的快速发展，网络媒体已逐渐成为连接物理世界和虚拟网络空间的重要桥梁，其生成的用户数据价值已经远大于社交媒体网络本身的价值。据中国互联网络信息中心（CNNIC）发布第 41 次《中国互联网络发展状况统计报告》显示，截至 2017 年 12 月，我国网民规模达 7.72 亿，全年共计新增网民 4074 万人。互联网普及率为 55.8%，较 2016 年底提升 2.6 个百分点。

一、应用需求

社交媒体大数据辅助政府决策。公众参与政务网络信息交互并产生大量个人数据，其中包含着公众在社会生活、金融服务、医疗卫生等各个方面的需求表达，准确、及时地获取并理解这些数据隐含的有用信息，可成为相关政府部门发现和处理民生问题、制定有效政策，从而提供社交监测、医疗应用、甚至疫情追踪等重要的辅助决策依据。据 CNNIC 最新数据显示，截至 2017 年 12 月，我国共有 GOV.CN 域名 47941 个；中国大陆共有 31 个省、自治区、直辖市开通了微信城市服务，微信城市服务累计用户数达 4.17 亿，较

2016 年底增长 91.3%；中国大陆共有 31 个省、自治区、直辖市开通政务微博，经过新浪平台认证的政务机构微博达到 134827 个；中国大陆共有 31 个省、自治区、直辖市开通了政务头条号，共有各级党政机关开通政务头条号账号 70894 个，较 2016 年底增加 36811 个。2017 年，我国在线政务服务用户规模达到 4.85 亿，占总体网民的 62.9%。其中，通过支付宝或微信城市服务平台获得政务服务的使用率为 44.0%，为网民使用最多的在线政务服务方式，较 2016 年底增长 26.8 个百分点；其次为政府微信公众号，使用率为 23.1%，政府网站、政府微博及政府手机端应用的使用率分别为 18.6%、11.4% 及 9.0%。以微信为代表，微信创新民生服务工具，上线政务微信、城市服务、小程序，与农业部、外交部、工商总局等开展合作，共同推出政务民生类小程序，帮助人民群众方便快捷地获取公共服务。

社交媒体大数据促进信息消费。2017 年 7 月，国务院发布进一步扩大和升级信息消费持续释放内需潜力的指导意见，意见指出，随着互联网技术与经济社会深度融合，我国信息消费快速发展，正从以线上为主加快向线上线下融合的新形态转变，对拉动内需、促进就业和引领产业升级发挥着重要作用。社交媒体网络中存储了大量用户资料、用户之间的社交关系以及用户之间的交互信息，海量社交数据具有重要的应用价值。通过分析社交网络用户的社会关系和在线商店中用户的浏览、点击、购买行为，可以为商家提供精准的产品推荐和优质的在线配送，更好地满足用户的用户消费行为感知，并在产品策划、设计和营销过程中做到有的放矢。数字化营销基于现代信息技术和互联网技术，运用社交媒体平台用户的注册资料信息对用户的特征进行精准分析，向用户推送较为准确的广告信息，并使用基于社交网络构建的人脉网络进行广告信息传播，从而为广告商提供有效的广告解决方案，实现定向投放产品、服务及品牌宣传，从而带动信息消费。数字化营销可以在用户与企业产品之间形成良好的沟通渠道，帮助客户和消费者便捷地获知企业产品或零售店的最新消息，有效促进企业品牌的推广，使用户更容易接受和购买企业产品，实现市场营销价值的最大化。未来，精准的广告投放将会直接影响用户消费，数字化营销将会在经济体系中占据重要地位。

社交平台数据辅助网络舆情分析。社交媒体传播影响力显著提升，社交媒体已成为互联网媒体中最为流行的媒体类型之一，凭借用户基数大、信息传播快、互动功能强等特点，成为网上内容传播的重要力量。我国社交媒体平台主要包括社交网站、微博、微信（朋友圈）、博客、论坛、播客等。互联网时代，新媒体用户将微信、微博等社交媒体作为获取新闻资讯的主要方式，并通过社交媒体获取信息以及表达诉求。截至 2017 年 12 月，微信朋友圈、QQ 空间用户使用率分别为 87.3% 和 64.4%；微博作为社交媒体，2017 年继续在短视频和移动直播上深入布局，推动用户使用率持续增长，达到 40.9%，较 2016 年 12 月上升 3.8 个百分点。知乎、豆瓣、天涯社区使用率均有所提升，用户使用率分别为 14.6%、12.8% 和 8.8%。通过社交媒体的用户数据舆情分析，了解社会民生，为国家的经济建设和社会管理提供决策支持。

二、发展特点

（一）市场特点

新闻资讯类 APP 通过内容精准推送提升用户黏性。新闻资讯类 APP 是新闻内容分发的重要渠道，新闻资讯类 APP 大致分为三大类：综合新闻资讯、垂直新闻资讯和杂志报纸类。综合新闻资讯类 APP 又分为以腾讯新闻、网易新闻等为代表的商业门户网站，以今日头条、一点资讯为代表的新闻聚合平台以及以人民日报、新华社和界面等为代表的综合新闻媒体；垂直新闻咨询类 APP 是指专注于垂直领域的新闻资讯类 APP，如军事头条、虎扑体育等；杂志报纸类 APP 则以 VIVA 畅读、电子画报为代表。通过用户的阅读习惯分析用户的兴趣爱好，继而向用户推送最感兴趣的内容成为了新闻资讯类 APP 提升用户黏性的重要方向。今日头条推出基于用户浏览的数据挖掘推荐引擎，推送用户感兴趣的内容；搜狐新闻 5.0 推出智能混合推荐以及"下拉一下"玩转个性新闻模式；UC 头条通过阿里大数据推荐和机器学习算法，推出最懂你的 UC；一点资讯融合搜索和个性化推荐技术的兴趣引擎，为用户推送真正有价值的内容；腾讯推出用户兴趣阅读 APP 天天快报。

短视频社交应用火爆增长。随着移动互联网技术与应用的逐渐成熟，移动网民的增速已经远远超过整体网民的增速，相对于无法实时随身携带的 PC 电脑，用户对于移动端依赖性越来越高，中国整体网民的增长已经由 PC 网民增长转移到移动网民的增长。截至 2017 年 6 月，中国网络视频用户规模达

5.65 亿人,在整体网民中渗透率不断提升,移动视频用户规模达 5.25 亿人,已成为一种更受欢迎的形式,未来,视频用户总量将进入缓慢增长阶段,移动视频用户增长是增速主动力。短视频用户启动频率及使用时长相比 2016 年上升趋势明显,据统计,2017 年用户启动频率比 2016 年环比提升 67%,人均单日使用时长环比提升 45%。

（二）企业特点

大企业利用媒体大数据致力精准营销。移动互联网和大数据给生产经营及消费者行为带来巨大改变,促使数字营销不断发展。社交大数据的运用使数字营销成为互联网行业中的又一重要方向。腾讯、阿里、京东、领英、国美等国内大型企业,已纷纷转变营销方式,逐渐从传统营销模式转变成为以用户为中心的多维数据驱动的精准营销,共同构建充分挖掘数据价值的生态体系。赶集网、光大银行分别在电商化和场景化的促进下,通过跨界合作实现具有用户针对性的广告精准投放,持续挖掘社交网络大数据的潜在价值。据最新统计数据显示,60.8% 的新媒体用户将微信、微博等社交媒体作为获取新闻资讯的主要方式,并通过社交媒体获取信息以及表达诉求。随着网络移动端的广泛使用,移动营销成为企业推广的重要渠道,据中国互联网络信息中心（CNNIC）最新数据统计,我国企业利用微信开展过移动营销的推广使用率为 75.3%,成为最受企业欢迎的移动营销推广方式。微信朋友圈逐渐成为移动网络客户端社交的主要阵地,依托朋友圈的活跃优势,微信借助大数据技术不断扩展社交方式并逐渐开拓其市场价值,以挖掘社交链条内部及其外延生态和服务价值。

广告平台的核心价值是要了解品牌目标用户的真正诉求,并具有实时连续洞察用户行为的能力。作为大数据时代的战略举措,腾讯社交广告致力于构建大数据营销生态,积极寻求与垂直行业展开平台级数据合作,为广告主提供更精准、更实效的营销解决方案。因营销场景的优势明显,微信朋友圈广告一直很受广告主青睐。在广告形式方面,朋友圈广告以原生模式将广告融入用户内容中,让用户自然接受、喜欢;在广告互动方面,用户可以通过点赞、评论、分享,将有趣味、有创意、引发讨论的广告内容在活跃着 6 亿用户的社交平台上形成自主传播,发挥朋友圈广告的社交营销能力。

　　跨平台合作成为企业加快自身发展的重要路径。精准的数字营销将在单个场景中延伸用户的消费行为，数字营销带来的场景化商机推动不同平台跨界合作。赶集网与瓜子二手车细分领域合作共赢，并使得美团在团购业务的基础上扩大其外卖市场。爱奇艺与中国电信达成品牌合作，双方打破营销边界，通过中国电信线下渠道，结合爱奇艺 VIP 会员权益实施数字营销，在实现我国电信全面落实互联网化转型的同时，进一步发挥了爱奇艺的资源优势与品牌价值，双方将计划携手共同打造"电信专享日"等活动，以拓展各自的服务边界。中国光大银行信用卡中心与掌阅科技联合，推出光大银行在数字阅读领域的首张光大掌阅联名信用卡，根据职位、行业、从业年限、所在地域等信息精确定位目标人群，并基于这些信息对营销效果进行精准评估，最大化广告投放效果。

　　信用评估是企业应用拓展的重要方向。随着互联网技术与金融不断融合，数据评估是指把社交行为、消费偏好等个人行为数据应用于风控体系之中，通过运用社交平台数据实现个人信用评估。在我国，京东、支付宝、腾讯等互联网巨头成功把各自的社交平台数据运用于个人信用评估之中，如京东白条、蚂蚁花呗、微粒贷根据对用户不同的消费习惯进行分析后设定相应的信用额度，实现商业利益的同时最小化信贷风险。此外，传统银行也开始把社交属性引入到个人金融服务之中，如平安银行推出了具有社交功能的移动支付平台"壹钱包"，实现风险评估的精准性。

三、应用案例

　　Airbnb 借助微信朋友圈投放广告视频扩大品牌影响力。随着网络移动端的广泛使用，移动营销成为企业推广的重要渠道，据中国互联网络信息中心（CNNIC）最新数据统计，我国企业利用微信开展过移动营销的推广使用率为75.3%，成为最受企业欢迎的移动营销推广方式。微信朋友圈逐渐成为移动网络客户端社交的主要阵地，依托朋友圈的活跃优势，微信借助大数据技术不断扩展社交方式并逐渐开拓其市场价值，以挖掘社交链条内部及其外延生态和服务价值。

　　微信朋友圈广告正式亮相于 2015 年 1 月，宝马、vivo 手机和可口可乐成为首发广告主，至少500万元的价格成为大家的谈资。7个月后，腾讯全面开放朋友圈广告，将单次投放最低金额降为20万元人民币。微信目前有6亿多注册用户，活跃用户高达4.7亿，朋友圈广告辐射面广，覆盖年轻群体多。从投放次数而言，TripAdvisor、澳大利亚旅游局和途牛，在旅游行业的微信朋友圈投放中，堪称活跃，分别以6次和4次领先于其他的旅游企业和部门。

　　Airbnb广告视频借助朋友圈的社交属性将"贝爷荒野求生"这一话题进一步扩散。在朋友圈广告的用户评论中，出现大量诸如"贝爷太帅"、"贝爷你好"、"荒野求生"等与明星本人及其节目相关的正面评论数据。这些评论在朋友圈中进一步发酵，持续引发用户积极互动讨论。通过明星效应触发的品牌效果不仅更加深入人心，视频本身传达出的个性、冒险等元素更是与Aribnb想要打造的品牌形象完美融合，与年轻受众产生了共鸣，实现了在短时间内提升品牌好感度，放大品牌影响力的效果。

第十三章　电子商务大数据

电子商务平台、社交网络、移动终端、传感设备等应用逐渐成熟，带来了消费者数据的爆炸式增长，我国电子商务市场逐渐进入大数据时代。电商大数据的应用贯穿于整个电商的业务流程，对于促进电商营销精准化和实时化、满足消费者个性化需求、拓展新型增值服务等具有重要的应用价值。我国电商企业等依托自身已有的数据资源基础，逐渐加大对大数据的挖掘、分析与应用，京东、阿里等电商企业依托其各自的电子商务交易平台，拓展大数据在电子商务领域的应用价值。

电子商务是网络化的新型经济活动，是推动"互联网+"发展的重要力量，是新经济的主要组成部分。电子商务大数据伴随着消费者和企业的行为实时产生，其应用贯穿于整个电商的业务流程，广泛分布在电子商务平台、社交媒体、智能终端、企业内部系统和第三方服务平台上，平台所产生的巨大信息量以及所收集的用户信息具有真实性、确定性、对应性等显著特点。电商企业通过数据挖掘和数据分析等手段，有助于实现精准营销，提升市场采集率，完善网络化治理体系，同时能够满足个人化消费需求，从生产端到售后端全方位提升用户购物体验。

一、应用需求

电子商务是指买卖双方基于互联网进行各种商贸活动，实现消费者网上购物、网上交易和在线支付以及各种金融活动和相关的综合服务活动的商业运营模式，它是降低成本、提高效率、拓展市场和创新经营模式的有效手段。按照细分领域，电子商务可分为 B2B（Business To Business，即企业对企业）电子商务、网络购物、在线旅游、O2O（Online To Offline，即线上线下）电子商务。其中，B2B 电子商务和网络购物是产生大量的结构化和非结构化的可视化数据，是电子商务大数据的主要来源。以网络购物为例，2017 年，网络购物行业呈现出以下发展特点：电子商务领域法律法规逐步完善；行业持续向高质量、高效能阶段过渡；线上线下融合纵深发展，线上向线下渗透更为明显。

电商大数据有助于电商企业实现精准营销。网络的普及使消费数据量快速增长，同时为电商企业精确把握用户群体和个体网络行为模式提供了基础。截至 2017 年 12 月，我国网络购物用户规模达到 5.33 亿，较 2016 年增长 14.3%，占网民总体的 69.1%。手机网络购物用户规模达到 5.06 亿，同比增长 14.7%，使用比例由 63.4% 增至 67.2%。与此同时，网络零售继续保持高速增长，全年交易额达到 71751 亿元，同比增长 32.2%，增速较 2016 年提高 6 个百分点。在电子商务领域，电商企业通过对网络用户的大数据的挖掘、分析及应用，可以探索个性化、精确化和智能化的广告推送和推广服务，创立比现有广告和产品推广形式性价比更高的全新商业模式，并拓展更为广泛的用户特性，为开发新产品和新服务以及降低运营成本提供方法和途径。此外，应用大数据营销模式能够促进商品之间的关联性，尤其是大数据挖掘技术的使用，在实际的企业运行过程中能够在保留原有数据的基础上，使各个数据之间建立起联系。比如，利用矿泉水和纸尿布进行关联挖掘营销，能够在一定程度上帮助电子商务企业实现良好的发展，还能有效实现电子商务企业相关产品的推荐以及界面互补等。通过对小型数据库的分析和研究，能够在短期内满足用户的各种需求，但是，如果利用大数据对商品进行关联，就能极大地提高界面信息的准确程度，从而使潜在的用户得到激发。因此，在电子商务领域应用大数据营销时，要注重挖掘商品之间的关联，从而提高推荐界面的有效性，确保大数据营销的水平和质量。

电子商务大数据有助于满足消费者个性化需求。大数据发展的重要趋势就是数据服务的变革，主要体现为针对个人所需提供数据服务，创造实时化、差异化的产品及服务，满足不同消费者的个性化需求是电子商务模式创新的一个典型特征。企业与消费者的信息透明化有助于促进两者之间的互动，电商企业消费者的个性化需求成为生产企业关注的核心。大数据等新一代信息技术推动了电子商务的价值创造方式发生转变，促使消费者在生产过程中的主动性作用愈加突出，企业以消费者为中心生产具有差异化的产品和服务，并引导消费者参与产品的生产和价值创造，能够有效降低消费者和企业之间的信息不对称程度。一方面，企业通过多元化的信息获取渠道掌握消费者的全面信息，提供的产品和服务更具针对性；另一方面，分散孤立的消费者可以通过多种渠道了解企业产品的全面信息，个性化和多样化需求逐步呈现。

电子商务大数据有助于拓展新型增值服务。新一代信息技术在电子商务中的应用，带来消费、生产、物流、金融等多个领域海量数据的产生。融合来自不同领域的数据，有助于推动生成新的增值服务模式。通过整合消费者和电商企业之间的交易数据与物流、金融数据，为确切掌握消费者与企业之间的信用奠定了基础。截至2017年12月，我国使用网上支付的用户规模达到5.31亿，较2016年底增加5661万人，年增长率为11.9%，使用率达68.8%。其中，手机支付用户规模增长迅速，达到5.27亿，较2016年底增加5783万人，年增长率为12.3%，使用比例达70.0%。线上支付加速向农村地区网民和老龄网民渗透。调查显示，农村地区网民使用线上支付的比例已由2016年底的31.7%提升至47.1%；50岁以上网民中使用率从14.8%提升至32.1%。大企业拥有丰富和巨大的数据资源，运用大数据积极开展信用服务，有助于推动供应链金融、互联网金融等增值服务的快速发展，从而为中小企业的发展提供帮助。

电子商务大数据有助于提升电子化政府采购水平。发挥电子商务大数据技术辅助决策作用，有助于提升政府采购决策水平。《国务院关于积极推进"互联网＋"行动的指导意见》和财政部《2016年政府采购工作要点》，均为快速推动电子化政府采购进程指明了方向。随着我国互联网、电子商务蓬勃发展，商品采购销售日益扁平化，一些大型电商平台的大宗采购和产业供应链服务体系逐步形成，大数据技术在电子商务活动中得到广泛应用，流通效率不断提高，商品价格日益透明化，采购效率和成本不断优化。当前，政府治理向精细化、高效率、科学化发展，基于互联网的电子商务采购模式和大数据技术在政府采购方面的应用前景广阔，对推动完善我国电子化政府采购有一定借鉴意义。通过大数据分析，可以为政府采购决策提供更加全面客观的依据。为此，可利用大数据分析手段，如进行电商大数据匹配等，为采购人提供市场和产品商情，有效提升采购科学化决策和采购满意度。此外，通过建设供应商诚信体系大数据，可以识别、防范供应商围标、串标和欺诈等行为，分析采购单位、评审专家、供应商、集中采购机构和社会代理机构的考核评价大数据，利用电商数据建立大数据价格比对、预警机制，可以有效提升政府采购现代化监管水平。

二、发展特点

（一）市场特点

电子商务供应端市场：实施大数据精准策划和精准营销。基于大数据分析，面向电子商务企业提供包括市场营销、商品促销与销售预测等服务，并通过完善的产品体系为第三方卖家及第三方独立软件开发商等提供数据服务的模式。一是基于海量数据挖掘的精准营销与大营销体系搭建。大营销以用户为中心，建立相关标签，包括基本标签，购买心理，用户兴趣爱好，用户购买能力，用户行为标签和母婴标签等，建立面向电子商务的精准营销体系。精准营销模型体系具有跨平台、跨终端和跨渠道的特点。广告形式多样化，包括邮件营销、短信营销等。通过建立标签体系的用户画像工作不仅支持挖掘用户价值，同时也可防范风险。用户行为模型覆盖方方面面。收集数据源于日志、交易等多个系统。二是基于海量数据挖掘搭建销量预测体系。对商品销量的预测，对于合理安排采购、仓库和配送任务等诸多方面都有着重要的意义。预测商品销量也能够帮助针对商品的各种促销活动等销售行为的可量化、有序化的顺利进行，在降低销售成本、提高销售额和毛利等方面，都有着巨大的作用。三是基于海量数据挖掘实施促销选品策略。京东每年6月份做店庆大促，基于海量数据挖掘的促销选品策略模型可评估各品类的促销效果，确定重点促销品类，支持公司在各品类促销资源的分配，并对各品类的促销效果进行评估。基于海量数据挖掘的促销选品策略主要通过一个品类促销效果评估模型来实现，主要考察各品类的促销敏感度及品类的销售额大小。四是面向第三方卖家的海量数据建设分析服务体系。电子商务平台的开放性为整合上游商家入驻平台提供了有效模式，为商家提供了自主经营的空间。

电子商务用户需求端市场：电商大数据提升用户网上购物体验。电商企业的核心服务理念就是提升用户体验，即用户对产品服务认可度是各大电商企业获得市场占有率的重要体现。当当网、卓越网等电商企业之前通过协同算法来找到商品之间的联系,当购买某件商品时,会展现相关商品的推荐信息。这能够为用户查找相关商品提供方便,提升客户体验;更是利用了商品之间的互补性与相关性,增加了销量。并且,通过对平台用户的浏览痕迹进行记录分析,正对不同层次类型的用户会提供特定的商品推荐信息。

此外,在电子商务舆情分析方面,随着网络技术和电商平台的日趋完善,电商平台的口碑评价成为消费者选择的重要参考,使得电商企业越来越关注其电商平台的口碑评价对电商品牌打造的影响度。电商价格、商品质量、物流速度、售后服务等是网络消费者对电商舆情的主要关注点。为此有电商,如京东,对所在网站的文本数据进行舆情分析,以进一步了解客户需求、主流偏好等信息。首先,电商企业通过调查和深入访谈的形式,预先获知客户的消费需求,以确定网站数据的研究方向;然后,筛选并锁定用户关注该电商平台的关键词,通过自有监测平台采集并抓取主题型关键词,间接关注其大量的平台用户信息;其次,将分析所得的行业关键词放入监测框中筛选,获取具有行业属性的信息,通过分析行业特征数据,研究该消费群体对某电商平台的关注特征;最后,企业根据研究结果,得出电商舆情分析报告,从而为电商企业的业务开展提供参考。

(二) 企业特点

2017 年全球电商公司排行榜中,进入榜单的公司分别是:阿里巴巴集团、亚马逊、苹果公司、京东、沃尔玛百货公司、苏宁云商集团股份有限公司、Tesco (乐购)、Otto (奥托)、唯品会 (Vipshop)、Zulily。其中,中国电商企业阿里巴巴位居榜首,京东、苏宁、唯品会也出现在榜单中。随着电商企业逐渐加大对大数据的挖掘、分析与应用,阿里、京东、等电商企业依托其各自的电子商务交易平台,获取并分析利用稳定而丰富的数据资源,利用网络技术开发应用云计算的商业模式,充分整合信息技术、管理平台技术、应用技术,从而汇聚形成资源池,以备按照需求进行灵活的资源调用。

电商巨头实施大数据精准营销。阿里和京东作为国内电商巨头,通过打造大数据开放服务平台,从而寻求用户增长点,提高用户体验,减少商品质量等售后问题。在大数据应用方面,阿里巴巴被认为是全球应用大数据最成功的公司。阿里巴巴利用其平台优势,通过对旗下的淘宝、天猫、阿里云、支付宝、万网等业务平台进行资源整合,形成了强大的电子商务客户群及消费者行为的全产业链信息。阿里巴巴通过对电子商务平台上海量的客户信用数据及行为数据进行分析,诞生了蚂蚁小贷、花呗、借呗等纯大数据产品;菜鸟网络通过电子面单、物流云、菜鸟天地、智能路由分单等数据产品,为快递行业的升级转型提供了技术方法。同时,阿里巴巴将电子商务的竞争从简单的价格战上升一个层次,形成了差异化竞争。2016 年,阿里云发布并开放的全球首个一站式大数据平台"数加",除了汇聚了阿里云大数据官方的数据应用,也联合合作伙伴、ISV 等来丰富大数据应用,致力于打造大数据生态,以普惠大数据为使命,给用户提供更多更好的数据应用、数据 API。

京东打造云开放运营大数据服务平台,从数据仓库建设、数据模型开发、数据存储、数据加工到数据分析挖掘与应用及数据报表呈现提供完整的数据服务,通过挖掘电子商务平台运营过程中产生的海量数据,将其中具有价值的信息提供给商家作为其运营决策依据,从而提高商家运营效率和销量。同时,为平台运营商带来具有经济效益的新型开放模式。京东数据开放平台的整体运营目标是:在三年时间内,实现对商家较为全面的数据开放,通过数据开放提高京东商城入驻商家的销量、流量和转化率,同时打造京东数据开放平台品牌。此外,腾讯通过其数据开放平台,实现了与社交平台的数据对接、网站推广、商务支撑(财付通、拍拍、彩贝等)、品牌推广等线上服务功能;新浪微博、百度、盛大、奇虎 360 等互联网领域的知名企业也纷纷推出了各自的数据开放平台,为用户提供实时数据分析、流量分析和报表功能。

电商企业高度重视数字资源整合。随着电子商务的数据量与日俱增,电商大数据产业从最初阶段逐渐进入高速发展期。掌握"巨量"的用户数据是大数据分析与应用的前提,电子商务行业掌握的用户数据越多,就能够更加精确地预测客户的潜在消费行为。借助大数据分析,电商企业一方面可以提高营销转为购买行为的成功率,还能降低营销成本,另一方面还能使产品更契合用户的需求,从而帮助电商企业提升竞争力。我国各大电商企业逐步认识到大数据应用对于电商发展的重要性,均积极布局大数据发展策略,电商巨头阿里巴巴、百度、京东等依托其长久的电商实战基础,已汇聚巨大的用户数据,在大数据的分析与应用市场中占有绝对优势。淘宝已形成的数据平台产品，包括数据魔方、量子恒道、超级分析、金牌统计、云镜数据等有 10 余款，功能包括店铺基础经营分析、商品分析、营销效果分析、买家分析、订单分析、供应链分析、行业分析、财务分析和预测分析等。京东则重视 O2O 零售大数据整合之路。"京东到家"与全国诸多城市便利店签署合作协议，实现便利店一小时送达。京东为合作对象提供各种位置以及平台支持，针对便利店的销售、路径、转换率、用户习惯进行数据分析，提高店铺销售业绩。京东借此实现从线上至线下的数据收割。百度与央视新闻联播推出"据"说春节，首次采用百度地图定位大数据、百度指数来解读春运、年货、年夜饭等新闻，大数据与新闻的结合模式成为近几年来央视新闻节目最成功的创新之一。此外，腾讯等互联网巨头也在大数据方面进行了较大投入，实现"无数据，不互联"的目标。

三、应用案例

京东 618 利用大数据提升用户体验。京东电子商务大数据服务体系是基于京东云开放运营的大数据服务平台的重要功能组成。京东云开放运营的大数据服务平台从数据仓库建设、数据模型开发、数据存储、数据加工到数据分析挖掘与应用及数据报表呈现提供完整的数据服务。

京东每年 6 月份做店庆大促，2017 年，京东 618 重点利用大数据驱动业务效率提升和用户体验的提高。基于京东大数据的"京东大脑"基于大数据挖掘、人工智能等技术能力，通过搜索、推荐、智能卖场、揽客计划、智慧物流、智慧数据等多种产品形态，对京东现有系统从架构层的基础设施、数据平台、计算分析，到业务层的精准营销、智慧选品、个性化投放、智慧物流等方面进行有效化渗透及优化。最终形成在计算能力和数据质量方向的大脑化运作，提高京东销售、采购、仓储配送等多方面的商业价值、降低运营成本，从而提升京东的智能化水平。

针对 618 大促，京东"智能卖场"项目在 PC、APP、微信的主会场，依据京东大数据测算的用户画像进行个性化推荐，设计商品、活动、类目、品牌、优惠券等卖场元素，提升用户在大促期间的购买效率。京东的用户画像主要涉及计量经济方法、经济统计方法、数据挖掘方法等，打通用户从进入网站到购物甚至售后、配送等整个购买链条的数据维度，从整个购物流程全面考察用户行为。京东用户画像不仅基于购买数据，并且可以采集用户在网站的浏览行为而进行用户画像的刻画，如浏览的用户兴趣度、活跃度的判断，基于这些模型就可以推荐个性化商品，并且此类行为数据实时性很强，对有些品类的推荐效果较好。2017 年，京东 618 数据显示，用户习惯方面，早上 10：30，晚上 00：00 点和晚上 22：00 是 618 的购物高峰；在满减促销活动方面，京东 5009 个满减活动中，家居商品最受欢迎，购物者多为已婚者。

第十四章　能源大数据

　　能源大数据是指利用大数据技术在电力、石油、燃气等能源领域进行数据采集、分析、处理等应用，还包含能源行业生产、消费、转型与大数据思想的融合。大数据在能源领域的应用能推动能源数据整合共享、强化平台服务支撑、优化能源企业管理、强化能源规划布局。2017 年，大数据在石油、天然气、电力等传统能源领域，以及风电行业这种新能源领域的应用逐步推广。随着云计算、物联网等新兴技术产业的深入发展和数字经济与实体经济融合进程的不断推进，能源大数据的行业应用前景越来越广阔，不断推动能源产业发展和商业模式创新。

一、应用需求

　　推动能源数据整合共享。传统的能源大数据主要由政府相关管理部门掌控，如工信部、能源局、国土资源部、发改委等部门都建有采集能源数据的各种系统。随着云计算、物联网等新兴技术逐步在能源领域的应用扩展和政务数据的公开化，企业获得的能源数据信息数量正在迅速增长。同时，政府各部门之间和政府与企业之间相对独立，存在数据壁垒，导致出现数据资源共享不足、利用有限等问题。建立国家能源大数据资源中心，逐步实现政府与企业之间数据集成和共享的需求日益增加。通过不断扩展能源大数据的采集范围，实现多领域能源大数据的集成融合，可以提升政府能源统计、分析、预测等业务的时效性和准确度，同时可以帮助企业降低经济和环境成本、制定合理的发展策略。

　　强化平台服务支撑。通过建设能源数据综合服务平台，可以集成能源消费、供给和相关技术的各类数据，为政府、企事业单位、居民用户等不同需求的用户提供能源方面的信息和数据分析服务。2017 年，国家能源集团智能电力生产大数据平台上线，为各电力生产单位提供即时监控发电生产状况、运行优化、高效管理、优质服务等应用提供智能的决策支撑，解决各电厂厂级监控系统相互孤立，数据分散的问题。

优化能源企业管理。采用大数据技术，能源企业可以将自身的生产、消费数据与终端设备、电力运行、环境信息等数据结合，分析能源消费特点，准确预测能源需求，提升自身管理运营效率。在能源企业自身管理方面，能源大数据的需求主要体现在两方面：一是借助大数据技术对企业内部管理系统 ERP、MRP 等的数据信息进行整合利用，优化企业整体的生产和运营管理；二是通过大数据进行分析，充分挖掘企业经营相关的数据信息，预测企业发展趋势和支撑企业决策管理。

强化能源规划布局。结合我国现阶段能源结构特点和发展需求，借助大数据技术能整合广泛的能源数据资源，建设国家能源大数据库，提供能源状况判别及预测，辅助支撑国家能源规划和战略决策，支持智慧能源服务，加快能源大数据服务体系创新。在能源大数据管理协同的基础上，通过综合分析资源储量数据、开发数据、加工数据、消费数据等，提供需求预测、能源预警等功能，为能源开发、管理和规划提供数据支撑服务。针对智慧能源业务的需求，建设具有设备智能、多能协同、信息对称、供需分散、交易开放等主要特征的能源产业。

二、发展特点

（一）政策特点

相关政策推动能源大数据应用发展。继 2016 年国家发改委、能源局、工信部联合发布《关于推进"互联网＋"智慧能源发展的指导意见》，提出要发展能源大数据服务应用，实施能源领域的国家大数据战略，2017 年 7 月，国家能源局公布首批 55 个"互联网＋"智慧能源（能源互联网）示范项目，包括北京延庆能源互联网综合示范区、崇明能源互联网综合示范项目等在内的 12 个城市能源互联网综合示范项目，大数据技术将为能源互联网的管网安全监控、能源生产、能源传输、能源消耗各个环节提供重要支撑，以满足能源互联网挖掘多种能源资源潜力、经济合理引导用户优化消费、实现能源供需实时平衡的多方面需求。11 月，国家能源局发布《关于推进电力安全生产领域改革发展的实施意见》，提出实施"互联网＋安全监管"战略，以及以安全生产信息大数据平台为核心的安全信息管理模式，建立电力安全信息共享平台，推动大数据在提高电网运行安全性、供电可靠性和供用电能效方面发挥重要作用。

（二）应用特点

我国能源大数据主要应用于石油行业、电力行业和风电为代表的新能源行业。

石油大数据方面，传统的油气勘探开采方式面临瓶颈，从地质开发到石油储藏，其油气开采技术已无法满足石油企业提高产量的需求，迫切需要大数据分析技术寻找新的增长点，帮助炼油厂提高炼化效率。国内三大石油国企作为推动石油大数据进展的主力，中国石油数据中心、中石化炼油大数据以及中海油的海上石油勘探，都是将大数据应用于能源行业的实例。国内石油大数据主要集中在油田勘测与开发一体化数据的采集、存储阶段，在原油炼制及油品销售环节的应用处于萌芽阶段。

电力大数据方面，在 2016 年的"十三五"规划纲要中，智能电网被列为"十三五"规划重大项目，这充分体现了智能电网对促进我国经济社会发展重要的战略作用。国家对于智能电网的大力推广为电力大数据的应用和发展奠定了基础。随着国家智能电网战略的快速推进和企业市场的不断扩展，大数据技术在电力行业的应用不断拓展。2017 年底，国家能源集团智能电力生产大数据平台上线运行，对 57 家燃煤发电厂、2 家燃气发电厂进行数据采集，为各电力生产单位提供即时监控发电生产状况、运行优化、高效管理、优质服务等应用提供智能的决策支撑。同年，百度与南方电网广东公司达成战略合作，双方将共同推进人工智能应用创新工作室、南方电网广东公司智能知识库、智能客服与智能服务、电力大数据等项目建设。

新能源大数据方面，风电成为该领域大数据应用主要发力点。近年国家大力推行风力发电，根据《风电发展"十三五"规划》到 2020 年，风电并网装机容量将达到 2.1 亿千瓦以上。风电行业涉及硬件较多，而且分布区域较广，具有海量数据的特征，需要借助大数据技术才能进行数据分析，同时大数据的实时性（实时数据采集、在线监测等）能为风电行业提供精准的解决方案，帮助风电管理人员实时监控终端运行状态，高效管理数据。2017 年，风电行业的数字化应用趋势大行，智能化风机、数据采集传感器的应用逐渐普及，随着数据的积累和技术革新，大数据在新能源领域的影响将日益增强。

（三）环境特点

地方政府推动能源大数据步入落地阶段。2017 年 9 月，国务院出台《关于支持山西省进一步深化改革促进资源型经济转型发展的意见》（国发〔2017〕42 号），指出山西省是我国重要的能源基地和老工业基地，在推进资源型经济转型改革和发展中具有重要地位，并提出重点实施产业转型升级行动，支持山西省开展大数据创新应用，推动大数据产业发展。同年，山西省出台《关于印发山西省大数据发展规划（2017—2020 年）的通知》、《关于印发山西省促进大数据发展应用 2017 年行动计划》以及《促进大数据发展应用若干政策》等文件，提出开展能源大数据示范应用。充分发挥本省煤炭资源优势，深入推进煤炭、焦化、煤化工等相关产业链大数据挖掘应用；加强智能电网大数据体系构架，推动风力、光伏等多源异构发电数据的集成和供给交易；加强对煤层气、岩页气、天然气等新能源数据挖掘，探索新型能源综合利用新业态、新模式。作为太阳能资源最丰富地区，青海省不断培育壮大新能源产业，发展新能源大数据助力产业提速，2018 年 1 月，青海新能源大数据创新平台正式投入运营，建成后首批确立了 36 项高级创新业务服务，已具备功率预测、设备健康管理、电站运营托管、金融服务等多项线上技术服务能力，并试点接入鲁能、大唐、绿电等 3 家新能源发电企业新能源场站 15 座，接入电站容量达 218.19 兆瓦，初步实现对接入新能源电站的集中智能监控、生产运行管理、业务智能分析及设备故障预警等功能应用，将有力推动我国能源结构清洁转型和新能源产业持续健康发展。

三、应用案例

（一）国家电网浙江电力大数据应用

2017 年，国家电网浙江省电力有限公司组织开发的《智能配电网辅助平台建设与应用》项目成功入选该年度中国能源企业信息化优秀案例，并获得中国能源企业信息化管理创新奖。"配电网智能规划辅助平台"技术核心在于利用大数据技术通过融合电力系统内部全量数据和外部市政、土地、交通、产业四大类规划数据，实现海量数据一键自动归集筛选、指标问题一键智能诊断分析、电力电量一键全面精准预测、电网规划一键智能决策辅助四大功能，为配网规划工作带来数据精准化、业务主动化、成果可视化三项突破。该平台能够动态掌握电网内、外数据，精细数据分析颗粒度，使电量预测、诊断分析、项目评选等工作更精准。同时，可实现配网数据调用智能化，海量数据云计算，提供直接规划决策建议。此外，该平台还能用数据驾驶舱、地理热力图展示供电质量、供电能力、电网结构，分析重过载、异常停电等问题分布。该平台投运后，配网规划可更好地服务以电为中心的能源体系建设，经济、社会效益显著。2017 年，该项成果应用已帮助温州供电公司配网规划编制时间减少 30%，规划准确率从 85% 提高到 95%，年度配网项目可研评审通过率从 77% 提高到 97%，节约人力成本约 98 万元；通过准确规划出线规模和方向，减少新建变电站管沟低效建设投资约 480 万元，节约道路管线建设的市政投资近 1800 万元。

近年来，国网浙江电力积极拓展大数据、云计算、人工智能等信息通信新技术推广和应用创新，推动信息通信新技术与电网业务深度融合。自 2012 年 5 月，国家电网总部设立运营监测中心（简称"运监中心"），通过对基础数据和业务信息的分析监测，为业务管理和运营决策提供支撑。作为重点省份之一，浙江电力运监中心经过近 5 年的摸索与尝试，凭借对海量数据的深入探索和对大数据分析技术的有效利用，构建了百余项具体专题，获取数据数亿条，发现各类问题或风险数万个，涉及金额达到数亿元，成为国家电网数据分析与应用的标杆单位。随着运监中心对数据分析工作的深入探索，数据资产开始在电力系统各环节中发挥越来越大的作用，展现出巨大的应用价值。2015 年以来，浙江电力运监中心开启了"运监业务主题库"体系的建设，先后在全省 11 个地市形成了一百多项分析专题，涉及人资、财务、建设、调度、运检等多个专业，取得了数十项数据试点工程的分析成果。

（二）能源专业知识服务系统（工程科技知识中心）

由中国工程院发起并主导的工程科技知识中心能源分中心，即能源专业知识服务系统 2014 年开始建设，由太原理工大学和北京低碳清洁能源研究所共同承建。能源专业知识服务系统建立了以能源全生命周期产业链为核心，覆盖资源、能源生产、能源输配、能源转化、能源消费，并且广泛关联社会、经济、生态、环境、工程、价格、贸易、市场、工业、农业健康等的互联互通的能源全生命周期多维度大数据。数据方面，系统汇聚工程、生态环境、经济、市场贸易、价格、政策、专家等维度的数据。应用方面，系统通过时间轴、地理轴、产业链轴、维度轴等将数据进行关联，并进行深度挖掘。服务方面，系统提供系统能力所及的知识服务、数据服务、数据分析服务、数据呈现服务以及定制化的专题服务等。该系统的板块组成包括能源、煤炭、石油、天然气、新能源（风、水、太阳、生物、地热）、核能、节能、全生命周期评价。

经过 3 年建设，能源专业知识服务系统已经建成包括煤炭、石油、天然气、核能、新能源、中国农村能源、一带一路能源等在内的 14 个能源板块，数据汇集 2000 多万条，涉及数万家能源生产和转化单位，有比较高的数据覆盖率。该平台已经具备一定的服务能力，率先为推动能源生产与消费革命（II）重大战略研究项目服务，开了工程科技知识中心服务工程院咨询项目的先河，也成为推动能源生产与消费革命（II）重大战略研究项目的亮点。2017 年，能源专业知识服务系统一方面在大力开展数据的分析和挖掘工作，另一方面积极与地方政府合作，建立区域能源大数据，刻画区域能源图谱，为地方经济转型、能源革命提供决策支撑。并取得了一些独特的领先成果，如国际领先的中国煤炭开采、煤炭发电全生命周期数据库等。

（三）北京洛斯达数字遥感技术有限公司

洛斯达公司成立于 1999 年 5 月，是中国能源建设集团中国能建系统内唯一一家以信息化为主业，具有多项自主知识产权的高新技术企业，是国内能源领域著名的信息化企业、中国地理信息产业百强企业。公司具有甲级测绘资质、计算机信息系统集成资质、信息安全服务资质、双软企业资质、AAA 级信用企业等多项企业资质，成立十多年来，参与建设了一大批国家级、省级重点电力能源应用系统。创新形成了覆盖电网建设全过程的全产业链信息化电网技术产品。

　　洛斯达公司重视科技创新，不断加大对能源大数据的研发投入，并持续为国家和地方发展改革（能源）部门提供服务，与新疆、江苏、河北等地方能源局和设计单位合作，共同开展能源大数据平台建设实践，初步形成了贯通的能源信息网络。平台建设包括能源基础信息管理、能源（电力）需求预测、能源规划、电网分析四个方面。能源基础信息管理，即建立稳固的信息采集渠道，数据类别涵盖基础地理信息数据、能源生产、能源消费、能源交换、能源能效、能源需求数据、电源数据、电网数据等。系统对数据指标进行归纳，形成种类齐全、覆盖面广的能源规划数据指标体系。能源（电力）需求预测，即借助经典负荷预测算法对能源大数据进行计算，预测电力需求。通过建立基础性、长效性、动态性的电力需求预测模型系统，辅助规划人员更准确地判断能源（电力）需求趋势，准确把握能源（电力）规划研究工作。能源规划，即建立火电消纳模型和新能源消纳模型，对规划区内的火风光消纳能力预测分析，建设可视化的在线数据维护与计算平台，智能输出研究报告，辅助能源规划研究与决策。电网分析，即融合地理信息数据与电网数据，对不同区域、年份、类型的电网方案进行直观展示。集成专业电网分析模型，对电网方案进行潮流计算，以潮流图形式展示。结合可视化优势，对不同电网规划方案进行对比修正，统筹优化电网建设。在能源大数据平台的基础上，洛斯达公司提出沉浸式电网多维立体空间（CAVE）展示方案，并在新疆电网投入实战，体现为一个面积173.2平方米的沉浸式虚拟现实技术展示空间，将全区主干电网运行环境、乌鲁木齐城市景观的裸眼3D效果，一一展现。全区166万平方公里2.5米航空影像和部分区域0.5米影像，25条750千伏以上线路1.819万基杆塔、18座变电站三维模型，形成了一个地形起伏错落的真实地理环境，能源大数据研究可视化水平有效提高。

　　（四）智慧能源云平台（江苏爱康集团）

　　江苏爱康实业集团有限公司成立于2006年，是我国龙头新能源综合服务型集团之一。集团以新能源产业为核心，利用大数据和惠普新金融服务纽带，打通能源生产和消费两端，建立配件制造、绿色家园系统集成、能源工程解决方案、智慧能源服务、融资租赁、资产管理、互联网金融的主业务体系。

　　2017年6月，爱康集团推出"智慧能源云平台"系列产品，通过深度挖掘能源大数据背后的价值，为政府、供电企业、用电企业、节能服务公司提供信息应用与决策依据。其核心产品——电力能源需求侧管理云平台结合互联网、大数据、云计算、物联网等技术，面向用户侧，该平台可通过数据驱动用户进行用电模式优化；面向政府侧，该平台可提供面向负荷预测、产业趋势分析与产业结构分析等应用。电力能源需求侧管理云平台，已在张家港市上线，是张家港市首个面向用电企业、政府和购售电公司的电力需求侧的综合服务平台。另有百万屋顶数据库全套解决方案，作为针对全国性的光伏安装数据布局，该数据库里收录了我国百万数量级的工业彩钢瓦及混凝土工厂屋顶资源，500平方米以上的大约有136万的量，其中高达40%以上位于大面积连片屋顶集中区域，具备高度的商业开发价值。百万屋顶数据库通过全覆盖卫星高清遥感影像扫描，采用了超大规模集群运算和人工智能机器学习的模式识别技术，用户不仅可以对特定区域或自身感兴趣的屋顶进行筛选排序，也可以找寻并测算出可供选择且参数翔实的屋顶信息。以爱康集团能源数据和完善的天气预测平台为基础的光功率平台也是该系列的典型代表之一，它通过算法模型预测光伏电站的未来发电效率，能将天气和新能源紧密结合，进而实现对光照资源和发电量的全程跟踪，并制订出对应的解决方案。此外，爱康云的光伏一体化运营平台集"电站整体运营、电站运行监测、定制化报告、电站健康分析"于一体，确保发电性能最优化，让用户能够实现投资收益最大化，从而赢得更大的经济和社会效益。

（五）派诺智慧能源大数据采集分析平台（派诺科技）

派诺科技成立于2000年，是集硬件、软件、集成与服务于一体的用电和能源管理服务提供商。派诺科技以"智慧用电、绿色用能"为使命，以自主研发的智能设备、物联网关、软件平台等产品为核心，拥有方案设计、系统集成、运维服务等技术能力，为办公楼及商业楼宇、大型公共设施、医院、学校、轨道交通、工业、数据中心等企事业单位用户提供全生命周期的能源管理系统解决方案和新能源汽车充电解决方案。

派诺科技的智慧能源大数据采集分析平台，该系统采用云端采集分析的方式，将现场安装的能耗计量设备（智能电表、水表、空调冷/热量计、蒸汽流量计、氧气流量计等各种表具，温湿度、压力等传感器）数据进行采集，通过智能网关上传至云端，由"能源云"后台对电、水、冷、气等各类能耗数据进行处理，分析耗能状况，核算节能量，为项目实施定额控制、制定节能方案、提高节能效率、核定节能收益提供科学、有效的管理手段。其中，感知层系统完成电、水、气、吨煤和燃油、温度、电力系统参数的采集、压缩与加密上传，同时接受云服务下发的告警信息、调度信息、分析报告等数据；平台层主要由采集系统和云计算中心组成，云计算中心具有良好的弹性、扩展性、自动化、数据移动、空间效率和对虚拟化的支持，整个云计算中心包括网站服务器、管理节点、管理节点备份以及工作节点。应用层采用数据仓库技术将云计算中心的数据按模型分别抽取建立数据仓库，并通过可视化技术将能耗数据用各种图表展示。这个基于大数据的能源管理云平台，实现了能耗数据的实时监测和挖掘分析，相比于传统的能源管理系统，具有建设成本低、可扩展、易维护、灵活性强等特点，平台架构支持海量用户数据的接入，为后续能耗大数据分析提供支撑。另外，相比于传统能源管理系统只提供软硬件产品的模式，该平台通过云托管代运维以及专家服务的运营模式，有利于带动行业产业链升级，使企业由卖产品向卖服务转型。

第十五章　农业大数据

　　农业大数据是指一切与农业相关的数据，涉及农业生产、经营、管理和服务的方方面面，如种子、化肥、农药、环境、土壤、农资投入以及产品加工、市场销售、农业金融等都属于农业大数据的范畴。农业是我国的基础产业，正处于近代农业向现代农业全面演进的阶段。农业领域的诸多问题，如土壤治理、病虫害预测与防治、农业结构调整、粮食安全、农副产品消费等等，都可通过大数据的应用进行预测和改善。随着科技技术，尤其是互联网技术、物联网技术与农业技术的组合推进，利用大数据技术建立信息交流模式、提供科学决策已经成为我国农业发展日益迫切的需求，对于加快转变农业发展方式，建设现代农业具有重要的推动作用。

　　2017年，我国农业大数据起步良好，农业信息化水平显著提高，物联网技术的普及以及农业电商的快速发展为农业大数据进一步发展创造了有利条件，农业领域出现了大量大数据实践与应用，主要应用于农业资源环境、农业生产管理和农业市场等环节。随着2016年底农业部正式公布《农业农村大数据试点方案》，我国多个地区立足自身优势，各自发展出不同的大数据应用模式，取得了不错的成效。

一、应用需求

　　大数据实现农业数据资源共享。农业生产活动和科研每年都在产生大量数据，用大数据技术整合分析农业领域数据，能够改变传统农业生产缺少量化数据支撑的问题。国家大数据发展纲要提出要建立我国农业耕地、草原、林地、水利设施、水资源、农业设施设备、新型经营主体、农业劳动力、金融资本等资源要素数据监测体系，促进农业环境、气象、生态等信息共享，构建农业资源要素数据共享平台。从数据采集上看，农业大数据可以利用的

126

工具越来越多，包括地理信息系统（GIS）、无人机、装备有数据监测和采集设备的农机、滴灌设备农田大棚监控设备等。从数据存储挖掘上看，农业数据具有时空属性，以及多维、动态、非线性等特征，导致传统关系数据库和数据分析技术难以满足农业大数据的需求，建立适合农业体系的大数据系统势在必行。

大数据辅助农业生产决策部署。农业生产过程十分复杂，要受到农作物、土壤类型、病虫害、气候以及人类活动等诸多因素的影响，针对我国农业还有农业高度分散、生产规模小、时空变异大、规模化程度差、稳定性和可控程度度低等问题。用大数据技术的手段与方法，进行挖掘分析，可以监测农作物和养殖类的生长情况、指导施肥灌溉和预估产量等，使得农业生产行为具备一定的前瞻性和针对性，有效降低不利因素对收益的影响。如天津市联手企业研发了河蟹产业大数据应用平台，深度挖掘河蟹养殖环境、养殖质量安全、价格与舆情等数据价值，有助于实现精准化管理与养殖，使河蟹养殖变得更加量化可控，促进河蟹养殖业转型升级。

大数据助力农产品流通创新。利用大数据分析技术，集成农产品的品质控制和种植生产等数据与农产品零售和食品零售的数据交换和追溯，整合农业产业链中下游，有助于解决传统农业商品流通的主要问题。一是可以预测农产品供求平衡关系，并通过信息反馈，指导农业生产者未来生产决策，维持市场供给平衡，既可以防止农产品价格波动过大，又可以防止农业生产者承受巨大损失。二是根据预测，可以按需分配生产资料，通过充分调配避免生产资料的产能过剩或短缺。三是利用大数据技术可以有效降低农产品跟踪和监测的复杂性，并且可以提高仓存、运输、零售等环节的运营质量。布瑞克公司研发了"中国县级农业大数据应用平台"及"县级智慧农业系统解决方案"，截至2017年，数据库覆盖了全国2500个区县单位以及全球200多个国家或地区，在数据整合的基础上建立挖掘和分析机制，对关键产品的市场供需状况、价格走势等进行监测和预警，为地方农业产业规划、涉农组织经营决策、涉农金融风险分析等提供数据和研究支持。

大数据支撑农业金融服务拓展。我国农业金融发展长期存在供需矛盾，由于融资渠道单一，农业融资难题已成为制约我国农业现代化转型的重大因素。随着互联网技术的发展，金融科技不断发展，拓展至农村金融领域，诸多新型金融平台及模式出现，农业大数据在其中扮演了不可或缺的角色。农业生产逐渐变得集约化、规模化，为供应链金融＋大数据应用创造了前提条件。供应链金融是指以供应链上的核心企业为依托，运用自偿性贸易融资的方式，对供应链上下游企业提供的综合性金融产品和服务。供应链金融与大数据的结合，通过积累农户和企业的交易数据、信用记录，结合商流、物流以及资金流来确定融资方案，不仅能有效地解决农业企业及农户融资难、融资贵的问题，还能有效地降低融资风险，提高相关产业链竞争力。近年农村消费增长明显加快，带动农村消费金融服务起步发展，大数据在金融风控方面发挥重要作用。如拿下分期大数据平台智能风控系统，根据用户具体情况建立不同层次的贷后模型，预测失联和用户还款可能性，排查存量客户的风险，进行及时调整、修改贷后策略，提高效率。

二、发展特点

（一）政策特点

2017 年，农业大数据持续受到国家层面政策支持，各地相继出台针对性政策。国务院《新一代人工智能发展规划》指出要加快推进智能农业发展，建立典型农业大数据智能决策分析系统，开展智能农场、智能化植物工厂、智能牧场、智能渔场、智能果园、农产品加工智能车间、农产品绿色智能供应链等集成应用示范。农业部发布《"十三五"农业科技发展规划》，提出建立涉农信息综合服务平台、农业大数据平台和电子商务平台，推动农业大数据整理、甄别、校正、挖掘相关的算法及模型研究，建立适应不同区域主要作物栽培管理技术、畜禽水产养殖技术大数据库和服务平台体系。为继续推进大数据技术在农业农村的创新应用，农业部遴选认定了 38 项农业农村大数据实践案例。同年，贵州省出台《贵州省发展农业大数据助推脱贫攻坚三年行动方案（2017—2019 年)》，聚焦食用菌、茶叶、蔬菜、生态家禽和中药材5 个特色优势产业发展和冷链物流体系建设，利用大数据服务农业生产。2018年初，福建省出台《关于加快推进数字农业发展七条措施的通知》，提出建设福建"131 农业云"信息服务平台，加强农业大数据开发，推动现代信息技术在农业领域应用。

（二）环境特点

2017 年，我国农业科技和物质装备水平大幅提升，信息化应用能力明显增强，大大优化了农业大数据发展应用的环境。农业科技进步贡献率达到 57.5%，农作物耕种收综合机械化水平超过 66%。根据中国互联网络信息中心统计，我国农村网民占比 27%，规模为 2.09 亿人，较 2016 年底增加了 793 万人，增幅为 4%，农村互联网的渗透率逐渐扩大，为农村大数据发展奠定了基础。农业生产智能化水平不断提高，农业物联网应用示范工程不断推进，目前全国共建成运营近 7 万个益农信息社，累计为农民和新型农业经营主体提供公益服务 1360 万人次，开展便民服务 1.85 亿人次。农产品电子商务发展迅猛，2017 年上半年农村网络零售额为 5376.2 亿元，同比增长 38.1%，增速高出城市 4.9 个百分点，农产品电商增速远高于电子商务整体增速，农产品电商掌握了大量农产品舆情动态数据，带动农业大数据不断完善。

（三）应用特点

2017 年，我国农业大数据应用主要集中在农业环境与资源、农业生产和管理和农业市场等三大类别，其中农业生产管理的在线监测、精准作业、数字化管理等方面得到不同程度应用，有效提高了农业生产经营智能化、网络化水平。如由连云港市农委组织建设的连云港市农业大数据中心平台，集全市农业资源管理、生产管理、技术服务、信息服务、电子商务于一体，规范当地农业生产的操作环节，提高农产品品质，并打通连云港各个业务部门，解决信息孤岛问题；内蒙古建设马铃薯全产业链大数据，采集马铃薯生产、加工、仓储和销售等数据，结合农业气象数据进行分析及预测，为农民提供决策支持及信息服务，并在引导市场预期和指导农业生产中发挥作用。从整体来看，农村大数据应用还处于初级阶段，数据共享水平相对有限、数据质量不够高，大数据技术支持和标准规则都存在局限性，共享标准规则也较为缺乏。

三、典型案例

（一）北京佳格天地科技有限公司

佳格天地成立于 2015 年，作为微软加速器第八期成员企业之一，是国内领先通过卫星和气象大数据服务于精准农业种植的大数据应用公司，创始团队成员毕业于清华大学、北京大学以及加州大学伯克利分校，曾就职于美国国家航空航天局、美国能源部国家实验室、ERM公司、百度、孟山都等全球知名网络和跨国农业企业。佳格天地可以提供的服务有：土地资产盘点、农业保险、区域规划、作物长势监测、产量预估、防治病虫害等。以上这些服务均可以个性化定制，佳格能够根据客户的需求来设计模块帮助农户提高生产效率。截至2017年，佳格天地服务过的农田范围已经超过百万亩。2017年4月，佳格天地宣布获得了由DCM领投的6000万元A轮融资，其他投资方还包括经纬、磐谷等著名投资机构。

国内卫星遥感图像的获取已经不是难题，这一技术日趋成熟，可以应用于农作物产量估计和种植化管理，但目前尚未大规模商用。佳格天地的技术优势在于，一是多元数据，通过卫星和无人机的数据源掌握全球30年的植被动态信息、东亚内50年的农业气象数据；二是先进的深度学习算法，对包括卫星影像在内的环境大数据进行高维度的抽象和分析，获得适用于中国破碎细小耕地地块的农业信息。三是在空间数据的基础上，接入长时间历史数据分析和未来的环境预测，实现了时空一体的四维数据分析。佳格自己开发的时空数据分析耘境平台，将众多环境变量纳入到计算模型中，并结合实时更新的卫星数据，对农作物进行苗情监测、生长监控、病虫害预警、产量评估，并以亩为单位将数据可视化，优化管理水平，协助耘境平台的用户做出合理决策，从而最大化农作物的产量，提高生产效率。通过这样对每亩地的精准化管理，目前耘境平台可以给客户最高带来15%的产量提升，同时降低生产成本和气候变化带来的风险。而模型中基于机器学习的算法是在不断进化的，数据沉淀越多，模型预测的准确性和精度就越高，因此未来产量提高的比例会更大。

（二）北京布瑞克农信科技集团有限责任公司

布瑞克公司以农业研究起家，立足国内农业数据采集、数据处理分析，已形成农业大数据、农业咨询、土地流转、大宗农产品电商平台等综合性农业平台。2008年布瑞克公司开发出大数据级商用产品——布瑞克大宗农产品数据库及模型系统。2013年公司研发了"中国县级农业大数据应用平台"及

"县级智慧农业系统解决方案"，通过对区域农业资源、信息化程度的调研和分析，定义区域农业信息体系，设计区域农业信息的采集系统、存储平台、挖掘机制和展示平台，结合布瑞克农产品数据库，在数据整合的基础上建立挖掘和分析机制，对关键产品的市场供需状况、价格走势等进行监测和预警，为地方农业产业规划、涉农组织经营决策、涉农金融风险分析等提供数据和研究支持。

2017 年，布瑞克县级农业大数据应用平台数据覆盖了全国 2500 个区县单位以及全球 200 多个国家或地区，并与全国多个县市区域合作，为当地政府搭建农业大数据平台，从而为县域农业的生产和发展提供大数据技术和服务支持，其自建大宗农产品在线交易平台农产品集购网已实现盈利。结合国家精准扶贫政策，布瑞克向扶贫一线的驻村相关单位免费开放农业大数据平台。布瑞克的创新举措在于，其凭借在农业研究领域的积累，致力打造基于大数据和产业互联网的县域智慧农业生态圈。在农业发展的土地端，布瑞克通过土银网进行土地流转和管理，在种植生产端，农业大数据为当地生产提供科学依据，紧接着这些农产品由大宗农产品现货交易平台农产品集购网进行销售；对于地方特色的农产品，由县域产地电商农牧人商城进行品牌打造和销售。在农业产业的产前、产中和产后环节，布瑞克全方位提供服务支持，促进产业升级，以信息化和产业化带动地方农业现代化。

（三）内蒙古蒙草草原生态产业大数据平台

草原生态产业大数据平台由内蒙古蒙草草原生态大数据研究院有限公司结合应用遥感、地理信息系统、物联网、云计算等技术建立。蒙草是以驯化乡土植物进行生态修复的科技型上市公司，业务涵盖生态修复、种业科技、现代草业等领域。在多年的科学研究和实践中，搜集了大量的土壤及种质资源数据，建成了国内较为完备的草原乡土植物种质资源库。草原生态平台可查询任意经纬度地理坐标点近 20 年的"水、土、气、人、草、畜"等生态数据指标及变化，运用科学的数据储备和分析集成，最终可以实现锁定任何一经纬度或某一种植物，就能查询地区的生态环境变化等科研数据及制定科学合理的生态修复治理方案。依托乡土植物科研体系、种质资源储备、种业生产体系、大数据平台和生态修复标准，蒙草的生态修复实现科学化细分，有草原修复、矿山/荒山/边坡修复、荒漠及沙地治理、盐碱地改良及土壤修复、垃圾场/废弃地修复、节水园林与海绵城市、运动草坪建植等不同类型。

2017年5月，蒙草公司与航天科工空间数据服务中心、航天泰坦签署战略合作框架协议，三方将共同筹划建立生态大数据服务体系，筹建草原生态大数据中心，参与国家高分专项建设和北斗应用示范项目。利用技术基础和经验，共同申报或参与相关领域国家、行业标准的编制工作。蒙草依托草原生态产业大数据平台，以内蒙古为样板，已在全国10多个省份开展业务，同时将"生态理念+技术智慧+资源储备+管理标准+生态产品"的生态修复模式复制成疆草、藏草、滇草、秦草等事业群，在新加坡、蒙古国、俄罗斯、阿联酋等国家和地区建立起生态修复科研及草种业合作关系，积极推进生态修复业务，以驯化乡土植物修复生态的理念和智慧，服务于"一带一路"沿线国家。

（四）农信互联猪联网智慧养猪平台

猪联网是农信互联为规模猪场量身打造的猪场综合管理服务平台，2015年5月正式发布，推出仅一个半月养猪户数量迅速上升至3312户。以猪联网为核心的农业互联网运营平台有效构建了新时期的养猪生态圈，建立"平台+公司+猪场"的新发展模式，为农牧业向"互联网+农业"转型提供了可借鉴案例。截至2016年末，猪联网共服务120万头基础母猪，实现280亿元交易流水，330亿元理财，线下渠道共建设12家生猪区域市场、24家运营中心，管理商品猪头数达到2000万头，连续两年持续使用猪联网的规模猪场，其PSY平均提高2.1头，生猪生态链已基本形成。2017年初，农信互联估值已达30亿元，是当前农牧业领域最大的互联网交易平台。

猪联网为养猪户和企业提供在线生猪资讯、生猪买卖、生猪及饲料行情、养猪知识、猪病诊断等全方位的信息服务。其中，养猪资讯，从猪价行情、原料信息和行业信息三个角度深入解读分析国内养猪市场的发展态势，有利于养猪户掌握第一手资讯；国家生猪市场，为生猪、仔猪和种猪的买卖方提供网上交易平台，买卖双方可根据生猪数量、规格、地区、价格达成交易意向，实现在线交易；行情宝，提供当日生猪、玉米、豆粕产品的全国价格地图，以及养猪户对于猪价预测和补栏建议的调查结果；养猪课堂，提供养猪知识的视频、音频、课件等技术资料的下载，学习交流最新的养猪知识；猪病通，依托猪病数据库，养猪户只需输入猪病的简单症状，轻松在线诊断猪病。猪联网的创新举措可分为两部分，一是数据支撑，农信互联在农业领域深耕20多年，有2万人深入农村田间地头与农户直接对接，获得第一手数据，加上猪联网、企联网、农信商城等积累的经营和交易大数据，对"互联网＋农业"发展有着重要的数据储备。二是完备的生态圈，猪联网基于互联网平台构建养猪产业生态圈，包括猪友圈、猪管理、猪交易、猪金融等业务，覆盖猪场，饲料、动保、设备厂商，仓储、配送等服务中间商，屠宰场及金融机构等养猪产业各环节。有效整合养猪产业要素与优质资源，提供需求发布和交易平台，实现资源的共享协同，为创新创业者提供支撑和辅导。

（五）神州农服大数据共享服务平台

神州农服是以农村土地流转为切入点，通过互联网、大数据等现代信息技术手段构建的农业服务全产业链共享经济平台，目的是打造新农人与农业服务上紧密相连的生态闭环。针对行业需求方和供给方普遍存在的痛点，神州农服一方面通过搭建共享服务平台，聚合管理服务、生产服务和交易服务，另一方面积累三农数据，重塑三农画像，打造农业生态圈，以数据驱动农业，助力产业升级。作为最早进行生态布局的涉农平台，通过近20年深耕，神州农服已积累全产业链的农事和交易数据，拥有深厚的农村信息化实践经验和雄厚的政府资源、渠道资源及客户基础。截至2017年，市、县产权交易中心覆盖21个省市，农村产权交易中心数量达405个，并建立了完善的线下运营体系，全国积累2.3万经纪人。平台拥有农业生产经营主体30万会员，涉及8.3万次农业服务的交易对接。

神州农服的共享服务平台围绕产前、产中、产后等不同时间段的需求，提供包括产权交易、金融对接、农资农机对接和电商对接在内的一系列服务。在运营过程中进行数据沉淀，从价格、行为、评价、主体信息等多个维度进行记录，形成自己的数据库，并针对特定领域建立大数据模型。其中平台的农村产权交易与政府形成独家运营服务，拥有相关数据的使用权，在县域运营上具备排他性，抓住了土地交易的入口；安全性方面，平台提供服务监管和交易担保，确保供需双方对接的安全可信；另外，平台着力为新型农业经营主体精准推送涉农服务信息，并为服务主体提供优质客户资源和需求信息。大数据应用方面，目前平台已建立陕西果业、攀枝花芒果等单品大数据中心，四川农经大数据、精准扶贫大数据等垂直大数据中心，并实现农业大数据监管平台、农业一张图等数据交换共享。预计数据产业涉及数据销售、数据服务销售以及数据产品销售等方向。以攀枝花芒果大数据平台为例，作为全国首个单品大数据平台，为攀枝花芒果品牌的打造和价值提升提供了有力支撑，深入应用大数据技术，将深刻变革传统粗放式的种植方式，快速提升农产品品牌价值。

第十六章　电信大数据

电信行业由于数据积累量巨大而成为大数据技术应用的重要领域，其发展可以优化基础设施建设和管理，帮助电信运营商实现精准营销，强化业务运营监控和经营分析预测，推动电信大数据的商业化发展。当前，我国大数据应用市场需求不断增长，大数据相关产业技术不断成熟，电信大数据应用正处于快速发展期，呈现蓬勃发展态势。2017年，我国电信业务收入增速不断提升，全年电信业务总量达到27557亿元，比上年增长76.4%，增幅同比提高42.5个百分点。电信业务收入12620亿元，比上年增长6.4%，增速同比提高1个百分点。由于互联网、云计算和物联网等新兴技术的快速发展，电信运营商正在面临日益激烈的竞争局面，电信大数据的发展将推动运营商向信息服务模式转型。目前，国内三大电信运营商均已启动了大数据发展规划，其中中国电信和中国联通大数据业务发展较快，路径相对明确，已进入实质运营阶段。

电信运营商在行业数据积累方面具有其他行业无可比拟的优势。但随着电信业务数据规模的飞速增长，以及新型数据结构的不断涌现，电信运营商在数据管理、分析等方面也面临着日益严峻的考验。一方面是电信业务类型和服务内容的不断丰富和发展以及网络用户规模迅速扩展，使得电信运营数据飞速增长，传统的数据处理方式已经无法满足海量数据存储、分析需求；二是新型数据结构不断涌现，传统的数据分析处理模式无法对非结构化的、大容量的数据信息进行多用户、多应用、实时有效的分析。利用大数据技术可以帮助电信运营商存储、管理和分析海量的数据资源，实现数据分析管理方面的创新。

一、应用需求

大数据优化基础设施建设和管理。在网络管理和优化方面，电信运营商对大数据的需求主要来自于两方面：一是基础设施建设优化方面的需求，例如通过大数据技术可以实现通信基站优化选址和通信资源的合理配置等，通过分析用户流量的位置分布特征，在 3G、4G 高流量区域设置 4G 基站；此外，运营商还可以数据模型分析对已有的基站进行效率成本方面的优化改造。二是网络运营管理需求。在网络运营管理方面，利用大数据技术可以分析网络流量的变化趋势，合理调整配置设备资源，提升网络质量和优化网络利用率。

大数据实现精准营销。在市场化精准营销方面，电信经销商对大数据的需求主要体现在以下四个方面：一是用户画像，基于用户终端、位置、通话、手机上网等信息数据特征，运营商可以为用户打上典型的特征行为标签，并利用数据分析、挖掘进行用户分类，不断完善用户特征画像。二是用户关系研究。借助大数据分析用户基本资料、通话记录、网络行为等数据，运营商可以开展对用户社交圈分析，进而寻找营销机会。三是精准营销，运营商在用户画像的基础上，深入了解客户行为偏好和需求特征，实现用户个性化需求与业务推动的精准匹配。据了解，中国电信于 2013 年起，已经开始试点开展 DSP 相关的精准营销业务。

大数据强化运营管理。电信企业运营管理对大数据的需求主要有以下两个方面：一是业务运营监控。运营商利用大数据分析技术可以从移动终端、业务类型、网络流量等多方面监控管道和用户运营情况，并在此基础上灵活构建指标模块和智能监控体系，实现快速准确地掌控运营情况。二是经营分析预测。过去电信企业主要通过数据分析师撰写企业经营专报和专题分析等形式对自身经营状况和市场前景进行分析和总结，如今借助大数据分析技术，根据采集的企业内部数据、用户数据、市场数据等，以网页或 APP 等形式，自动生成经营分析和市场预测报告。

大数据推动电信数据商业化。电信数据商业化的需求主要体现在两方面：一是对外提供营销洞察和精准广告投放。电信运营商借助大数据技术可以为企业用户提供消费者群体和市场特征分析，进而实现精准营销洞察、商业数据分析服务。营销部门可以基于营销洞察分析结果，进一步提供精准广告投放服务。二是为企业用户提供数据分析打包服务。电信运营商利用大数据监测和决策支撑，采取与市场研究机构合作的方式，为零售企业分析客流信息、客户消费能力及特征等数据，在此基础上提供商铺选址等服务。例如江苏电信为江苏省旅游局搭建"旅游客情监测与分析平台"和中国电信推出"慧选址"商铺选址服务等。

二、发展特点

（一）规模特点

2017 年，电信大数据"司马奖"的结果表明国内电信大数据对外应用方面，金融和零售并列排在首位，占比均为 14.55%，其后依次为政务、旅游和智慧城市，占比分别为 12.73%、10.91%、9.09%。从投资特点看，国内电信运营商由前期侧重购买大量硬件提升数据存储量，逐步发展为着重对于分析能力和大数据应用的投资与合作。

数据规模巨大且仍在高速增长。根据工信部数据显示，截至 12 月底，三家基础电信企业的固定互联网宽带接入用户总数达 3.49 亿户，全年净增 5133 万户。移动宽带用户（3G 和 4G 用户）总数达 11.3 亿户，全年净增 1.91 亿户，占移动电话用户的 79.8%。4G 用户总数达到 9.97 亿户，全年净增 2.27 亿户。电信部门拥有的海量的用户数据资源，其覆盖范围非常广泛，电信运营商可以根据这些数据进行用户画像、用户预测等数据加工，进而为企业自身或用户提供数据产品和服务。利用大数据技术不仅能够为电信运营商带来更多的营业利润，而且能够分析出各项业务的比重，进而了解到大众的消费趋势，根据消费趋势进行业务创新。

（二）市场特点

由于互联网、云计算和物联网等新兴技术的快速发展，电信运营商正在面临日益激烈的竞争局面。一方面，传统电信运营商所拥有的数据资源优势正在被逐渐替代和赶超，如互联网企业可以通过多种 APP 应用同样获得用户的位置信息、网络使用情况等，甚至互联网企业通过泛互联化可以收集到更多更丰富的大数据信息，例如高德地图、大众点评、滴滴出行、百度糯米等；另一方面，随着消费和服务理念的不断发展变化，多行业的垂直整合成为大势所趋，各行业通过收集用户信息，借助大数据分析技术，为用户提供更恰当的、更综合全面的整体式服务。在即将来临的大数据时代，为了避免被互联网企业超越和取代，电信运营商的及时转型已经成为必然趋势。传统的运营商组织结构为金字塔模式，其信息系统、组织构架已经无法满足海量新型数据的分析和处理需求，同时自上而下的运营模式灵活对接用户日益丰富的服务需求，因此运营商要根据市场的需求变化进行运营模式的创新，通过重新梳理企业的经营模式和组织架构，以用户和消费者为中心搭建新的运营体系。电信大数据的发展有利于运营商实现市场信息系统和管理经营的完美对接，必将有力推动运营商向信息服务模式转型。

（三）企业特点

截至 2017 年，我国电信产业进入快速发展期，电信业务收入增速不断提升，规模达 11643.6 亿元，同比增长 6.5%。从总体趋势上来看，电信运营商基于大数据转型已成为必然趋势。目前，国内三大电信运营商均已启动了大数据发展规划，其中大数据业务发展较快、路径相对明确、已进入实质运营阶段的是中国电信和中国联通。中国移动发展相对较慢，目前总部层面以规划为主，不过部分省公司进展很快。例如：四川移动与中国城市规划设计研究院合作，以成都地区作为试点，基于用户的位置信息，分析和解决城市交通问题等。2017 年 5 月，中国电信发布天翼大数据"飞龙"、"鲲鹏"和"星图"系列产品，其中飞龙大数据平台承载了中国电信海量数据及多种融合数据，已通过数据中心联盟第五批大数据产品评测，表明中国电信跻身国内大数据基础平台厂商第一梯队。2017 年 5 月，中国联通宣布在原有大数据中心和智慧足迹公司等基础上成立大数据公司，打造大数据的开放平台，实现大数据的对外经营和资产变现，推动"大数据＋"发展。

三、应用案例

（一）中国移动大数据公共服务平台

中国移动通信集团公司成立于 2000 年，主要经营移动话音、数据、宽带、IP 电话和多媒体业务，并具有计算机互联网国际联网单位经营权和国际出入口局经营权。截至 2017 年年底，移动用户数达 8.8 亿，其中 4G 用户 6.2 亿，是全球网络规模、用户规模最大的移动通信运营商。中国移动推出的大数据公共服务平台以实现数据统一采集、统一存储、统一管理、统一运营、统一服务为目标，为各业务部门（市场部、网络部、财务部等）及外部用户提供灵活的服务。服务的方式包括：解决方案和数据产品（SaaS）、数据整合服务能力输出（PaaS）、数据租售运营（DaaS）、咨询服务（CS）等。逐步建立基于企业级大数据平台的生产、消费、创新的多方参与"生态圈"，满足未来数据运营的需求。"大数据公共服务"目前已将业务逐渐拓展到交通与城市规划、政府公共服务、旅游景区运营、金融征信及风险监控等领域。平台自启动以来实现每年超7000万元收入，且随着部分新服务研发成果推广，未来将产生更大的收益。大数据公共服务平台提供的数据服务可以应用于城市应急管理、交通资源调度及规划、城市规划（公共资源优化配置）等领域，社会正面效益显著。随着枢纽实时滞留客流分析系统、高速路实时状态分析系统研发的完成，未来将发挥更大的作用。另一方面平台将实时人流量查询功能面向公众免费发布，就民生关注热点定期、不定期在本地公众媒体及新媒体上发布大数据深度分析报告，为市民理财、出行、学业等民生大事提供及时有效的参考，获得本地媒体的大量转载及市民的关注。

（二）中国联通云数据能力开放平台及大数据应用

中国联合网络通信集团有限公司（简称"中国联通"）成立于2009年1月，主要经营GSM、WCDMA和FDD－LTE制式移动网络业务，固定通信业务，国内、国际通信设施服务业务，卫星国际专线业务，数据通信业务，网络接入业务和各类电信增值业务，通信信息业务相关的系统集成业务等，是全球500强企业。中国联通推出的"中国联通云数据能力开放平台"在国内电信行业首次实现了全网全域的多源异构数据集成，借助统一的大数据平台一体化存储、加工，并且形成了大数据能力及结果数据的开放化运营以及应用的孵化和研发落地，具体实现包含以下能力：全网多源异构数据集成能力、异构资源管理能力、大数据加工处理能力、多租户管理运营能力、多样化数据挖掘能力和数据安全管控能力。中国联通云数据能力开放平台及大数据应用立足于电信行业数据开放运营，实现PB级大数据的融合与开放，完成了PB级云化大数据平台研发、建设及运营。2017年中国联通正式成立联通大数据公司，形成国内除BAT外最大的云架构大数据平台，该平台存储容量达到85PB，节点数已达4500个节点，共计3800＋个用户标签体系，可识别4亿

URL，上网数据日处理能力达 7100 亿条，信令数据日处理能力 770 亿条，话单数据日处理能力 330 亿条。中国联通采集了包括 31 省移动用户位置数据、上网日志以及 10010 客服电话录音数据等全国各类数据共 50PB，覆盖用户数达到 4 亿。

（三）4G 网优测试数据管理平台

中富通股份有限公司是一家专业的第三方通信网络管理服务提供商，致力于为通信与信息领域提供一流的通信网络维护和通信网络优化服务，主要用户包括中国移动、中国电信、中国联通等电信运营商，以及华为、中兴、上海贝尔等知名通信设备供应商。中富通股份有限公司 2016 年推出的 4G 网优测试数据管理平台是一款集网优数据测试管理、优化、网优测试数据格式标准制定、GIS 展示、空间数据分析、数据海量化、专题化、模拟的智能化分析的大型网络优化系统平台。该平台基于 2G/3G/4G 无线测试数据，进行海量数据分析、统计、挖掘等数据建模，实现对无线网络优化工作的管理和无线网格智能化，可广泛应用于电信、联通、移动三大运营商，解决 2G/3G/4G 网络 DT/CQT 海量测试数据的集中管理、格式统一的问题。该平台着重创新优化智能分析引擎，查找问题点，分析故障原因，自动生成总体网络优化策略。

第十七章　交通大数据

　　智能交通产业是现代 IT 技术与传统交通技术相结合的产物，而交通大数据产业是大数据技术在智能交通领域内的应用产业。在当前大数据时代背景下，海量数据所产生的价值不仅能为企业带来商业价值，也能为社会产生巨大的社会价值。随着智能交通技术的不断演进，凭借各种交通数据采集系统，交通领域积累的数据规模不断膨大，海陆空运输逐年累计的数据从过去 TB 级别达到目前 PB 级别，同时伴随近几年大数据分析、挖掘、处理及可视化等技术迅速发展，对海量的交通数据进行挖掘分析是交通领域发展的重要方向，得到了各地政府和企业的高度关注。在较完善的交通基础设施之上，通过搭载多种设备、技术产生的海量交通数据，构成了较大通数据的基底。2017 年，国家和地方各级政府大力支持交通大数据的发展，密集发布相关支持和配套政策，推动我国智能交通取得新的突破式发展。"互联网＋"便捷交通、高效物流、智慧交通行动计划等加快推进，大数据、物联网和人工智能技术推广应用，辅助自动驾驶技术在营运车辆中逐步推广。综合交通运输信息系统顶层设计进一步完善，交通运输政务信息系统整合共享基本完成，高速公路电子不停车收费系统（ETC）全国联网，用户突破 5900 万，北斗系统应用取得重大突破；数据分单派单、自动化分拣、无人仓配等技术在邮政业加快应用。2017 年，交通运输部办公厅《关于印发推进智慧交通发展行动计划（2017—2020 年）》进一步贯彻落实交通强国战略部署，科学支撑《交通强国建设纲要》的制定。2017 年大数据技术在交通领域应用的典型代表就是全国首个出行数据开放与应用平台正式运行，平台已有包括北京、河南、浙江、苏州、三亚等在内 16 家省市交通运输主管部门开放了政府部门掌握的出行数据。

　　交通大数据是指大数据技术在交通领域内的应用，是通过多种设备、技术采集海量交通数据，结合大数据分析、挖掘等多种技术衍生而来的相关产业。智能交通产业是现代 IT 技术与传统交通技术相结合的产物，而交通大数据是大数据技术在智能交通领域内的应用产业。大数据技术能够广泛应用于交通数据的实时采集、存储、分析、分类、查询，能够精确地分析、预测交通状况，并对影响交通的潜在因素产生洞察。随着城市智能交通的快速发展，交通大数据产业发展将爆发式的增长。

一、应用需求

自从智能交通领域快速发展以来，一直以"保障安全、提高效率、改善环境、节约能源"为发展目标受到政府部门的高度重视，诸多技术都达到了国际先进水平。但是在发展过程中的问题也日益显著。从目前情况看，智能交通的潜在价值还没有得到有效深度挖掘、交通信息的感知和采集有限，对存在于各个管理系统中的海量的数据无法有效共享运用、高效分析，对交通态势的预判预测乏力，对公众的交通信息服务难以满足需求。上述诸多现象体现出交通数据割裂、运营效率需要进一步提高、智能化程度不够等问题，使得很多先进技术设备发挥不了原本应有的作用，也造成了大量资金投入上的浪费。大数据技术的快速发展，有效地为交通领域带来了破解难题的重大机遇。因为大数据技术可以将各种类型的交通数据进行有效整合，挖掘并处理各种数据之间的联系，提供更及时有效的交通服务。但大数据技术能够体现自身的技术手段的优势是建立在海量交通数据之上的，所以仍然需要通过多种手段和方式将多源交通数据汇集在一起凸显其潜在数据价值。

目前，交通大数据的交易需求已经开始日益显现，并且在交通状况管理优化、车辆和出行者的智能化服务方面以及交通应急和安全保障等方面都已经产出了良好的应用成果。例如百度将自身的地图生态开放给交通部，完善其交通数据规模。百度地图的日请求次数大约有 70 亿次，拥有大量的用户出行数据，交通部可以根据百度提供的数据来提高数据的准确性和可靠性，成为可靠的参考依据，进而做好决策；其他一些大数据服务企业利用自身搜集的交通数据及交易的数据，分析用户出行数据，预测不同城市间的人口流动情况，如春运期间的交通调整等。

大数据解决传统交通管理行政区域限制问题。行政区域的划分是中国为了有效统治和管理各个区域的一种措施，这种措施导致各个地方政府为达到各自管辖区域利益的最大化，使交通数据处于碎片化、割裂化状态。而交通大数据的虚拟性，有利于其信息跨越区域管理。

大数据具有信息集成和组合效率的优势。中国大部分城市的各类交通运输管理主体分散在不同部门，呈现出交通数据孤立、分裂现象。涉及交通的有关部门都有自己的信息管理系统，但这些数据信息通常只存在于垂直业务和单一应用中，与邻近业务系统缺乏数据互通共享，这种现象造成交通数据分散、内容单一等多种问题。大数据有助于建立综合性立体的交通信息体系，通过将不同范围、不同区域、不同领域的交通数据加以综合，构建综合交通信息集成模式，发挥整体性交通功能，从而创造新价值。

大数据可以优化配置交通资源。传统的交通管理主要依靠人工方式进行规划和管理，难以实现交通动态化管理。通过对交通大数据分析，可以辅助交通管理制定出合理的解决方案。一方面可以减少交通部门运营的人力物力成本，另一方面可以提升交通数据信息的合理利用。

大数据能够提升交通预测能力。传统的改善交通问题是加大基础设施投入，增加道路里程来提高交通运行能力，但这种做法不仅会受到土地资源的限制，而且规划的方案是否能满足交通远景需求有待商榷。通过大数据技术对各个交通部门数据进行准确提炼和构建预测模型后，可以对交通未来运行状态有效模拟；在交通实时预测领域，大数据快速处理信息能力，对于车辆碰撞、车辆换道、驾驶员行为状态检测等有较高的预测性。

同时，大数据交易在交通领域具有广泛的应用价值：①提高交通运行效率，大数据技术能提高交通运营效率、道路网的通行能力、设施效率和调控交通需求分析；②提高交通安全水平，大数据技术的实时性和可预测性则有助于提高交通安全系统的数据处理能力；③提供环境监测方式，大数据技术在减轻道路交通堵塞、降低汽车运输对环境的影响等方面有重要的作用。可见，准确把握大数据在智能交通领域内的优势，提高交通效率、解决交通拥堵、确保交通运输安全、减少环境污染等，进而在新的高度和起点上改善中国的交通状况起着非常重要的作用。

二、发展特点

（一）政策特点

国家密集发布交通大数据相关政策。国务院发布的《国务院关于积极推进"互联网＋"行动的指导意见》中"互联网＋"便捷交通一项，明确指出加快互联网与交通运输领域的深度融合，通过基础设施、运输工具、运行信息等互联网化，推进基于互联网平台的便捷化交通运输服务发展。显著提高交通运输资源利用效率和管理精细化水平，全面提升交通运输行业服务品质和科学治理能力，将成为未来重点发展方向。无论是交通运输资源利用效率和管理精细化水平，还是交通运输行业服务品质和科学治理能力，所离不开的都是底层交通大数据的应用。2017年交通运输部连续发布了交通运输信息化、科技、标准化等三个"十三五"专项发展规划，全力打造智慧交通。这些规划是"十三五"时期推进交通运输信息化发展、加强科技创新和完善标准化体系建设的纲领性文件。根据这些规划，"十三五"期间，交通运输部将着力推进落实"互联网＋"重点行动，包括实施"互联网＋便捷交通"、"互联网＋高效物流"、促进"大数据"发展和应用，以及加快构建车联网、船联网等。2017年1月，交通运输部办公厅发布《推进智慧交通发展行动计划（2017—2020年）》，提出全面贯彻落实国务院信息化发展战略部署，加快推进实施《交通运输信息化"十三五"发展规划》，落实全国交通运输科技创新暨信息化工作会议精神，明确近期智慧交通发展的工作思路、主要目标和重点任务，有效提升交通运输数字化、网络化、智能化水平，特制订本行动计划。同时，交通运输部将制订完善交通运输行业数据交换共享标准，完善部省两级数据资源目录体系，提升行业数据资源开放共享程度，夯实交通运输大数据发展基础。此外，交通运输部还将研究制定开展交通旅游服务大数据行动实施方案，并将"积极吸引社会优质资源，继续推动全国综合交通出行服务信息共享应用示范工程，建立综合交通服务大数据平台"。

地方政府积极出台配套政策措施。浙江省政府办公厅印发了《浙江省综合交通运输发展"十三五"规划》，明确提出未来五年浙江要推进智慧交通建设，通过交通大数据开放、信息共享和集成应用，建成"用数据说话、用数据决策、用数据管理、用数据创新"的交通运行治理模式，提升精细化管理水平。湖南省交通运输厅发布了《湖南省城市综合交通体系"十三五"发展规划》，《规划》期限为 2016 年至 2020 年。规划 29 个设市城市为枢纽Ⅰ级、Ⅱ级、Ⅲ级、节点等 4 个城市层级，深入推进交通大数据智慧应用体系。《规划》指出，湖南省到 2018 年要基本完成交通运输行业数据资源的全面整合，到 2020 年要基本建立涵盖公路、水路、民航、铁路、邮政及气象等部门的信息采集、交换、共享和应用机制，实现海量数据深层次的交互融合与挖掘应用。在具体交通大数据应用上，多地智慧交通发展规划均提出以互联网引领运输产业转型升级，以互联网引领运输行业治理体系构建，实现综合运输海量数据融合开放及交互交易。

（二）应用特点

交通智能应用便民措施深入推进。智慧公路建设深入推进，开展的"互联网＋路网管理"研究，加强顶层研究设计，配合相关单位和机构，推行新一代国家交通控制网和智慧公路（第一批）试点项目建设。大力推进高速公路电子收费（ETC）拓展应用，ETC 用户规模超过 6000 万，非现金支付使用率达到 37%，ETC 在北京、江苏、广东等省市进入机场、医院、商场停车场应用。除 ETC 系统外，高速公路还建有交通信息采集、交通气象采集、交通监控等系统，通过这些系统收集的海量数据资源，可以搭建完善的用户服务体系，推出微信、微博、手机用户端、智能终端等应用，充分发挥交通大数据的积极作用，为高速公路用户提供多元化服务。

交通管理部门积极开展应用综合检测管理平台。2017 年，全国各省份公安交通管理部门积极构建的交通运行监测与指挥控制中心，包括交通信息采集系统、交通信号控制系统、道路交通监控系统、交通诱导显示系统、停车管理系统、交通违章处理系统等，初步实现了交通信号控制、道路监控、交通信息综合查询、有/无线指挥调度及交通诱导等基础功能。例如，2017 年 2 月，杭州市交通信息与应急指挥中心建立了杭州市交通拥堵指数实时监测平台，为杭州交通路网总体情况、快速路检测和分区域交通提供实时监测的技术支撑。2017 年 8 月，"公路网交通监控系统和城市快速路交通监控系统应用平台整合完善工程"项目通过上海市交通指挥中心验收,该工程计划在已建成的两个监控中心、两套交通监控系统的基础上,建立面向全路网统一的业务平台和基础资源库;构建面向高速公路、城市快速路、虹桥枢纽、普通国省干线公路等全路网的一体化交通运行监测业务管理平台;调整优化两个监控中心主干通信网络,并适应数字高清视频监控对网络传输可靠性和高带宽的要求,构建兼容模拟、数字、标清、高清的混合视频监控管理主平台。有效整合和优化了公路网和快速路交通监控系统应用资源,积极推进了公路网和快速路交通监控系统应用一体化进程,对今后整合和优化上海市交通行业相关信息系统应用资源具有现实指导意义。

三、应用案例

(一)综合交通出行大数据开放云平台

综合交通出行大数据开放云平台是交通运输行业目前唯一实现开放共享的平台。截至目前,综合交通出行大数据开放云平台有7TB的数据向社会开放共享,包括各种运输方式相关的数据,有的来自政府部门,还有一部分来自通信运营商、互联网企业等,可以在上面做一些增值的服务、开发。平台围绕交通运输全领域,依托移动互联网、物联网、大数据、云计算等新兴技术,推动交通运输服务模式与业态创新、企业运营转型、行业治理能力提升和技术应用升级。

(二)北京千方科技集团有限公司

北京千方科技股份有限公司(以下简称"千方科技")初创于2000年,是中国交通信息化领域首家登陆美国纳斯达克资本市场的高科技企业,主要从事交通运输行业信息化、智能化建设与服务。千方科技现已在智能交通领域形成完整的产业链并拥有成熟的运营管理、服务经验,形成"城市智能交通"、"高速公路智能交通"与"综合交通信息服务"三大智能交通业务板块有机结合、齐头并进、稳步上升的发展格局。在此基础上,公司积极开展"大交通"产业战略的布局,不断推动公司业务向民航、水运、轨道交通等领域拓展,并已在民航信息化领域取得初步成绩,成为了国内唯一一家综合型交通运输信息化企业。千方科技将整合公路、民航、铁路、水运交通数据,充分利用云计算、移动互联网，特别是大数据技术，满足企业交通信息服务应用和开发、公众出行信息服务需求。未来随着电子车牌、电子站牌的逐步推广，交通数据将逐步扩大，企业交通大数据战略日渐清晰。在 2017 年，千方集团与 INRIX 签署《中国战略服务协议》，共同面向 INRIX 的国际车企客户开展中国地区的交通信息服务，在中国地区推广并销售 INRIX 成熟的交通数据分析及交通信息化解决方案，同时在交通数据挖掘、数据处理及分析等方面开展全面的技术交流。千方集团与 INRIX 的合作将发挥公司国内交通实时信息等数据方面的优势切入国际车企的本地化服务，同时借鉴 INRIX 在交通信息方面的数据分析及解决方案技术，为未来交通大数据进行储备。

（三）广州新科佳都科技有限公司

广州新科佳都科技有限公司专注于城市轨道交通智能化建设、机电总包、运营维保，同时掌握自动售检票系统（AFC）、站台门系统（PSD）、综合监控系统（ISCS）、通信系统（CBN）等的核心技术并拥有相应工程业绩。作为城市轨道交通智能化系统集成及产品提供商，新科佳都不断完善自有产品及系统核心技术，自主研发的综合监控平台、站台门控制系统、自动售检票系统、视频监控系统等核心产品技术达到国际先进水平，实现自研产品在城市轨道交通领域的大规模应用。创新人脸识别技术，实现了用人工智能解放肉眼，识别率高达 99.5%；云支付技术开启了智能轨道交通多元化融合支付新模式，使人们出行变得更加安全、便捷、舒适。智能轨交业务主要提供自动售检票系统、站台屏蔽门系统、综合监控系统和通信系统（含视频监控子系统）四大智能化系统解决方案，2017 年公司中标了武汉地铁 21 号线（阳逻线）AFC、广州 800 兆无线通信改造、厦门市轨道 2 号线专用通信等多条轨道交通线路智能化项目。目前智能轨交业务已累计覆盖广州、武汉、青岛、宁波、厦门等 18 座城市，形成了"以广州和武汉为立足点向全国辐射"的轨道交通业务布局。智能安防业务主要为公共安全、交通领域提供安防可视化解决方案，产品涵盖视频云 + 大数据平台、视频监控联网平台、警务视频云平台等，业务覆盖广东、新疆、山东、贵州等区域。目前，"城市交通大脑"和交通大数据增值业务等新产品、新业务在年内陆续孵化落地。

（四）北京世纪高通科技有限公司

北京世纪高通科技有限公司（以下简称"世纪高通"）成立于 2005 年，隶属于中国航天科技集团公司，其控股母公司为北京四维图新科技股份有限公司（以下简称"四维图新"）。世纪高通是北京市高新技术企业和软件企业，始终坚持自主创新，已经拥有自主知识产权的交通信息 RTIC 标准。世纪高通作为中国领先的专业动态出行信息服务提供商，集成海量动态交通数据，运营开放数据平台，提供丰富的智能出行信息服务。世纪高通作为中国领先的专业动态出行信息服务提供商，依托四维图新在地信领域的强大优势和丰富资源开展业务，最早实现全国交通数据商用服务，拥有中国最大浮动车数据系统。目前，世纪高通已为丰田、日产、大众、宝马、奔驰、通用、本田、东风、雷克萨斯、英菲尼迪、讴歌、谷歌、百度、腾讯、NOKIA 等众多国际主流车厂和互联网企业提供动态交通信息，其优质的产品服务已覆盖全国 34 个主要城市和京津地区、长三角、珠三角的城际高速公路，服务于数千万用户。

四维图新发布的交通大数据产品"四维交通指数"，该指数是由四维图新旗下公司世纪高通研发。世纪高通交通信息服务在车载前装市场占据 80% 以上的市场份额，腾讯、百度、谷歌、搜狗、360 等企业均采用该公司提供的交通信息服务。

（五）运满满智能货运调度平台

运满满智能货运调度平台是国内首家基于移动互联网技术开发的手机 APP 应用产品，致力于为公路运输物流行业提供高效的管车配货工具，同时为车找货（配货）、货找车（托运）提供全面的信息及交易服务。运满满隶属于江苏满运软件科技有限公司，公司总部位于江苏省南京市雨花台区软件大道，目前员工总数 1500 人，在北京、上海、南京设有中心，业务覆盖全国 300 个城市。2017 年，运满满全国干线物流智能调度系统"牛魔王"上线试运行，该系统人工智能车货匹配准确率高达 99%，实时调度有效率高达 95%，平均运算匹配时间仅为 38 秒，报价准确率 98.4%，提高司机收入 20%。通过大数据、云计算、人工智能等先进技术，运满满极大实现物流效率的提高、物流成本的降低。2017 年数据显示，运满满将中国公路物流此前高达37%的空驶率降低了10%，司机月行里数由9000公里提高至11000公里，将平台上司机的平均找货时间由2.27天降低为0.42天。2017年，国际道路运输联盟（IRU）会员大会在瑞士日内瓦召开，运满满成为中国唯一企业会员，也是全球首家互联网平台会员。

区域篇

第十八章 贵 州 省

一、整体概况

国家大数据（贵州）综合试验区是首个国家级大数据综合试验区，成立于 2016 年 2 月。作为国内最早发展大数据的省份，其在数据产业上的突破发展得到国家层面的积极认可。2015 年 2 月 14 日，李克强总理考察贵阳大数据应用展示中心并明确提出，希望贵州在大数据领域探索出一片新天地，为服务国家战略作贡献。同年 5 月 26 日，马凯副总理在出席贵阳数博会并考察贵州信息产业发展情况时，充分肯定贵州发展大数据是创造性落实中央精神的重大举措，为贵州发展大数据提供了充足的信心和底气。同年 6 月 17 日，习近平总书记考察了贵阳大数据应用展示中心，并明确表示："贵州发展大数据确实有道理。"2015 年 8 月底，《国务院关于印发促进大数据发展行动纲要的通知》正式发布并明确指出，"支持贵州等综合试验区建设"，贵州大数据发展正式上升为国家战略。9 月份，贵州启动全国首个大数据综合试验区建设工作。

经过 3 年多的探索与实践，大数据在贵州发展从无到有，融合发展全面推进。顶层设计方面，形成"344533"的总体发展思路，出台《关于实施大数据战略行动建设国家大数据综合试验区的意见》等 1＋8 系列文件，明确和描绘大数据发展蓝图。基础建设方面，实施信息基础设施建设三年会战，累计完成投资超过 150 亿元。数据融通方面，已有 534 个应用系统汇聚云上贵州系统平台，聚集 10000G 数据量，日访问高峰达 10 亿次，云上贵州市（州）平台建设全面启动。产业发展方面，核心业态、关联业态、衍生业态三大业态加快发展，大数据全产业链加快构建，全省大数据三类业态规模总量达到 1600 亿元。融合运用方面，大数据与农业、工业、服务业加快融合发展，公共服务水平不断优化提升，释放惠民红利，政府治理大数据应用不断创新，有效提升政府综合治理能力。政府治理方面，打通数据壁垒，推动政府部门之间数据整合共享，有效提升政府综合治理能力，其中贵阳市"数据铁笼"运行产生数据累计 3 亿余条，督促整改 800 余次。惠民服务方面，大数据在公共交通、教育文化、精准扶贫、医疗社保、社会信用、公安执法等重点领域得到广泛运用，让人民群众同享大数据红利。平台建设方面，设立产业发展基金、成立产业联盟，以及建设创新平台，提升创新能力，增强发展后劲。政策环境方面，《贵州省数字经济发展规划（2017—2020 年）》、《贵阳市政府数据共享开放条例》、《智能贵州发展规划（2017—2020 年）》等新制定政策进一步优化大数据发展环境。

贵州开创了一条以大数据引领创新、促进经济社会转型的发展新路。继移动、联通、电信三大电信运营商之后，阿里、腾讯、华为、苹果等越来越多的国际知名企业纷纷将其数据中心落户贵州。贵阳·贵安国家级互联网骨干直联点建成开通。2017 年 5 月，经党中央、国务院批准，2017 年数博在贵州省贵阳市举办，参展参会人数超过 5 万人次，展览面积 6 万平方米，参展企业超过 400 家。2017 年 12 月，贵州获批健康医疗大数据中心第二批国家试点，与江苏、福建（属第一批试点省）作为东南西北中五个健康医疗大数据区域中心建设及互联互通试点省。

二、发展特色

（一）大数据与实体经济深度融合

把推动大数据与实体经济深度融合作为大数据战略行动的主要任务。通过大数据与各行各业各领域深度融合，促进产业转型升级和政府治理能力、公共服务水平全面提升，通过实施"大数据+产业深度融合 2017 行动计划"，打造了一批产业服务平台和融合应用技术标准，推动一批传统产业网络化、数字化、智能化转型。贵阳海信、贵州航天电器等企业融合发展处于行业领先水平，入选国家级"智能制造试点示范"。

深入开展政策业务培训，创造性建立了全国首个面向大数据与实体经济深度融合指标评估体系。指标体系组织所有纳入全省统计基本名录库的企业开展融合发展水平、价值成效、特征模式、发展趋势的评估诊断。已完成评估企业 13390 家，占统计基本名录库企业的 85.9%。全省企业融合水平划分为初级、中级、高级三个阶段。目前，全省 62.1% 的企业处于起步建设的融合初级阶段，32.5% 的企业处于单项覆盖的融合中级阶段，5.4% 的企业进入集成提升的融合高级阶段。

　　大数据与农业、服务业加快融合，智慧旅游、智慧物流、农村电商蓬勃发展。精准扶贫大数据支撑平台将国家多部门与省市层面的数据联通，直观呈现贫困人口的详细情况，并实现多个管理部门的实时共享，把针对性帮助做到个人。现在已经能实现贫困学生高中、大学学费奖励等自动办理。在出行方面，基于多部门数据合理整合、调配的"通村村 APP"，让农村村民得到与城市居民相同的定制预约车服务。智慧医疗方面，通过"医疗健康云"的建成，实施远程医疗，让农村和边远地区民众同样能得到和城市一样的医疗服务。云上贵州移动服务平台聚集了各地各部门的 3856 项政务民生服务，技术提升、优化流程、简化操作的结果，让民众在家里就能办到更多的事。

（二）数据汇聚释放新红利

　　贵州大数据发展将政府数据资源共享开放作为重要切入点，打造了全国第一个省级政府数据"汇聚、融通、应用"的系统平台——"云上贵州"。该平台是支撑全省大数据产业发展的云计算基础设施，通过电子政务外网和互联网向全省各级政府部门提供云计算服务。"云上贵州"系统平台致力于数据信息的融汇和应用，打破政府部门信息壁垒，消除数据孤岛，为国家建设数据共享交换平台先行探索、积累先试经验。目前，"云上贵州"日均访问量超过 10 亿次，累计访问流量达 38TB，全国各省区均调用该平台数据。

　　基于平台加快数据资源汇聚。从提升政府治理能力、服务改善社会民生的高度加快建设全省一体化政府数据中心，全面推行省、市、县三级"云长制"，开展"政府大数据应用专项行动"，加快消除部门"数据壁垒"和"数据孤岛"，拓展了大数据政用民用的新境界。通过实施"迁云"计划，省、市两级政府非涉密应用系统 100% 接入"云上贵州"平台，贵州省成为国家电子政务云南方节点。

　　民生服务新红利不断释放。大数据应用融入到各行各业，形成了一批受欢迎的新应用。"精准扶贫大数据支撑平台"打通扶贫、教育等12个部门数据，得到国家认可，有望成为国家标准在全国推广。大数据助推司法体制改革走在全国前列，省网上办事大厅覆盖省市县乡村五级，远程医疗在全国率先实现乡镇卫生院全覆盖，云上贵州APP汇聚了3856项政务民生服务，实现"一机在手、服务到家"。省级政府网上政务服务能力排名全国第二，成为全国"互联网＋政务服务"综合试点示范省、国家政务信息系统整合共享试点省份。未来，贵州将大力开展"数字治理"攻坚战、"数字民生"攻坚战，实现全省政府和公共数据更高质量发展，提升政府决策科学化、社会治理精准化、公共服务便捷化水平。

（三）大数据产业加快创新发展

引进和培育相结合促进产业创新发展。全省大数据企业增加至8900多家，2017年，大数据电子信息制造业规模以上工业增加值增长85.9%，软件和信息服务业收入增长36.2%，电信业务总量和收入增速均位列全国第一。电子信息制造业对工业增长贡献率达到14.9%，拉动工业增长1.4个百分点，成为全省工业第三大增长点。开工建设华为全球私有云数据中心、腾讯全球核心数据中心、阿里大数据产业园等一批具有行业影响力的标志性项目。华芯通ARM服务器芯片完成第一代产品设计并试产。白山云、易鲸捷等本土企业成为行业标杆，货车帮迈入中国"独角兽"企业行列。未来，贵州将大力开展"数字技术"攻坚战，围绕数据采集、整理、分析、挖掘、展现、应用等环节，发展海量数据存储、数据清洗、数据库、数据分发、数据分析挖掘等领域关键技术及软硬件产品，加快实现大数据与科技创新深度融合。

（四）发展环境持续优化

贵州省高度重视大数据发展环境建设，加快突破信息基础设施、人才等关键瓶颈。信息基础设施建设方面，建成国家级互联网骨干直联点，网络下载速率稳居西部第二，行政村宽带、光纤实现全覆盖，推进多彩贵州广电云"村村通"、户户用，全省信息基础设施发展水平进入全国第二方阵。数据显示，基于优质的网络，贵州农村电商每年增长达30%以上，远远高于中国农业企业平均水平，接近中国工业企业电商应用比例55.1%的平均水平。

数据中心建设方面，贵州是中国南方最适合建设数据中心的地方，贵州也已经成为中国南方数据中心示范基地。目前，中国电信、移动、联通三大运营商，苹果、华为、腾讯、富士康等知名企业同时选择在贵州建设企业核心数据中心。中国一批国家级、行业级、大型企业级的数据和容灾备份中心建在贵州。

创新创业方面，贵州逐渐成为大数据企业在中国创新创业的首选地，为贵州发展大数据带来了无穷的创新创业活力，涌现了许多在全国具有重大影响力的创新型、标杆级企业。腾讯大数据《2017 全国城市年轻指数》显示，贵阳在全国城市中仅次于深圳排名第二，大数据"双创"活力不断增强。"数博会"上升为国家级大数据行业盛会，云上贵州商业模式大赛上升为中国国际大数据挖掘大赛。

政策法规方面，持续推进地方政策法规制定。2017 年 2 月，贵州省正式印发了《贵州省数字经济发展规划（2017—2020 年）》，旨在为贵州省数字经济发展提供指导，规划期为 2017 年至 2020 年，提出用 3 年时间探索形成具有数字经济时代鲜明特征的创新发展道路。该规划也成为全国首个发布的省级数字经济发展专项规划。2017 年 4 月，贵阳市人大常委会召开新闻发布会，公布《贵阳市政府数据共享开放条例》（以下简称《条例》）于 2017 年 5 月 1日起施行。这是全国首部政府数据共享开放地方性法规，也是我国首部设区的市关于大数据方面的地方性法规。2017 年 10 月，贵州省率先发布省级智能发展规划《智能贵州发展规划（2017—2020 年）》，对智能制造、智慧能源、智能旅游、智能医疗健康、智能交通服务、智能精准扶贫、智能生态环保等领域发展进行了规划布局，积极构建贵州智能发展新格局。2017 年 5 月，2017 数博会主题发布会在数博会新闻发布厅举行，贵州省发展研究中心在会上发布了《贵州省大数据发展报告（2016）》白皮书，总结了贵州大数据发展在十大方面取得的丰硕成果。

此外，贵州建设全国首个国家大数据工程实验室，贵阳市成为全国首个大数据安全示范试点城市。未来，贵州下一步将大力开展"数字设施"攻坚战、"数字安全"攻坚战，加快构建高速、移动、安全、泛在的新一代信息基础设施体系，积极推进大数据安全创新探索，切实保障数据安全，持续打造大数据创业创新首选"实验田"。

第十九章　京津冀地区

一、整体概况

京津冀是全国首批确定的跨区域类大数据综合试验区，于2016年10月成立。2016年12月22日，综试区建设正式启动，同期，《京津冀大数据综合试验区建设方案》发布。京津冀大数据综合试验区通过推动数据资源对接、数据企业合作、数据园区共建，打造以北京为创新核心，天津为综合支撑，河北张家口、廊坊、承德、秦皇岛、石家庄为应用拓展的大数据产业一体化格局，切实提升大数据"强治理"、"惠民生"、"调结构"和"促协同"的应用水平。

在一体化发展进程中，北京是大数据发展的核心区，优势是大数据创新和引导，天津的优势在于设备制造与集成，强化大数据发展的带动和支撑作用，河北的优势是大数据存储，强化承接和转化，形成北京中关村+天津滨海新区、武清+河北张家口、廊坊、承德和秦皇岛"1+2+4"协同发展功能格局，引领京津冀大数据协同发展。

经过两年的发展，京津冀通过建立京津冀政府数据资源目录体系、公共数据开放共享、大数据产业聚集、大数据便民惠民服务、建立健全大数据交易制度和大数据交易平台等试验探索，在大数据基础设施建设、数据开放共享、产业集聚发展等方面引领示范带动作用突出。通过三地加强协同合作，不断加强基础设施统筹建设，推动以大数据的思维、技术、模式、产品、服务等突破行政藩篱和区域界线，发掘和释放数据资源价值，在数据开放、数据交易、行业应用等多领域积极开展创新探索，共同打造成为国家大数据产业创新中心、国家大数据应用先行区、国家大数据创新改革综合试验区、全球大数据产业创新高地。

对于京津冀大数据产业的未来发展方向，《京津冀大数据综合试验区建设方案》提出，通过3至5年的建设，京津冀大数据综合试验区建设将取得明显成效。预计到2017年底，三地数据开放、产业对接框架基本形成，数据开放共享机制体制初步建立，环保、交通、旅游等民生重点领域试点示范率先启动。到2018年底，三地初步形成集群特色鲜明、协同效应显著、资源配置优化的发展格局。到2020年底，以人为本、惠及民生的大数据服务新体系初步建立，大数据红利充分释放，成为提升政府治理能力的重要支撑和经济社会发展的重要驱动力量。

二、发展特色

（一）重点工程和项目建设稳步推进

京津冀已建立联席会议制度，共同组织谋划了一批重大建设项目和重点工程。

京津冀大数据应用感知体验中心于5月17日正式投入使用，成为"2017中国·廊坊国际经济贸易洽谈会"主会场，并将作为支撑京津冀大数据综合试验区重大活动及大数据创新应用展览展示、体验互动的重要载体。"中国数坝"张北云计算产业基地建设稳步推进，阿里北方数据中心已启动投入运营；阿里数据港张北数据中心、阿里张北云联数据中心项目2期、阿里庙滩数据中心项目、阿里小二台数据中心项目、阿里中都草原数据中心项目等项目已开工建设；长城网数据灾备中心暨运营型大数据中心、张北榕泰云计算数据中心项目等一批项目将于2017年第二季度陆续开工；航信金云数据中心、张北新能源大数据产业园、张北数据中心产业基地等多个项目已完成签约。京津冀大数据产业基金即将完成设立，基金首期计划募集规模100亿元，预计可带动社会投资总规模达300亿—400亿元，目前在三地大数据领域已储备50亿元左右拟投项目。

京津冀大数据协同处理中心建设顺利推进，已初步形成三地合作链条，将有效提升京津冀大数据协同处理能力。京津冀大数据协同处理中心是以国家超级计算天津中心为基础，建设面向大数据处理的超级计算与云计算融合的一体化基础设施。在数据处理方面，它以"天河一号"和正在研制的"天河三号"为支撑,构建自主大数据系统软硬件融合创新平台。未来将开展基于大数据,面向产业应用的共性技术研究及开发。

(二) 三地协同推进大数据一体化发展

京津冀根据三地的优势,打造以北京为创新核心、天津为综合支撑、河北做承接转化的大数据产业一体化格局。北京作为政府中心、文化中心、国际交流中心和科技创新中心,发挥全国科技创新中心的资源优势和中关村国家自主创新示范区的创新体系的巨大优势,以大数据的产品创新、技术创新和应用创新为着力点,积极打造国家大数据产业创新核心区和全球大数据产业创新高地。北京市先后出台"十三五"时期软件和信息服务业发展规划,和北京市大数据和云计算发展行动计划等,制度的完善创新,明确了北京在京津冀区域未来一段时间大数据发展的目标、方向和重点工作。按照京津冀协同发展规划纲要,其核心是有序疏解北京非首都功能,如在京津冀交通、生态环境保护、产业升级转移等重点领域率先取得突破。随着北京深入落实首都城市战略定位,为京津冀区域的云计算、大数据产业发展开辟了广阔前景。北京许多互联网企业包括阿里巴巴、蓝汛等的数据中心外迁至200多公里外的张北,张北云计算基地也得名北京大数据产业的"后花园"。

天津定位于全国先进制造业基地,主要优势在于大数据应用领域,是京津冀大数据产业发展的拓展区,将依托滨海新区、武清和西青等电子信息产业基地构建完善的大数据发展和产业综合支撑体系。依托天津国际航运核心区、金融创新示范区,推动航运、金融和跨境电子商务大数据综合创新应用。作为高研园的核心——中国华录未来科技园,将建设全国首个"数据湖",打造成国际先进、国内领先的大数据产业聚集地,加速推动国内大数据产业发展。作为城市新一代信息化基础设施,城市数据湖集海量存储、云计算、大数据分析、人工智能应用等于一身,通过充分挖掘城市数据、吸引产业数据,不仅能服务企业应用,还可以打造以数据为核心的城市互联网运营商,为政府、社会、公众提供公益和增值服务。

河北是京津冀大数据产业发展的功能区,河北省将加快推进石家庄、张家口、廊坊、承德、秦皇岛大数据产业基地建设,提高面向京津的数据存储、数据交易等服务支撑能力,发展大数据软硬件制造业和大数据服务业。其中,石家庄是京津冀大数据应用示范区，在金融、健康、教育和电子商务等领域开展大数据应用示范。张家口作为京津冀大数据新能源示范区，打造京津冀大数据综合试验区"核心功能区"。廊坊作为京津冀物流金融大数据示范区，打造京津冀大数据综合试验区"数据集散中心"。承德是京津冀旅游大数据示范区，打造京津冀旅游大数据产业中心和综合应用示范区。秦皇岛是京津冀健康大数据示范区，打造中国北方规模最大、以大健康产业为特色的大数据产业集群。此外，河北强化物联网基础技术和产品创新，发展集软件嵌入、数据采集、数据传输、智能控制、系统集成、网络应用与服务于一体的物联网基础技术电子产品。大力发展数字出版、网络出版、手机出版等新兴新闻出版业态，推动新闻出版数字化转型和经营模式创新。

（三）大力推动区域协同创新

根据《京津冀大数据综合试验区建设方案》，京津冀将在大数据基础设施建设、数据开放、数据交易、行业应用等方面开展大数据协同创新，聚集全球大数据创新资源，培育一批大数据产业领军企业，形成企业创新大数据应用和商业模式的发展格局，构建最具活力的大数据产业生态系统。

京津冀大数据产业协同创新平台致力于促进京津冀大数据产学研协同创新的资源共享、监测评价和试点示范等，正着力探索创新三地大数据人才联合培养、大数据人才引进、流动与共享、大数据人才创新创业等试点示范。平台利用京津冀在人才和产业方面的优势，为京津冀大数据产业发展提供人才与智力支撑，推动以科技创新为动力的大数据产业发展和学科建设。现有北京大学时空大数据协同创新平台、方正信产大数据战略合作、中航工业电子采购平台大数据服务、北京供销大数据战略合作等项目相继签约，进一步推动了京津冀大数据产业协同创新平台建设。

中关村作为核心区，自 2012 年起率先布局发展大数据产业，并将大数据作为非首都功能疏解、构建"高精尖"经济结构、服务保障民生的重要抓手，并以大数据前沿技术研发和产业化应用为核心，鼓励和支持大数据企业创新发展，加大前沿项目的挖掘和支持力度，加快北京大数据研究院等产业创新平台建设。并建立中关村大数据产业园，引导企业合理布局京津冀。目前，中关村大数据产业规模超过 700 亿元，形成了覆盖数据中心、大数据工具、平台和数据创新应用服务等关键环节的完整的大数据产业链。

（四）围绕重大需求探索大数据创新应用

三地还围绕工业、交通、旅游、扶贫、智慧便民、医疗健康、教育、环保等重点领域和方向，试验探索大数据创新应用、一体化服务协同和产业集聚。《京津冀大数据综合试验区建设方案概要》提出，瞄准京津冀协同发展重大需求，围绕科技冬奥、环保、交通、健康、旅游、教育等重点领域，提升大数据服务民生的保障能力，在全国形成引领带动作用。"十三五"期间，京津冀三地将按照"协同应用、各有侧重"的原则，即在三地推进一大批跨区域的大数据应用，共同建设国内首个跨区域型大数据综合试验区。

京津冀围绕环境、交通、金融、物流、文化等京津冀协同发展重大需求，推动开展大数据创新应用。在京津冀交通一体化方面，大数据在智能公交、辅助交通规划、驾驶员评估、群体出行预测等方面发挥巨大价值。在京津冀环保一体化方面，大数据将为政府、企业、公众带来重大价值，提高生态环境治理能力，促进环境管理科学监测，推动环境监管创新。在科技冬奥、环保、交通、健康、旅游、教育等重点应用领域，将不断推动大数据创新应用、促进一体化服务协同和产业集聚。

第二十章　珠三角地区

一、整体概况

珠三角是全国首批确定的跨区域类综合试验区，于 2016 年 10 月获批。珠江三角洲国家大数据综合试验区的实施范围为 5.6 万平方公里，涵盖珠三角九市，在功能上形成"一区两核三带"的总体布局。"一区"即珠三角国家大数据综合试验区。"两核"是指以广州、深圳为核心区。"三带"是指重点打造佛山、珠海、中山、肇庆、江门等珠江西岸大数据产业带；惠州、东莞等珠江东岸大数据产业带；并辐射全省，打造汕头、汕尾、阳江、湛江等沿海大数据产业带，进而带动泛珠三角各行政区在大数据领域开展深度战略合作。

珠三角大数据综合试验区定位于围绕落实国家区域发展战略，强化数据要素流通，以数据流引领技术流、资金流、人才流，支撑跨区域公共服务、社会治理和产业转移，促进区域一体化发展。根据其建设方案，未来珠三角大数据综合试验区将在 3 个方向实现突破：一是打造大数据综合应用引领区，推进政务和民生领域的大数据应用。二是打造大数据创业创新生态区，推动基于大数据的创业创新，构建富有活力的大数据创业创新生态体系。三要打造大数据产业发展集聚区，建设大数据产业园，培育大数据骨干企业。依托广州、深圳等地的电子信息产业优势，珠江三角洲地区发挥广州和深圳两个国家超级计算中心的集聚作用，在腾讯、华为、中兴等一批骨干企业的带动下，逐渐形成了大数据集聚发展的态势，将成为我国重要的大数据产业集聚区域。

《珠江三角洲国家大数据综合试验区建设实施方案》提出未来三年的发展目标：大数据资源方面，汇聚政务、社会、行业和企业海量数据资源，数据基础设施高度集约，数据资源高度共享开放，数据资源权益得到有效保障；大数据应用方面，在社会治理、公共服务及行业发展等领域形成一批大数据创新应用示范，推动社会治理精准化、公共服务均等化，带动传统行业商业模式创新、经营管理方式变革，大数据综合应用居全国领先水平；大数据产业方面，涌现一批大数据新技术、新产品、新标准，基于大数据的创业创新和新兴业态蓬勃发展，大数据产业链进一步健全，形成大数据产业集聚发展态势，基本建成辐射带动效应强、示范引领作用显著、具备国际竞争力的跨区域类大数据综合试验区。

二、发展特色

（一）产业集聚化趋势日益明显

珠三角是我国最重要的信息化产业集聚区域之一，也是实施大数据国家战略的重要阵地。广东省委、省政府历来高度重视大数据发展，随着第一批省级大数据产业园、大数据创业创新孵化园等推进建设，推动大数据集聚化发展。目前全省已布局建设广州开发区、东莞松山湖、佛山顺德等 15 个（其中珠三角地区 12 个）省级大数据产业园，珠三角地区省级大数据产业园已入驻大数据相关企业 588 家，在建重大项目 78 个。大数据产业链完整，产业体系基本形成。广东省在数据源层、软硬件技术产品层以及应用服务层等各产业链环节已集聚了一批龙头企业，初步形成了具有比较优势的产业体系。

广深两市大数据产业产值占全省近 90%，其中广州约 40%，深圳约 50%，形成了广东省大数据产业核心集聚区。初步形成"一区两核三带"的总体布局，产业分布呈现"广深引领发展、珠三角加快发展、粤东西北起步发展"的态势。

《珠江三角洲国家大数据综合试验区建设实施方案》提出，2020 年底前，建成 20 个左右大数据产业园，争创 3—4 个国家级大数据产业园。

（二）数字政府建设推动数据资源开放共享

近年来，广东以建设数字中国、智慧社会为导向，按照国家推进"互联网＋政务服务"、加快政务信息系统整合共享和实施政务信息化工程建设规划等工作部署，大力推进广东"数字政府"改革建设。大力推进政务信息化建设体制改革，构建"管运分离"的"数字政府"建设管理新体制。推进政务信息系统整合，破除"信息孤岛"，打造统一安全的政务云平台、数据资源整合和大数据平台、一体化网上政务服务平台，构建形成大平台共享、大数据慧治、大系统共治的顶层架构，实现互联网和政务服务深度融合。建成省级统筹、整体联动、部门协同、一网通办的"互联网＋政务服务"体系，在全国率先打造"数字政府"，以"制度创新＋技术创新"推动广东省"放管服"改革向纵深发展，大力推进简政放权，优化政务服务流程，实现审批更简、监管更强、服务更优，推动广东省政府治理体系和能力现代化建设走在全国前列。

推进政务数据统筹整合。《珠江三角洲国家大数据综合试验区建设实施方案》提出，推进政务大数据硬件设施、交换流通渠道整合，建设完善政务大数据库，全面提升政务数据集中度和数据质量，实现政府信息互联共享，进一步突破政府部门间壁垒，消除信息孤岛。依托省政务信息资源共享平台，珠三角积极开展跨区域、跨部门、跨层级的政务数据交换共享，以及数据关联、比对、清洗等治理工作，并加快建设人口、法人、空间地理、宏观经济等基础数据库，覆盖政务服务各环节的网上办事数据库，以及社会信用、市场监管等政务服务专题数据库。实施方案明确提出，2020年底前，基本形成省市系统架构统一、各类数据库联动、省级数据物理集中、地市数据逻辑集中、全省共建共享的政务大数据库。

数据开放应用加快推进。目前89个省级部门和21个地级以上市及县区已接入省政务信息资源共享平台。2016年10月6日"开放广东"政府数据统一开放平台正式上线以来，已开放271个数据集、1.23亿多条政府数据、20个数据接口，支持"广东省文化厅公众出行指数"、"广东交通APP"等各类开放数据应用21个。《珠江三角洲国家大数据综合试验区建设实施方案》提出，2020年底前，在民生服务等重点领域开放500个以上政府数据集，形成50个以上开放数据应用。

（三）大数据创新创业活跃

积极开展创业创新大数据应用。为促进大数据创业创新，珠三角大力支持大数据、互联网、电子商务龙头企业和基础电信企业开放数据资源，建设面向大数据创客的众创空间和公共开发平台，开展数据整理、挖掘、分析和应用等方面的技术研发，促进大数据创新型中小微企业发展壮大。同时，依托政府数据开放平台开放公共数据资源和应用接口，大力推动国家超级计算广州中心、深圳中心开放高性能计算能力和云平台能力。《珠江三角洲国家大数据综合试验区建设实施方案》提出，2020年底前，建成10个左右大数据众创空间，在孵创客和中小微企业数达500家以上；形成3个左右带动效果显著的大数据平台能力开放试点示范，催生形成一批新兴业态企业。

创业创新氛围日益浓厚。推进互联网龙头企业、电信运营商开放数据资源、平台能力，已依托腾讯、广东移动、全通星海、中科云智等龙头企业建设了4个大数据创业创新孵化项目。其中，全通星海教育大数据孵化园在孵项目43个，成功孵化的校付通项目交易额已达到10亿元；腾讯大数据众创空间为近2000名省内创业者提供一站式创业服务，孵化团队176个，项目估值达100亿元；广东移动率先在全国推动大数据能力开放，孵化园共入驻49个项目，其中9个获得天使投资，3个获得A轮投资。广东移动大数据创业创新孵化园、中科云智大数据创业创新孵化园和全通星海孵化园等大数据创业创新孵化园加快发展。

（四）大数据融合创新应用成效显著

大数据与各行业深度融合效果显著。珠三角大数据应用领域已基本覆盖政务、交通、电信、互联网、金融、工业、农业、医疗、环保等行业，已经形成一批较为成熟的示范应用，并且在工业和交通领域应用水平与国内外标杆水平一致。从行业客户对大数据应用的认知来看，用户对大数据应用效果日渐清晰。根据抽样调研，有22.7%的用户认为大数据可以帮助企业提升运营效果，21.1%的用户认为大数据可以帮助企业辅助决策，19.8%的用户认为大数据可以帮助企业降低成本。

提升政务服务水平。创新"一号申办"、"协同联办"、"即办件自动办"等网上便民服务。推广省网上办事大厅手机版、企业专属网页和市民个人网页，分析办事人特征、办事历史、事项关联等数据规律，预判办事需求，促进政务服务智慧化。2020年底前，建成覆盖全省的省级统筹、部门协同、一网办理的网上办事大数据应用体系。

提升社会治理和民生服务水平。在企业监管、质量安全、节能降耗、环境保护、食品安全等领域，开展大数据试点示范应用，依托全省市场监管信息平台，加强事中事后监管和服务。建设安全生产大数据平台，加强安全生产监管和服务。通过加快交通运输、社会保障、环境保护、医疗健康、教育、文化、旅游、住房城乡建设、食品药品、气象等领域的大数据应用，提高服务质量，惠及更多百姓。

发展制造业大数据。以智能制造为主攻方向，引导推动制造业大数据在产品全生命周期和全产业链的应用，促进制造业大数据、工业核心软件、工业云和智能服务平台、工业互联网协同发展，培育"数据驱动"的制造新模式。《珠江三角洲国家大数据综合试验区建设实施方案》提出，2020年底前，自动控制与感知、工业核心软件、工业云和大数据平台及工业互联网发展处于国内领先水平。

第二十一章　上　海　市

　　上海市是四个区域示范类综合试验区之一，发展定位是积极引领东部、中部、西部、东北等"四大板块"发展，着力于数据资源统筹，加强大数据产业集聚发展，发挥辐射带动作用，促进区域协同发展，实现经济提质增效。作为信息化与智慧城市领先发展城市，上海拥有信息化技术发展好、数据资源丰富和相关产业集聚等优势，初步形成了"交易机构＋产业基金＋创新基地＋发展联盟＋研究中心"五位一体综合推进体系。

一、整体概况

　　上海市是四个区域示范类综合试验区之一。其发展定位是积极引领东部、中部、西部、东北等"四大板块"发展，着力于数据资源统筹，加强大数据产业集聚发展，发挥辐射带动作用，促进区域协同发展，实现经济提质增效。上海市已经形成了由经信委、发改委、网信办、科委等四个部门组成的工作机制，将围绕自贸区建设和科创中心的建设两大战略，从推动公共治理大数据的应用、推动大数据的科技创新和基础性治理的工作和研究、推动大数据与公共服务基层社会治理相结合、进一步加强与长三角地区和长江经济带城市的合作四大方面推动大数据发展。2017年10月17日正式发布了《长三角区域信息化合作"十三五"规划（2016—2020）》。规划按照国家战略和长三角城市群发展规划的总体部署，以"共建世界级城市群"为目标，结合长三角地区特色以及"十三五"时期长三角地区面临的新形势和新挑战，贯彻创新、协调、绿色、开放、共享五大发展理念，提出"十三五"时期长三角地区信息化合作发展的目标任务和工作安排，标志着长三角信息化合作进入新的发展阶段。

　　作为信息化和智慧城市领先发展城市，2017年新建立的公交信息化构建公交行业信息服务新体系实现了中心城区基本实现一体化车载信息系统全覆盖，畅通数据采集渠道并实时传递。企业建立起多级智能集群调度指挥平台，转变传统运力调配方式，提高线路运营效率。初步形成公交行业信息资源中心，强化行业监管决策能力。信息服务水平有较大提高，线路实时到站信息发布载体、范围有所扩大，全市公交站亭 1600 余块 LCD 55 英寸（1 英寸 = 2.54 厘米）显示屏、1700 余根太阳能电子站牌、近 100 根自带电池电子站杆实现车辆实时到达信息发布。4600 多个站点通过手机扫描设置的二维码标志，获知该站经停公交车信息。"上海发布"微信公众号、"中国上海"等多入口均可提供公交车辆实时到站信息查询，同时为各区、综合枢纽等处公交信息发布提供数据共享。

2017 年，上海市交通委上海市交通行业数据中心完成建设并通过验收，完成数据交互功能开发，建成交通行业数据交换共享平台，优化数据中心支撑环境，完成虚拟化平台规划部署、负载均衡部署和信息安全设备部署和集成，截至 2016 年底，建立 4947 个元数据标准和 79 个数据质量监控标准，累计汇集数据 2 亿条。数据中心的建成有力保障交通行业数据汇聚、交换和共享，打破部门之间数据孤岛局面，为智慧出行 APP 应用提供数据支撑。智慧出行 APP 项目建设目标是通过整合已有信息资源和服务，建立"一站式"交通信息服务平台，为市民出行提供全面、及时的交通资讯和信息服务，让市民能更方便、快捷地获取交通信息。建设内容主要分为公共交通、道路交通和对外交通三个部分。截至 2017 年 11 月，"上海公交" APP 在接入中心城区 955 条线路动态信息的基础上，接入了嘉定、闵行、松江、奉贤等区共计 108 条线路的实时数据，"实时公交"模块共发布 1074 条线路动态信息，APP 日访问量已超 200 万次。

二、发展特色

（一）上海智慧城市发展水平指数持续提升

2017 年上海市智慧城市发展水平指数为 99.53，其中网络就绪度指数为 99.03，智慧应用指数为 105.74，发展环境指数为 95.3，相较 2015 年、2016 年继续保持增长势头。以光纤宽带为代表的本市信息基础设施能级进一步提升，全市基本实现光纤全覆盖。智慧应用便民服务加速覆盖，有效支撑城市管理和社会治理精细化、科学化、智能化，全市近800个公共停车场（库）实现系统联网，超过120家公立医院与240家社区卫生服务中心接入"上海健康信息网"。智慧经济领域，云计算、大数据、人工智能等相关产业正成为各区发展聚焦的重点。信息安全方面，近三年来实现重大安全事件零发生。

（二）深入推进数据开放共享和便民服务

上海在公共数据的共享开放推进力度上全国领先。上海积极推进政务信息资源整合共享，积极推进新技术、新模式在政府管理和服务中的应用，推进政务信息共享平台全市联通、数据全网共享、业务全面协同、服务全程在线。实现近200个信息系统基于电子政务云部署，推进自然人、法人、空间地理信息的共享使用，开展跨部门协同应用试点。目前，本市政务信息共享平台已实现和全国政务信息共享平台的联调联通，为跨地区、跨层级、跨部门政务数据交换和共享奠定坚实基础。

上海网上政务大厅实现审批事项100%接入，服务事项逐步汇集，上线以来累计网上办理事项1000余万件。网上办理深度进一步深化，市级网上政务大厅已有100个审批事项实现"全程网上办理"，各区级大厅共有700余个审批事项实现"全程网上办理"。形成线上线下功能互补的政务服务新模式，全市200余家社区事务受理服务中心全部实现网上预约办事，66个事项实现全市通办。

上海事中事后综合监管平台为深入推进"放管服"和"证照分离"改革试点提供有力支撑。该平台依托法人库、人口库、空间地理信息库等智慧城市基础数据库，综合利用网上政务大厅、公共信用信息服务平台等已有资源，集信息查询、协同监管、联合惩戒、行刑衔接、社会监督、决策分析等功能于一体，实现各领域监管信息的实时传递和无障碍交换。全市工商和市场监管部门依托平台共向40多个审批部门推送市场主体登记信息10万条。通过平台共建共用，推动跨部门监管协同，发挥监管合力，提升监管效能。

上海市民云为700多万市民提供逾百项公共服务。依托市民云建设面向市民的一站式"互联网＋"公共服务平台，初步形成汇聚全市智慧城市建设成果的"总入口"。目前已实现包括违章缴费、健康档案、预约挂号、社区事务预约等便民应用在内的逾百项公共服务，实名注册用户数超过 760 万人，平均每 3 位上海市民就有 1 人使用市民云平台。在 16 个区共开展了 79 场百人规模以上的培训，进一步提升了市民云在基层的影响力。建立起统一身份认证体系和政府部门轻应用接入规范体系，有效支撑市民云应用。

（三）打造综合推进体系

依托"政府引导、市场主导"的发展原则，上海大数据发展已经构建了"交易机构＋产业基金＋创新基地＋发展联盟＋研究中心"五位一体的综合推进模式。

在商业数据流通方面，以上海数据交易中心为核心，通过国有控股、混合所有制和市场化运营方式，推动商业数据衍生产品交易实现数据流通创造新价值。交易中心建设了面向应用场景的在线连续自动化交易平台，电子交易系统自 2015 年 9 月上线内测以来，实现电信、联通、数据公司晶赞科技、星际大数据、东方航空等 20 余家行业龙头企业和机构的在线数据交易，月交易额突破 1000 万元。数据交易品的组织设计上，上海数据交易中心开设了营销应用与征信应用两大应用板块，对 30 个数据单品进行挂牌。对于营销应用方向，数据单品主要包括了性别推测、年龄段推测等基础信息推测和浏览行为偏好列表、电商购买意向列表、应用使用偏好列表等列表以及汽车、母婴、金融三大行业的特有数据单品。在征信应用方面，交易平台主要的数据单品方向为身份要素验证。为保证数据流通安全，上海数据交易中心创新数控分离机制，实现其平台上的交易进行全过程把控，从源头上禁止所有不合法数据进入交易系统，并在交易中实施大数据配套生态并联合研究机构进行第三方评估，交易结束后依照数据使用许可协议监督进行审计，从而加强风险管控。

在产业基金方面，成立大数据产业发展基金，为企业的创新创业提供良好的生态，目前已筹集约 10 亿元资金。静安区出台大数据发展配套政策，设立财政专项资金和大数据产业投资基金。杨浦区设立 10 亿元创新创业政府引导基金，与社会资本合作，设立创业投资母基金、直投基金、跟投基金，以及投贷联动引导资金。

在产业集群方面，将上海市大数据产业基地作为重要载体，推动大数据产业创新与企业向基地集聚。位于静安区市北高新园区的上海市大数据产业基地是上海首个大数据基地，同时也是上海数据中心密度最高的地区，大数据产业生态日趋完善，加快构建以自主创新为特征的大数据产业集群，打造上海最具发展活力和潜力的大数据产业高地。基地引进了上海数据港、鹏博士、万国数据、荣之联、易可思复高、上影特艺等多家领军企业，集聚了中国电信、中国联通、中国移动等近20家通信运营商，腾讯、阿里巴巴等近40家互联网企业以及30多家金融业企业的数据中心，并与微软、戴尔、甲骨文、英特尔等全球知名企业签署了战略合作协议。另外，位于上海杨浦的大数据创新基地，积极推动大数据产业与本区知识密集型现代服务业、互联网新经济等战略性新兴产业和其他传统优势产业的融合发展，打造大数据技术创新的产业链上下游。

在联盟建设方面，成立上海大数据联盟纽带，促进大数据产业链有效协同和互助区域合作。上海大数据联盟是上海市经济信息化委、上海市科委在整合现有联盟资源的基础上，联合指导成立的由大数据领域相关的资源、技术和应用等方面机构自愿组成的非营利性联合体。目前，联盟注册会员已超过400家。在人才实训方面，以上海开放数据创新应用大赛为抓手，促进大数据人才培养。会同市交通委，以城市交通为主题，举办上海开放数据创新应用大赛（SODA），开放1000GB的大赛专用数据集，得到社会各方广泛关注，共有817个团队提交创意作品505个。

在产业技术创新方面，依托大数据研究中心，实现大数据关键技术突破。目前，上海交大、复旦大学、同济大学、华东理工等10余所沪上高校已设立大数据研究院或大数据研究中心，在分布式处理框架、多源数据融合分析、流计算、现场计算等领域取得了积极的进展。成立上海市大数据技术与应用创新中心，创新中心以城市精细化管理为牵引、以大数据软件开源社区为抓手、以政务大数据共享为推动力，充分整合产学研用资源，促进政校企联合创新，推动上海大数据产业创新发展。

第二十二章　重　庆　市

作为国家大数据综合试验区，重庆市在完善大数据发展政策环境基础上，一方面与江北区政府联合打造市级特色大数据产业基地，另一方面将南岸区和经开区作为大数据智能化产业的创新提供载体，以大数据智能化产业为主导创新驱动发展。据重庆市经信委统计，重庆共有大数据智能化产业企业约3000 家，其中，规模以上企业约900 家。2017 年，重庆市大数据智能化产业实现销售收入约3500 亿元。未来，重庆市将重点打造智能产业、智能制造、智能化应用"三位一体"的发展格局。

一、发展概况

重庆市是国家大数据综合试验区之一，两年来，重庆市抢抓云计算、大数据、互联网＋等新兴热点，先后制定推出《大数据行动计划》《进一步加快全市大数据发展的工作方案》等相关政策，以加快建设有国际影响力的大数据枢纽与产业基地。

2017 年，重庆市经济社会快速发展，智能产业发展态势良好，信息基础设施日渐完善，大数据智能化应用深入推进，平台布局较为完善，创投资本支撑持续增强，部分关键技术领域取得突破，大数据智能化发展和应用已具备良好基础。虽然重庆开放平台体系建设已初具成效，但重庆大数据智能化相关园区（基地）建设起步晚、数量少、层次低，对大数据智能化产业承载能力较弱。重庆目前已形成汽车、电子信息等千亿级产业集群，战略性新兴制造业对工业增长贡献率达到37.5%。重庆制造业规模较大，但发展不平衡不充分问题仍然突出，相当一部分企业处在产业链中低端，需进一步调整结构。

重庆市采取三方面举措打造大数据产业集群：一是高位规划，布局"3＋

8＋N"产业体系；二是多方合作共建，与西亚斯集团以及重庆邮电大学共建大数据学院，建立大数据成果交易平台，打造国际精品与前沿科技产品 O2O 新型商业形态和跨境第三方支付平台；三是形成产业集群，与微软、OR-CALE、华大基因、科大讯飞、海云天等上百家企业达成协议。

据重庆市经信委的统计数据显示，目前，重庆共有大数据智能化产业企业约 3000 家，其中，规模以上企业约 900 家。2017 年，重庆市大数据智能化产业实现销售收入约 3500 亿元，同比增长 30% 左右。2018 年重庆市政府工作报告指出，重庆市大数据产业战略地位凸显，提出要"紧紧围绕提高供给体系质量，以大数据智能化引领产业转型升级"。未来 5 年，重庆将立足现有优势和基础，推动互联网、大数据、人工智能同实体经济深度融合，加快形成智能产业、智能制造、智能化应用"三位一体"发展格局，并布局一批人工智能研发创新平台，加快突破大数据智能化关键核心技术。

二、发展特色

（一）完善大数据产业发展环境

重庆市于 2013 年制定了《大数据行动计划》，该政策提出要加快大数据产业布局，将重庆建设成为有国际影响力的大数据枢纽及产业基地。2014 年 3 月，渝北区围绕重庆大数据产业布局，为决定培育发展先导性前沿科技产业，构建具有国际竞争力的创新生态圈，重庆市政府第 40 次常务会研究决定规划建设仙桃大数据产业园，以更快地适应全球大数据和智能硬件产业快速崛起趋势。2015 年底以来，重庆市抢抓云计算、大数据、互联网＋等新兴热点，先后出台《重庆市"互联网＋"行动计划》《进一步加快全市大数据发展的工作方案》《关于培育和发展分享经济的意见》等一系列政策，促进重庆市大数据等软件产业快速发展。2018 年初，重庆两江新区管理委员会正式印发《智慧两江建设实施方案》，两江新区将围绕新一代信息基础设施和智慧生活、智慧经济、智慧治理、智慧政务等重点领域，全面提升经济社会智能化水平。其中，"基本建立政务数据资源共享和对外开放机制"等内容成为亮点。

（二）打造特色大数据产业基地

重庆市经济信息委与江北区政府签署了战略合作框架协议，以大数据和商贸、金融、工业领域深度融合为重点，联合打造市级特色大数据产业基地。"大数据产业基地"将促进大数据相关企业加速集聚，加快构建大数据产业链、价值链和生态系统，着力培育新的经济增长点。基地目前已入驻长安车联、盛百通等大数据相关企业10余家，涉及智能出行、电梯物联网、游戏动漫等领域。此次战略合作，既强化了重庆市区联动，也助推了"智能江北"加快建设。重庆将把江北区作为产业互联网峰会的常设地，每年定期举办，不断营造大数据智能化产业发展的浓厚氛围，加强与行业龙头企业交流合作，促进"重庆制造"向"重庆智造"转变。

（三）推动大数据智能化产业

重庆将南岸区和经开区作为大数据智能化产业的创新提供载体，以大数据智能化产业为主导创新驱动发展，并从政策、人才等方面制订了一系列保障措施，推动传统制造优势与大数据智能化前沿技术的融合。通过对传统制造企业的智能化改造，推动企业降本增效。在深入推动以大数据智能化为引领的创新驱动发展战略行动计划中，南岸区制定了"关于推动2018年智能产业发展工作的实施意见"，全方位推动智能产业的发展。重庆经开区一方面从研发到制造，全面加快大数据智能化产业的发展，另一方面用大数据智能化手段，对装备制造业进行改造升级。随着中国智谷（重庆）的揭牌建设，重庆经开区内已经成功落户了阿里赛迪工业物联网、重邮讯飞人工智能学院、重庆智库研究院、盟讯电子智能制造协同中心等20余个、总投资超过200亿元的大数据智能化产业项目。

（四）筹建数字经济产业园

党的十九大提出建设网络强国、数字中国和智慧社会。《智慧两江建设实施方案》明确，两江新区将深入推动重庆数字经济产业园、智慧园区和新城建设，形成布局合理、协调有序、特色鲜明的智慧城市示范地标。多重国家级政策优势叠加的两江新区具有发展数字经济产业的良好先天条件。目前，两江新区"3331"产业体系正快速发展，形成了以照母山科技创新城、水土两江云计算中心为代表的数字经济产业链，为建成数字经济产业集聚区提供了有力支撑。建设数字经济产业园将有利于聚集产业要素，形成数据驱动型创新体系和发展模式，也将成为两江新区建设智慧城市的重要突破口，推动大数据、智能化更好服务经济社会发展和促进保障改善民生，实现城市创新与产业升级。在医疗方面，公共卫生、基本医疗和电子病历等基础信息系统将全面覆盖基层医疗卫生机构，鼓励远程会诊、远程影像、远程病理、远程心电诊断，让市民在家就可享受高质量医疗服务。在教育方面，加快推进中小学"宽带网络校校通"，全面推进基础教育信息化教学模式普及。在交通方面，建成两江新区智能交通系统，实时获取、动态分析城市道路交通运行状况，依托互联网、大数据为公众提供便捷的交通出行信息服务。

第二十三章　河　南　省

河南是国家八大大数据综合试验区之一。河南省大数据基础雄厚，农业、经济、人口交通及社会民生等领域数据资源丰富，互联网和移动互联网规模方面均居全国前列。河南省政府将大数据、云计算及其相关产业列为全省重点发展的战略性产业，先后出台了《河南省云计算和大数据"十三五"发展规划》《河南省大数据产业发展引导目录（2017年本试行）》《河南省推进国家大数据综合试验区建设实施方案》等政策措施。截至2017年，河南省已经与阿里巴巴、腾讯、360等互联网巨头开展战略合作，这些企业在政务、工业、农业、制造服务、生活服务等诸多领域创造出了众多优秀的大数据产品、服务和应用解决方案。依托独特的区位、环境、资源产业等优势，河南省建设以两区两基地为支撑的国家大数据综合试验区，其中两区指的是国家交通物流大数据创新应用示范区和国家农业粮食大数据创新应用先行区，两基地是指国家中部数据汇聚交互基地与全国重要的大数据创新创业基地。

一、整体概况

河南省作为全国第一人口大省、重要的经济大省、新兴工业大省和有影响的文化大省，拥有极具开发价值的海量数据资源。随着大型数据中心和云计算平台项目加快建设，信息基础设施不断完善，重点领域试点示范应用成效显著，逐渐形成了开放合作的良好态势，为云计算、大数据发展奠定了坚实的基础。当前，河南正处于工业转型升级、城镇化加速推进的关键时期，经济的加速发展和社会治理模式的逐步改进，为河南发展大数据产业提供了广阔的市场空间。

政策持续发布，强势推进大数据产业发展。2016年10月，国家发展改革委、工业和信息化部、中央网信办发函批复，同意河南省建设国家大数据综合试验区。河南省成为继贵州之后第二批获批建设国家级大数据综合试验区的省份之一。为推动河南省大数据产业快速发展，河南省政府将大数据、云计算及其相关产业列为全省重点发展的战略性产业，先后出台了《河南省云计算和大数据"十三五"发展规划》《河南省大数据产业发展引导目录（2017年本试行）》《河南省推进国家大数据综合试验区建设实施方案》等政策措施。

数据资源日益丰富，基础设施不断完善。河南省大数据基础雄厚，农业、经济、人口交通及社会民生等领域数据资源丰富，互联网和移动互联网规模方面均居全国前列。河南省是全国七大互联网信源集聚地、全国数据中心建设布局二类地区，郑州是全国十大互联网骨干枢纽之一，"全光网河南"全面建成，全省所有行政村实现4G网络和光纤接入全覆盖。

重点企业加速聚集，产业环境不断优化。中国联通、中国移动、中国电信、奇虎360先后在河南省布局建设大型数据中心。中原云、工业云、豫教云、健康河南卫生服务云、旅游云等一批行业云及大数据平台加快建设。世界工厂网、企汇网、中钢网、中华粮网等本土互联网企业发展迅速，世界工厂网、中钢网等成为全国百强互联网企业。2017年北斗（河南）信息综合服务平台正式启动，该系统是我国迄今为止建设精度最高的省级北斗信息综合服务平台，也是全国首个省级北斗大数据中心。湖南省先后与阿里巴巴、腾讯、百度、京东、IBM、惠普等国内外互联网领军企业签订了战略合作协议，菜鸟智能骨干网、"互联网＋智能电动车"、京东商城郑州运营中心等项目落地河南，政府、企业、社会多方共赢的发展局面加快形成。

面临的问题。河南省大数据拥有雄厚的发展基础，但同时也面临着一些问题：一是管理体制不规范，没有成立大数据产业的统一领导机构，存在政出多门、重复建设、权力分散和执行效率低等。二是数据资源合作共享机制不完善。政府部门、企业之间存在行业壁垒，没有建立规范的数据采集、共享机制，导致数据资源共享程度不高，应用规模较小且分散，数据价值挖掘不足等问题。三是大数据服务尚处起步阶段导致相关核心技术和商业模式未出现关键性突破。四是政府在大数据产业相关机构设置、人才激励、财政预算等方面缺乏统筹规划。由于我国大数据产业发展仍处于初期阶段，这些问题具备一定的普遍性。

二、发展特色

（一）依托地方优势加强"两区两基地"建设

河南省重点提高大数据在各领域的应用水平，加快把独特的区位、环境、资源产业等优势转换为竞争优势。河南省建设以两区两基地为支撑的国家大数据综合试验区，其中两区指的是国家交通物流大数据创新应用示范区和国家农业粮食大数据创新应用先行区，两基地是指国家中部数据汇聚交互基地与全国重要的大数据创新创业基地。国家交通物流大数据创新应用示范区建设将依托郑州航空港经济综合实验区，打通航空、铁路、公路、港口等部门的信息数据壁垒，推动交通物流要素的整合、共享、协作开发和高效利用，为我国交通物流体系建设中的大数据应用提供示范；国家农业粮食大数据创新应用先行区建设将依托国家粮食生产核心区，深化大数据在粮食生产、加工、流通等环节中的创新应用；国家中部数据汇聚交互基地建设将依托郑州国家级互联网骨干直联点，统筹布局，整合资源，集约建设绿色大型区域公共数据中心；而大数据创新创业基地将结合实施"互联网＋"行动、信息惠民工程和智慧城市建设，开展政务服务、健康医疗、养老服务、智慧旅游和公共安全等大数据应用试点，打造大数据创新创业高地。在建设规划方面，河南省将以建立数据资源交换共享机制、统筹大数据基础设施建设作为两大基础支撑，并以实施多式联运现代物流大数据应用示范工程、现代农业粮食大数据应用示范工程、电子商务大数据应用示范工程、经济运行大数据应用示范工程、制造业大数据应用示范工程、"一号、一窗、一网"政务服务示范工程、益民服务大数据应用工程等七大重点试验工程为抓手，突破大数据产业发展的瓶颈。

（二）大力推广行业大数据应用

河南省经过多年的信息化发展，各个行业也积累了大量的大数据资源，并拥有了一大批本地的优秀大数据企业，这些企业在政务、工业、农业、制造服务、生活服务等诸多领域创造出了众多优秀的大数据产品、服务和应用解决方案。

在政务和民生方面，安阳市成立的安阳大数据云计算中心，搭建了政务云、民生云、企业云、物联网云四个平台，是国内地市级最大、运算速度最快的云计算中心。通过政府部门的入驻，云平台大大提升了工作效率，并打造了教育、医疗等一站式生活服务平台，未来将进一步实现协调办公一网通、群众办事一站通、智慧医疗一卡通、便民服务一号通等项目。此外，还有河南金鹏实业有限公司自主研发的"网格化"社会公共管理信息平台是融 MIS、GIS、移动互联为一体的大数据应用软件，其承建的郑州市社会公共管理信息平台，是郑州市"三大主体"工作之一。

在电信方面，河南省的呼叫产业在基于大数据的精准营销和个性化推介方面发展迅速；中国移动河南公司将投入 26 亿元加快洛阳呼叫中心项目建设，预计 2018 年年底完工，建成后可提供 2 万个呼叫座席，将成为中国移动通信集团公司集客服、管理、交流及展示、公共服务等于一体的综合性基地。

在制造业方面，郑州悉知信息科技股份有限公司运营的世界工厂网是工业品和原材料领域的电子商务服务大数据应用平台。该平台重点帮助中国制造型企业通过互联网实现转型升级、快速发展。"世界工厂网"通过网络搜索和流量转换，运用大数据分析对用户进行查找和定位，并对工业品原材料细分行业的采购、供应数据进行不同纬度的统计分析，通过精准定位有效解决传统企业采购过程中的难题，使企业销售目标获得有效、可控的电子商务实现。

在农业生产方面，河南腾跃科技有限公司打造了农作物精准生产物联网应用云平台。该平台通过实时采集农田温度、湿度、风力、大气、降雨量等数据信息，监视农作物灌溉、土壤和空气状况变更，并通过智能分析与联动控制功能，根据需求随时进行智能决策指挥，及时精准地满足农作物生长各项指标要求，实现现代农业的综合信息采集、监测分析预警、决策指挥调度以及智能管理，使农作物生长完全遵循人工调节，达到大幅增产、优质生产的目的。

在医疗健康方面，郑州新益华医学科技有限公司开发的新型农村合作医疗综合管理平台，针对农合医疗大数据进行了采集、存贮、处理、提取、传输、汇总和加工等各种处理，并实现了相应的决策分析。

在物流方面，河南万里信息技术有限公司开发和运营的万里物流信息平台，可以针对物流形成的海量信息进行挖掘管理和决策分析。此外，还有河南大一物流集团有限公司运营的马帮"云服务"互联网＋物流货运一站式信用支付平台项目。

在教育方面，郑州威科姆科技股份有限公司开发的中小学教与学过程大数据分析及评价服务平台主要包含题库系统和教与学过程（大数据）智能分析系统及教学可视化应用空间三大模块。平台依据每个学生常态化教学课堂练习、教师布置的在线作业等活动进行教与学的智能分析，为每个学生智能地生成知识图谱，方便教师精准教学、学生精准提分、家长精准辅导。该平台已在全国部署27个省级云平台，构建了全国最大的教育资源云（教育大数据公共服务平台），中小学在线教育市场占有率全国第一。

第二十四章　沈　阳　市

沈阳市作为东北地区唯一、副省级城市唯一的国家大数据综合试验区，将立足本地资源优势，围绕东北老工业基地新一轮振兴的战略目标，带动辽宁、辐射东北，打造示范引领作用显著、带动辐射效应强的国家大数据示范基地。2017 年作为沈阳市启动国家大数据综合试验区建设的开局之年，沈阳市加快优化政策环境，大力推动信息基础设施建设，加快完善大数据产业链条，不断深化大数据在工业领域尤其是制造业领域的应用水平。预计到 2020 年，浑南区、沈北新区和铁西区等地的大数据产业带将逐步形成，建成大数据示范园区 2—3 个，大数据相关产业规模突破 1000 亿元，引领带动相关产业 7000 亿元，建成国家级工业大数据示范基地。

一、整体情况

沈阳市作为四个区域示范类国家综合试验区之一，是东北地区唯一、副省级城市唯一的国家大数据综合试验区，其发展定位是围绕东北老工业基地新一轮振兴的战略目标，立足沈阳、带动辽宁、辐射东北，打造带动示范引领作用显著、辐射效应强的国家大数据示范基地，推动大数据产业区域协同发展，为全面创新改革和振兴东北老工业基地作出应有贡献。2017 年是沈阳市启动建设国家大数据综合试验区的开局之年，沈阳市坚持"以大数据发展为主体、以传统产业转型升级和智慧城市建设为两翼的'一体两翼'大数据创新发展思路"，加快推进大数据产业发展，推动大数据整合和开放，深化大数据在工业、社会治理、公共服务等领域的应用。

沈阳市的大数据产业将进入黄金发展期。预计到 2020 年，沈阳市大数据发展水平达到国内领先，大数据推动传统产业转型升级的作用将进一步凸显，以智能制造为核心、具有国际竞争力的装备制造基地将逐步形成，大数据布局日臻完善。政府和企事业单位的数据不断开放，大数据技术能力不断提升，大数据产业链条加速完善，大数据产品、服务及解决方案在政府治理、公共服务以及产业发展等方面广泛应用。浑南区、沈北新区和铁西区等地区的大数据产业带建设步伐加快，建设大数据示范园区2—3个，培育大数据行业龙头企业10家，大数据产业从业企业超过200家，大数据相关产业规模突破1000亿元，引领带动相关产业规模7000亿元，打造国家级工业大数据示范基地，将沈阳市打造成为充满活力的区域大数据集聚区、具有国际竞争力的智慧产业先导区和全国智慧城市群典型示范区。

二、发展特色

（一）注重政策环境营造

2017年沈阳市大数据发展政策环境不断优化，8月，印发《沈阳市2017年建设国家大数据综合试验区实施方案》，提出加快完善信息基础设施、全面统筹数据中心整合利用、推进数据资源深度整合共享、深化大数据在行业领域、政务领域、民生领域等方面的应用、积极探索数据驱动的智慧城市群建设等多项任务。6月，印发《沈阳市2017年全面创新改革试验方案的通知》，提出推动工业大数据发展和筹建大数据交易机构两项任务，在工业大数据发展中，依托国信优易等企业在铁西区打造装备制造业大数据应用服务平台、大数据创新创业基地和装备制造业大数据产业研究所，加快推进机床集团智能制造云服务平台等工业大数据库建设；在大数据交易机构建设中，提出引导培育大数据交易市场，完善数据交易平台建设环境，营造多元化数据交易体系等任务。

（二）大力推动信息基础设施建设

2017年，沈阳以"宽带中国"示范城市建设为契机，不断推进国家互联网骨干直联点带宽扩容进程。截至2017年10月，全市互联网出口带宽升至7800G，实现城区光纤网络和4G网络全覆盖，行政村光纤宽带的接入能力全部达到50M，提早完成了"宽带中国"示范城市的指标要求。免费WiFi在行政服务中心、商圈、医院、公交枢纽、大专院校、文体场馆、会展中心、旅游景点等九类人流量大的区域基本实现全覆盖。同时，东网科技云计算中心服务能力不断提升，截至2017年10月，平台计算能力实现1170万亿次/秒，存储能力升至 30PB，并且按照"分建共享"的原则，东网科技云计算中心与三大运营商、浪潮云以及华为工业云，联合建设"物理分散、逻辑集中"的东北区域云中心。此外，沈阳市大力推动窄带物联网（NB–IoT）建设，已建成无线基站 4000 多个，主城区实现了全覆盖。同时，沈阳将持续推进信息基础设施建设步伐，争取成为 5G 移动网络首批试点城市。

（三）加快完善大数据产业链条

沈阳市深入推动数据资源的汇聚整合、开放共享、治理加工以及流通交易，着力推进大数据产业链条完善。截至 2017 年 10 月，沈阳市依托智慧沈阳统一平台汇聚了人口、法人、房屋、车辆等数据 6.1 亿条，开放了 2034 个数据集，涉及 425 个单位。同时，沈阳市依托沈阳大数据运营公司，并与微软、SAS、华傲等 30 多家国内外知名数据加工企业合作，联合开展数据清洗、整合、加工和分析，共同推动政务数据与社会数据融合，截至 2017 年 10 月，已经形成并对外开放了医疗健康数据库、社会信用信息库、商事主体登记数据库等数据资源。2017 年 10 月，在第四节中国智慧城市（国际）创新大会上，沈阳市大数据流通与开放中心、大数据流通与交易技术国家工程实验室沈阳分中心正式揭牌成立，并且沈阳与浪潮集团合作，共同推进大数据流通与开放中心建设，探索构建数据交易流通机制与标准规范体系，同时打造浪潮双创基地。同时，沈阳依托东网超算中心的计算能力，带动建设了浪潮城市云、东软医疗云、华为智能制造云等 N 朵云，实现了工业大数据、医疗健康、跨境电商、人工智能等 N 项应用，形成了"1＋N＋N"体系，构建了一个日益完善的大数据产业链条。截至 2017 年 10 月，沈阳市大数据企业超过 80 家，引进大数据相关人才 700 余人。

（四）着力提升大数据在装备制造领域应用水平

沈阳市高度重视以大数据应用引领两化深度融合，将工业大数据作为推动工业转型发展的重要抓手，利用大数据加快推动制造生产要素的整合共享与开发利用。2017 年 10 月，十九大报告中指出"加快建设制造强国，加快发展先进制造业，推动互联网、大数据、人工智能和实体经济深度融合"，而沈阳市作为东北老工业基地、国家大数据综合试验区、全国新型工业化配套试验改革试验区，肩负着东北新一轮振兴发展和推动大数据产业发展的历史使命，其大数据产业发展将主要注重推动大数据在工业产品生产制造的全生命周期和全产业链各环节的应用，通过工业大数据推动两化深度融合，推动传统产业转型升级，进而打造国家级工业大数据示范基地。

沈阳市已经探索出一条以融合创新为主线的工业大数据发展道路，2017年，新松机器人、沈阳机床、沈鼓等制造业龙头企业依托东网科技超云平台、三大运营商数据中心等信息基础设施加快智能工厂建设，形成了以数据流为驱动，从研发设计、生产制造、营销服务等全产业链各环节无缝协作的智能工业生态系统，并不断探索个性化定制、网络化协同制造、柔性化生产等制造业新模式、新业态。截至2017年10月，已成功研发工业大数据产品10款，推动产业链上下游相关中小企业数字化、网络化、智能化改造步伐加快。此外，沈阳市还鼓励企业加快原有公共服务平台向大数据服务平台转型步伐，建设大数据分析与服务系统，截至2017年10月，已初步构建了沈鼓云、格微工业云、沈阳机床iSESOL工业云、工大创新设计平台、无距无人机大数据平台等10个工业大数据公共服务平台，这些平台在应用和服务的过程中将产生并汇聚海量工业数据资源，为基于大数据的分析提供支撑，为推动制造业升级转型提供数据基础。沈阳市还不断加快工业领域大数据创新创业发展，2017年10月，沈阳市政府与优易数据签订战略合作协议，共同建设国家信息中心大数据创新创业（沈阳）基地，该基地将重点围绕装备制造业，以实现区域工业产业升级为主线，打造成熟的工业大数据应用中心，形成高增值、高回报的工业大数据产业链，将成为国内首个以工业大数据为主导，以装备制造服务系统为核心的工业大数据产业链示范基地；2017年11月，三盛宏业投资集团与沈阳市于洪区签订了大数据产业园投资协议，加快打造集大数据产业基地、双创中心以及智慧园区于一体的数创产业综合体。

到2020年，在大数据的引领下沈阳传统产业转型升级的步伐不断加快，工业大数据引领沈阳老工业基地全面振兴，以智能制造为核心的"中国制造2025"先行区、具有国际竞争力的先进制造业基地以及全面创新改革示范区逐步形成，引导全省工业产业升级，构建以信息化为支撑、高技术为引导、先进制造业为载体的现代工业产业体系。积累一定大数据核心技术，形成一批大数据优秀产品和解决方案，培养一批大数据产业人才，培育一批大数据骨干企业。

第二十五章　内蒙古自治区

一、整体概况

内蒙古发展大数据产业具有得天独厚的优势和条件，内蒙古国家大数据综合试验区是我国目前唯一获批建设的大数据基础设施统筹发展类综合试验区。关于内蒙古大数据综合试验区的建设和发展，《内蒙古国家大数据综合试验区建设实施方案》提出两项发展任务，一是加大资源整合力度，强化绿色集约发展，向国内外提供数据存储服务，发挥数据中心的辐射作用；二是加强与东、中部产业、人才、应用优势地区合作，通过发展大数据，实现自身跨越发展。同时指出，内蒙古将以创新为发展大数据的第一动力，坚持以设施为基础、以安全为前提、以资源为根本、以应用为核心，重点打造基础设施、数据资源、产业发展、服务应用、制度保障、人力资源6大支柱，着力实施大数据政务、大数据基础设施、大数据社会治理、大数据公共服务、大数据农牧业、大数据精准扶贫、大数据金融、大数据人才培养、大数据监管等9大重点工程。

依托区位、自然条件、多重优惠政策叠加等优势，内蒙古自治区将大数据、云计算产业作为培育战略性新兴产业的主攻方向，形成较好的发展基础，现有服务器装机能力已经突破100万台，居全国第一。形成以呼和浩特市为核心，包头市、鄂尔多斯市、赤峰市、乌兰察布市为重点的发展格局。和林格尔新区大数据产业园等一批大数据园区加快建设，中国电信、中国移动、中国联通、百度、阿里巴巴、腾讯、华为、浪潮、苹果等一批国内外知名企业相继落户，产业集聚效应开始显现。电子信息产业稳步发展，初步形成电子元器件、软件开发、信息服务等门类的电子信息产业体系。2017年1—11月，软件和信息技术服务业实现收入26.9亿元。在2016年发布的《内蒙古自治区促进大数据发展应用的若干政策》基础上，2017 年底颁布了《内蒙古自治区大数据发展总体规划（2017—2020 年）》加快数据中心建设，推动大数据产业发展应用。

根据《内蒙古自治区大数据发展总体规划（2017—2020 年）》，内蒙古自治区将建设成为"中国北方大数据中心、丝绸之路数据港、数据政府先试区、产业融合发展引导区、世界级大数据产业基地"。到 2020 年，形成技术先进、共享开放、应用广泛、产业繁荣、保障有力的大数据发展格局，大数据及其相关产业产值超过 1000 亿元，年均复合增长率超过 25%。

二、发展特色

（一）自然条件和区位优势明显

内蒙古具有数据中心建设的独特自然条件。气候条件方面，内蒙古气候适宜，年平均气温为 0—8 摄氏度，适合服务器自然冷却，PUE（能源使用效率）值可以控制在 1.4 以下，比全国平均水平低 0.8—1.6。地质条件方面，内蒙古绝大多数地区地质结构稳定，大部分地区不在地震带上，历史上很少发生过破坏性较大的地震等地质灾害，能够保障大型数据中心的稳定运行。电力方面，内蒙古电力装机居全国首位，蒙西电网形成了全国第一家省级电网独立输配电价格体系，输配电价可直接进行电力市场交易，大规模用电可实施多边交易直供价格，大数据中心用电价格最低仅为 0.26 元/度，全国最低，电源保障有力。据统计，目前全区大型数据中心服务装机能力已达 70 万台，居全国首位。在中国数据中心产业发展联盟大会的评选中，贵阳市、宁夏中卫市和内蒙古呼和浩特市同时获评"最适合投资数据中心的城市"。

良好的区位优势有利于服务输出。国际、省际干线光缆加快建设，中蒙俄国际光缆和呼和浩特至北京的 4 条直通光缆相继建成，鄂尔多斯至北京的两条双路由光缆通道即将完工，乌兰察布至北京光缆传输系统工程第二路由开工建设，设立了呼和浩特区域性国际通信出入口局。同时，内蒙古对内靠近京津，毗邻黑、吉、辽、晋、冀、陕、甘、宁八省区，对外接壤俄蒙，拥有两条欧亚大陆桥，既方便对内数据、信息传输，也有利于面向俄蒙、欧洲提供大数据国际服务。

（二）发展保障机制不断健全

加强组织协调机制。2017年，自治区大数据发展管理局和自治区大数据发展领导小组先后成立，自治区大数据产业联合会、大数据与云计算技术标准委员会、数据科学与大数据学会、大数据安全应用研究院等一批研究咨询机构和行业组织也先后成立，实现了大数据发展体制机制创新。

完善政策支撑体系。在《内蒙古自治区促进大数据发展应用的若干政策》（内政发〔2016〕123号）基础上，2017年自治区政府制定了《内蒙古自治区大数据发展总体规划（2017—2020年）》《自治区政务信息资源共享管理办法》《自治区公共信息资源开放实施意见》等，强化大数据发展顶层设计；编制了《政府数据共享交换元数据规范》《政府数据全生命周期管理规范》《计算机机房造价评估规范》《物联网工程造价评估规范》等，保障大数据规范发展。设立了大数据产业发展引导基金和大数据发展专项资金，引导社会资本进入，支持大数据发展。

成立大数据国际院士工作站。工作站与阿里巴巴、青软实训、东方国信等合作开展大数据人才培养，加快建设内蒙古大数据应用技术学院，强化人才支撑。举办了大数据创新能力提升培训班、大数据专题研修班、领导干部双休日讲座等一系列大数据培训，对盟市、厅局分管及负责大数据工作的领导干部进行了专题培训，提升领导干部和广大人民群众对发展大数据的认识和能力。

（三）夯实基础设施建设

加快新一代信息基础设施建设。立足于数字经济发展要求，按照适度超前、合理布局、绿色节约的原则，内蒙古加快构建新一代信息基础设施建设，加强新一代信息通信网络建设，积极推动国际、省际干线光缆和宽带内蒙古、宽带乡村、电信普遍服务试点等项目建设，全区固定宽带覆盖家庭1676.59万户，光纤接入覆盖家庭1128.99万户，4G基站4.7万个，移动互联网用户2045.16万户，全区互联网用户总普及率达到98.89户/百人。呼和浩特国家级互联网骨干直联点建设加速推进，乌兰察布市、鄂尔多斯市进京直通光缆建成，全区互联网出区带宽大幅提升。

积极探索绿色数据中心建设。形成以和林格尔新区为中心，东、中、西合理布局的绿色数据中心体系。全区 6 个大型数据中心全年平均能源使用效率 PUE 指标均低于 1.4，全部达到国家绿色数据中心主要评价标准要求。同时，积极引进公安部、工商总局、华为、中国银行、阿里巴巴、腾讯、百度、搜狐等国家部委、行业标志性企业的数据中心、灾备中心落地该区。截至 2017 年底，内蒙古绿色数据中心总装机能力突破 100 万台，新增 10 万台，居全国首位。至此，内蒙古已建成规模以上数据中心 6 个，初步形成了以和林格尔新区为中心，东中西科学合理布局的数据中心体系。

（四）推动政府数据资源整合共享

自治区加快推进政务数据资源整合共享，政务云中心已部署 57 个部门 400 多个信息系统，走在全国前列。编制完成《政务信息资源目录（第一期）》，涉及 45 个单位、714 个信息资源、8269 个信息项。同时积极推动信息资源库建设，人口、法人单位、宏观经济、空间地理、信用等基础信息资源库已基本建成，文化库正在加快建设，医疗、社保、教育、科技、生态、环境等公共服务信息资源库建设有序推进。

在呼和浩特市，政务云共享交换平台搭建涵盖呼和浩特市各部门交换体系的部署实施及相关数据管理功能的开发，实现市级 45 家单位、137 个系统数据的统一采集、统一管理和集中服务。目前共享交换平台已经与市政务中心、市信访局、市城环公司、市法院等 25 个单位进行了数据对接交流。乌海市有序推进数据中心资源共享交换平台项目建设，项目一期已正式上线运行，人口库、法人库、电子证照文库已建设完成，共汇集全市 13 个委办局 1.1 亿余条数据，为公安业务系统、互联网＋政务服务平台、征信平台、民生平台、12345 爱城市网 APP 等重点领域大数据应用提供数据支撑。

（五）推进大数据应用创新深化

"互联网＋政务服务"加快推进。宏观经济大数据基础平台已建成，正在汇集行业协会、商会、电商等数据。健康大数据启动了以"3510"（三个平台，五大数据库，十个应用系统）为主的健康医疗大数据应用工程。教育大数据在教育云的基础上完成基础信息系统建设，全区招生考试信息系统（大数据平台）运行效益明显。信用大数据一期全区社会信用信息平台已建成统一的公共信用库和共享交换平台，二期建设已完成立项和专家评审。水利大数据正在整合传统信息化系统工程，组织编制水利信息化资源共享整合实施方案。精准脱贫大数据正在围绕全国扶贫开发信息系统业务管理子系统开展行业应用。智慧交通大数据正在整合综合交通出行、物流公共服务、城市公共交通等数据，结合行业监管数据，形成基于大数据的综合运行分析与决策支持系统（智慧交通云）。平安北疆大数据已搭建全区社会治安综合治理信息平台，其他如政法系统大数据应用结合司法体制改革，正在开展调研和制定方案。绿色北疆大数据在全区生态环境大数据管理平台基础上，正在完善数据收集及分类管理。巴彦淖尔市农畜产品电商交易平台对现代化农牧业支撑作用明显，满洲里、二连浩特跨境电商平台效益凸显。同时，气象、消防、林业（森林防火）、食药监、审计、工商、质检、人力资源等大数据平台有序推进。

大数据行业应用不断深化。各领域的大数据应用逐渐开展，大数据在带动传统产业转型升级中的效应开始显现。内蒙古大力推动大数据和实体经济深度融合，全力推动大数据在农牧业、工业、服务业等领域应用，大力发展智慧农牧业、智能制造、智慧金融、智慧旅游等衍生业态，促进全区优势传统产业转型升级和做大做强。农牧业大数据正在开展草原、马铃薯、农畜产品质量安全检验检测、奶牛育种养殖、乳业大数据平台建设。工业大数据一期云平台正在开展软件测试，能源大数据自治区级平台（一期）已建成，正在编制二期工程建设方案，加快推进稀土、煤炭、互联网协同制造、航天云网等大数据平台建设。智慧旅游大数据以实施"2416"工程（建设两个中心、搭建四个平台、构建一套保障体系、确立六类示范项目）带动旅游大数据建设。中国中药材产业链、供应链金融、锡林郭勒盟木材林权交易等大数据平台加快建设。中国电信、中国移动、中国联通、阿里巴巴、华为、腾讯、百度、浪潮、苹果等一大批国内外知名企业相继落户内蒙古。内蒙古已在全国率先建立了能源云、乳业大数据平台、稀土交易大数据平台、牧区全产业链溯源数据平台和煤炭、药材、草业等一批大数据应用系统，大数据在带动传统产业转型升级中的效应已然显现。

企业篇

第二十六章　大数据硬件企业

一、华为

（一）发展概况

华为作为全球领先的信息与通信技术（ICT）解决方案提供商，专注于 ICT 领域，坚持稳健经营、持续创新、开放合作的发展理念，在电信运营、企业、终端和云计算等领域构筑了端到端的解决方案优势，通过创新的 ICT 解决方案打造数字化引擎，推动各个行业数字化转型，促进经济增长。公司长期致力于与合作伙伴、友商合作创新、扩大产业价值，构建良性发展的产业生态系统，已经加入了 300 多个标准组织、产业联盟和开源社区。2017 年 7 月 27 日，华为对外发布 2017 年上半年度经营业绩。2017 年上半年，华为公司实现销售收入 2831 亿元人民币，同比增长 15%；营业利润率 11%。其中消费者 BG 销售收入达到 1054 亿元，同比增长 36.2%。

（二）发展策略

做智能社会的使能者、推动者。智能社会拥有三大特征，即万物感知、万物连接与万物智能。面对智能化浪潮，华为定位为智能社会的使能者、推动者，推动智能社会发展。华为战略分为三个方面：做多连接，撑大管道，使能行业数字化。在做多连接方面，华为推动将人和人、人和物、物与物都连接起来，在连接后再做优连接。在撑大管道方面，视频成为新的载体，涵盖生活、工作管理、安全等各个方面。华为推动运营商在视频领域发展，提升各个行业生产效率、决策质量等，将视频作为推动流量增长的关键。在使能行业数字化方面，华为将驱动云服务作为企业的统一平台，使能用户体验，使能运营商系统云化，使能华为自身系统数字化。

发展开放、可信的公有云。云是华为的核心。作为华为 Cloud Family 战略，华为自建公有云，并和运营商共建云。2017 年 3 月，华为成立专门负责公有云的 Cloud BU，2017 年增加投入 2000 人。从 2017 年开始，华为将以公有云服务为基础，强力投资打造开放的公有云平台；并聚焦重点行业，与合作伙伴一起构建云生态。

业务加速全球企业数字化转型进程。华为不断强化云计算、企业园区、数据中心、物联网等创新产品和解决方案，并在智慧城市、平安城市以及金融、能源、交通、制造等行业得到广泛应用。通过领先的"端、管、云"全栈式 ICT 解决方案，华为帮助客户进行 ICT 基础架构的顶层设计，并基于"平台 + 生态"战略，与合作伙伴共同打造企业数字化转型所需的生态链。目前，197 家世界 500 强企业，45 家世界 100 强企业选择华为作为数字化转型的合作伙伴。企业业务正呈现出喷薄欲出的活力与潜能。

稳健运营商业务。为加快运营业务发展，华为一方面立足现实，以品质家宽、全场景站点、Mobile Money 等创新解决方案，摄入与挖掘数十万亿美元现网资产的潜能；另一方面，面向未来，加速 5G 预商用测试，建设以数据中心为核心的全云化网络和数字化运营运维系统，致力于为个人、家庭、企业用户提供视频、IoT、云通信等极致体验的业务，实现新增长。

二、浪潮

（一）发展概况

浪潮集团是中国领先的云计算和大数据服务提供商，公司已形成涵盖 IaaS、PaaS、SaaS 三个层面的整体解决方案服务能力，凭借在高端服务器、海量存储、云操作系统、信息安全等方面的优势，能够为客户打造云计算基础架构平台，并提供相关信息化软件、终端产品和解决方案。浪潮集团拥有浪潮信息、浪潮软件、浪潮国际、华光光电四家上市公司，业务覆盖云数据中心、云服务大数据、软件与系统集成、企业管理软件等四大领域，为全球 100 多个国家和地区提供 IT 产品及服务。2017 年前三季度，浪潮信息实现营业收入 165.81 亿元，同比增长 85.91%；净利润为 2.50 亿元，同比下降 28.3477%。

在服务器领域，据 Gartner 数据，2017 年浪潮服务器稳居全球前三，销售额和出货量分别同比增长 50% 和 81.7%。IDC 数据表明，2017 前三季度国内市场份额前三依次为浪潮（19.3%）、戴尔（17.2%）和华为（16%），公司服务器龙头地位进一步巩固。多节点云服务器成为目前全球互联网企业采购主要产品形态，浪潮 JDM 模式以有竞争力的成本为互联网巨头提供全程定制化的产品和服务，进一步确立云计算运营商领域的竞争优势。

同时，浪潮服务器加速全球化进程，在海外市场的很多重点、重大客户上都实现突破。据 2017 年半年报，2017H1 海外业务收入为 15.25 亿元，同比增长 626%。公司在美国建有服务器工厂及研发中心，可以实现本地化营销、本地化运营、本地化交付。

（二）发展策略

技术战略从"计算 +"到"智慧计算"升级。计算 + 的核心是融合架构，强调业务驱动的硬件重构（Hardware Reconfiguration）与软件定义（Software Defined）相结合，其核心在于对 CPU、内存、I/O 等硬件资源进行解耦与重构，实现计算、存储、网络等数据中心资源的虚拟化和自动化，实现数据中心级别的弹性伸缩和超大规模扩展，让数据中心像计算机一样运行和管理。智慧计算的核心是 CBD，智慧计算是未来主流计算形式，以云计算为基础平台、大数据为认知方法、深度学习为优化工具。"计算 +"是浪潮对未来数据中心的理解，更侧重于计算方案的数据中心适应性和创新性，而智慧计算则是对未来计算在社会生产生活中的地位的理解，更侧重于从实际应用的需求来观察计算技术和应用的发展，如何让计算方案更适合各类创新的应用场景。

强化在 AI 领域的领先地位。浪潮是目前人工智能领域市场占有率最高的厂商，百度、阿里巴巴、腾讯的人工智能服务器有 90% 以上来自浪潮。同时，浪潮也是业内人工智能产品线最齐全的企业，产品涵盖 GPU/MIC/FPGA 等所有计算技术，覆盖了从小规模的样本训练到千亿样本、万亿参数级别的超大规模模型训练需求。浪潮人工智能业务正在面向企业和政府用户布局，并且同百度、网易签订了战略合作协议，将浪潮的 AI 平台与双方的 AI 应用进行一体化集成，形成端到端的解决方案，向金融、电信、政府等行业用户推广。

提升传统业务竞争力。2017 年新一代 M5 服务器全面上市，超过 35 款产品，遵循场景化的极致设计原则，通过高度平台化的产品和丰富的扩展模块相组合能够为云计算、大数据和深度学习提供高度定制化的承载平台，适合云数据中心部署环境。新一代关键应用主机天梭 M13 上市，最大可扩展计算核心数量超过 1000，性能、可用性等比肩大型机的技术水平，为浪潮关键计算业务的向上突破提供了基础。从天梭 TS860，到天梭 K1 910、950，在交通、金融、社保、税务等领域市场份额保持领先，根据 Gartner 数据，在过去的 4 年中，浪潮八路天梭服务器始终在中国市场排名第一。

三、中科曙光

（一）发展概况

中科曙光成立于 2006 年，是由中科院、科技部、工信部（原信息产业部）推动，以国家 863 计划重大科研项目为基础组建的国家高新技术企业，公司实际控制人为中科院计算所，于 2014 年在上交所上市。公司主营业务为服务器、高性能计算机、存储产品、安全产品、云计算产品的研发和销售以及基于自有产品根据用户需求提供整套系统解决方案。当前公司主营业务包括高性能计算机、软件集成及技术服务、存储产品三大类型，分别占比 80%、8.78% 和 11%。高性能计算机是公司的主力产品，公司不断加强研发创新，结合软件定义和模块化设计理念，实施 X86 服务器平台化战略，为用户提供灵活、快捷交付的可配置产品，还建立了远程运维服务中心，开拓了电信、金融等主流市场，在国产化替代的大背景下，发展十分迅速。2017 年，中科曙光实现营业收入近 63 亿元，同比大幅增长 44.36%。同期归属于上市公司股东的净利润超过 3 亿元，同比增长 37.71%。

在市场方面，公司主要客户为企业、政府和公共事业部门，三类客户收入均有较快增长。其中企业客户营收增长最为抢眼，同比增长高达 74.08%，且在规模最大、竞争最激烈、价格敏感度高的企业客户领域，利润率也实现了小幅增长。主要原因是互联网行业对服务器需求增加，同时 2017 年中科曙光大力拓展企业级新客户，取得良好成效。

（二）发展策略

积极推进"数据中国"战略。公司的"数据中国"战略继续落地，致力于将公司业务由硬件设备提供逐步转向数据综合。公司成功运营城市云创新模式，目前已在全国近 50 个城市建立部署新一代数据中心。围绕政府大数据、科学大数据、安全大数据、工业大数据四个行业积极布局，紧抓"数据驱动创新"带来的重大机遇。2017 年 8 月 22 日公司与腾讯云签署战略合作协议，双方将合力深化在智慧城市、城市云、行业云等领域业务合作，借助与一流公有云服务商合作的机会，双方有望在云计算、安全可控及云管平台等方面进行深度的资源交换与技术互补。

推动向产业链上下游延伸。中科曙光向上游延伸，突破核心技术困局，向下游延伸，孵化创新型企业。针对产业链上游，加大了对相关领域的布局，寻求改变上游受制于人的局面。2017 年 1 月国家发改委同意公司筹建"先进微处理器实验室"，2017 年 9 月公司子公司获批核高基重大专项"超级计算机处理器研制"，为公司后续突破核心技术困局创造了良好条件。针对产业链下游，公司瞄准重点领域，加强与拥有深度行业积累的战略伙伴合作，成立创新型企业，谋求对细分行业领域的深入参与。在环保大数据领域，投资中科三清，在空天大数据领域投资航天星图，面向安全大数据领域设立子公司曙光网安，孵化了一批创新型企业。

合作产业巨头加大技术储备。公司与 VMware 合作，提高云计算技术创新能力；与乔鼎资讯、NetApp 合作，加快下一代存储技术研发布局；与 AMD、寒武纪合作，加强芯片研发技术能力；与 NIVDIA 合作，提升在深度学习领域解决方案能力。公司通过强强联合，把握核心技术能力，逐步完善云计算产业链上下游布局，将与公司主营业务产生良好的协同效应。2017 年度，中科曙光新增申请专利 212 项，其中发明专利 150 项；获得专利授权 136 项，其中发明专利授权 104 项，2017 年获得专利授权数量较上年增长 46.24%。

积极参与国家重大项目。参与国家大科学装置"地球系统数值模拟装置"的前期预研与立项申请，该项目于 2017 年 3 月获得国家发改委立项批复，正式进入到建设阶段，曙光 7000 超级计算机将成为国家大科学装置的核心主体。项目建成后，将大幅提升我国大气、环保、海洋等诸多领域的创新能力，成为地球科学领域重要的共享平台、大数据聚集平台、创新与产业化平台，年内已进行系统初步设计。2017 年，公司申报了"国家发改委 2018 年"互联网＋"重大工程"面向深度学习应用的开源平台建设及应用项目，并于2018年1月获得立项批复。该项目将研究面向深度学习应用的开源平台关键技术，研制开源平台系统软件，完成图像识别、语音识别、自然语言理解、城市智慧服务、科学大数据等10类以上的人工智能应用示范验证。

第二十七章　大数据软件企业

　　人大金仓依托在传统数据库领域的产品基础和技术沉淀，在提升企业技术水平，完善大数据产品体系，拓展行业应用的同时，注重实施大数据服务，不断提升服务能力与品质。用友网络凭借自有客户资源，积极向大数据领域拓展，面向客户推出多款大数据产品与解决方案。东华软件率先开展大数据领域布局，不断开拓大数据应用市场，通过外延式发展提升企业竞争力。梅林数据则从大数据相关的技术与产品研发、行业应用、大数据分析、运营服务等多维度积极开展大数据业务、构建大数据生态圈。软通动力更加专注于城市大数据中心的建设及运营，强化产业大数据的应用。久其软件坚持技术与产品研发先行，以应用诉求为支撑，加速打造专属大数据生态系统。

一、人大金仓

（一）发展概况

　　北京人大金仓信息技术股份有限公司（以下简称"人大金仓"）成立于1999年，从成立至今，人大金仓一直专注于自主可控数据库、数据管理领域，并掌控了大量数据库管理系统核心关键技术，走出了具有金仓特色的国产数据库之路。公司隶属于中国电子科技集团公司（CETC），在国家"核高基"、"863"等重大专项上承担了重要课题，研发出了具有国际先进水平的大型通用数据库产品，并广泛应用于政务、金融、能源、国防、医疗等领域。

　　作为中国电子科技集团（CETC）的成员企业，人大金仓是目前国内唯一拥有涉密全资质的数据管理与服务企业，服务领域集中于军工、政务、金融、智慧城市、企业信息化等，具备了强大的数据产品及解决方案研发能力、资源整合能力和项目实施服务能力。人大金仓的核心产品（金仓交易型数据库KingbaseES）是唯一入选国家自主创新产品目录的数据库产品，也是国家级、省部级实际项目中应用最广泛的国产数据库产品，具备高兼容、高可靠、高性能、高扩展、高安全的特点，还具有易使用和易管理的特征。

在大数据时代，人大金仓立足自主可控国产化替代，依托在传统数据库领域的产品基础和技术沉淀，以云计算、大数据等新兴技术需求为牵引，大力提升传统数据库对于大数据和云计算的支持能力以及与大数据系统的深入融合，主要提供大数据基础平台、智慧城市大数据、政府大数据、大数据分析等方面的解决方案，同时为各领域提供大数据平台建设相关的规划、设计的一站式咨询服务。在解决方案方面，人大金仓面向党政军及企业市场，推出了政府大数据解决方案、大数据中心解决方案、智慧城市大数据解决方案等系列行业解决方案。在产品层面，人大金仓形成了成熟完善的大数据系列产品体系，涵盖数据采集、存储管理、分析挖掘、数据利用、数据管理等功能。在大数据实施服务方面，人大金仓依托自有产品和代理产品，提供以数据为中心，从采集、治理、存储到应用、分析全生命周期的服务，贯穿大数据规划、实施、运维全流程，助力客户大数据应用顺利上线。

（二）发展策略

适应"云大物智"发展的新需求，创研适应大数据应用的新产品。作为中国数据管理与服务领军企业，人大金仓基于需求导向，聚焦于大数据基础平台、智慧城市大数据、政府大数据、大数据分析解决方案，提供大数据建设的规划与设计咨询，提供从平台搭建到应用实施的一站式服务，有力地推动行业创新发展。人大金仓基于丰富的底层数据和实践积累，自主研发形成了多种大数据产品，包括数据整合工具 KingbaseDI、大数据平台 KingbaseDP、商业智能平台 KingbaseBI、数据资源管理平台 KingbaseDRP 等，其大数据产品及解决方案目前已经在金融、医疗卫生、教育、通信、政府部门、国防军工等十多个业务领域成功实施。

持续发展不同类型的数据库产品与技术，推动数据库安全可控的发展。通过自主研发、产学研合作、借鉴开源等一系列手段，积极面对市场的变化需求，不断修改完善数据库产品，人大金仓不断推动对产品的持续完善和增强。交易型数据库产品方面，人大金仓研发了共享存储集群组件，该组件类似于 OracleRAC，产品的并发处理能力和可用性得以增强；分析型数据库产品方面，人大金仓融合了分布式计算和大规模并行处理技术，提高了产品的计算速度和横向扩展能力。其具有自主知识产权的大型通用数据库管理系统——金仓数据库 KingbaseES 是国家自主创新产品的唯一数据库产品，稳定运行于 Windows、Linux、麒麟以及 UNIX 等主流操作系统平台。

紧随传统数据库与大数据新技术的融合发展趋势，不断推出大数据管理与应用解决方案。人大金仓作为中国数据库市场的重要力量，围绕数据库与大数据融合，走出了一条自主可控的国产数据库发展道路。在传统数据库领域，人大金仓不断完善和增强产品的高可靠、高性能、高安全、兼容性和产品成熟度；在新型数据库领域，为了达到为目标客户提供优质的产品、解决方案和服务的目标，人大金仓通过关系数据库与 Hadoop 的技术融合，构建大数据分析处理基础平台，不断研制云数据库新产品。

二、用友网络

（一）发展概况

用友网络科技股份有限公司成立于 1988 年，1999 年变更为股份公司，2001 年在 A 股上市，2015 年 1 月正式更名为"用友网络"。公司在企业管理软件、企业互联网服务和企业金融服务方面具有领先优势，提供 ERP、CRM、人力资源管理等管理软件服务，在财政、汽车、烟草等行业应用方面提供解决方案。近年来，用友紧跟行业发展和企业需求，在金融、医疗卫生等行业应用以及企业支付、企业通信、管理咨询、培训教育等领域获得快速发展。目前，用友公司员工超过 15000 人，公司旗下公众公司 5 家、成员机构 20 余家，在中国及全球多国设有业务和研发机构，已累计服务大中型企业组织客户超过 200 万家。

在云计算、大数据和人工智能等新一代信息技术兴起后，用友加紧布局，通过技术换代、产品创新和模式转型已经构建了全新的企业互联网服务产品体系，构筑企业互联网服务生态圈。公司加快布局企业互联网服务战略，公布了用友 3.0 战略，聚焦"软件、云服务、金融"三大业务领域，以"普及企业互联网化"为使命，以服务千万级企业客户为目标，加大投入，加快构建以客户为中心的综合服务体系，逐步形成了公司的新竞争优势，并在数字营销与客服、社交与协同办公、智能制造、共享服务等方面取得较大进步。公司基于新一代计算技术，已经全面进入3.0发展时期，形成了以"软件、云服务、金融"为三大核心业务的企业互联网服务，业务领域从之前的企业管理扩展到业务运营和企业金融，服务层级从企业级走向社会级。用友云荣获2017年中国国际软件博览会金奖，代表了软件及相关行业的最高水准，标志着用友的产品技术达到中国领先水平，也表明用友云作为社会化商业应用基础设施和企业服务产业的共享平台，获得业界充分认可。

2017年三季度，用友网络总资产额为10642130.59亿元，归属上市公司的净资产额为520259.15亿元。2017年，公司在软件、云服务以及互联网金融服务三个领域的业务收入均有较快增长，前三季度实现营业收入人民币263332.76亿元，同比增长160124.41%，净利润－3.552.6亿元，比上年同期增长100726.69%，其中软件业务收入增长10.7%。此外，公司对云服务和互联网金融服务业务投入进一步加大，合计投入65278万元，同比增加22000万元。随着投入的不断加大，云服务和互联网金融业务布局日益完善并逐步形成新的高速增长点。2017年前三季度云服务业务收入达到71244933元，同比增长达124.3%，互联网金融服务业务收入达139758130元，同比增长高达180.7%。软件业务实现收入27.04亿元，同比增长12.5%；云服务业务实现收入1.22亿元，同比增长70.6%；金融服务业务实现收入4.51亿元，同比增长222.4%。截至三季度末，公司云服务业务的企业客户数约353万家，较2016年年末增长32%。

（二）发展策略

大数据应用向纵深领域拓展。2017年初，在用友伙伴大会上，用友联合联想、英特尔，发布了"超融合分析"方案，这是大数据领域的超融合解决方案，以此激活企业数据、推动数据驱动的商业转型。这一解决方案将计算、存储、网络重构到一起，通过软件平台关联，形成了更为弹性、可靠、安全的IT模式。通过构建不同领域的新生态，为企业提供更灵活高效的IT系统。在用友全力发展用友云的冲刺加速阶段，基于大数据和云计算技术的用友云也同步推出，大数据可视化分析也是其中重要的服务构成。另外，用友分析云扩展了传统可视化工具的功能，使可视化分析越来越适用在更复杂的大数据前端分析场景，可视化分析作为一项分析云服务，帮助数据工程师和数据科学家跟踪数据源，并在更详细的高级分析之前或之后对数据集进行基本的探索性分析。另外，用友与中国科学院计算机网络信息中心合作，成立管理大数据研究院，借助中科院科研力量占据技术制高点。

升级完善大数据产品和解决方案。用友统一用户中心（友户通）上线运营，并且已接入用友财务云、人力云、协同云、采购云、营销云、电子发票、云通信等云服务产品，为云业务的数据化运营提供支撑。用友政务在社保管控领域，规划设计了人社部社保中心医保大数据项目，签约了人社部机关保、湖北城乡居民基金财务、河北省金融管控。在财经大数据领域，实施了伊犁和鄂尔多斯大数据项目。用友推出约创云平台，基于云计算、大数据等互联网技术，以实践实训课程为核心，通过学、练、赛、创等方式，培养和提升学生的创业素质和能力；通过理论课＋实训课＋实践＋竞赛＋就业等生态服务，实现学生的探究式、体验式学习模式，并提高院校的整体教育效率。公司围绕智能制造、数字营销、财务共享和管理会计、人力资源、大数据分析等重点业务内容，举办了系列样板体验会。同时，结合用友云百城巡展系列活动，直达近万家企业客户，助力企业的数字化转型。

另外，公司以现金 6500 万元人民币向北京农信互联科技有限公司（"农信互联"）增资，增资后，公司持有其 2.0313% 的股权。通过"三网一通"产品链（农信云、农信商场、农信金融、智农通），农信互联初步形成"农业大数据＋农业电商＋农业（供应链）金融"的生态系统。农信互联在业务上与用友的云业务、支付和金融等形成战略协同，建立用友云与产业互联网合作标杆。

三、东华软件

（一）发展概况

东华软件股份公司成立于 2001 年 1 月，原名北京东华合创数码科技股份有限公司，总部位于北京，全国拥有 50 余家分支机构，是国家重点软件企业和国家火炬计划重点高新技术企业。公司以应用软件开发、计算机信息系统集成、信息技术服务、网络流控安全产品以及互联网＋为主要业务，为国防、电信、电力、石化、交通、石油、政府、医疗、科研、金融、煤炭、保险及制造等行业用户提供了涵盖多种应用与技术平台的优秀软件和信息系统解决方案。

在做强传统业务的基础上，公司不断在技术、产品、业务模式方面创新，引进大数据、云计算、人工智能、区块链等前沿技术，调整转变传统项目型经营模式，推出"金融云"、"健康云"、"医疗云"、"企业云"、"教育云"等 SaaS（软件即服务）云模式产品；向下游延伸金融、健康、教育等方面的增值服务及产品，逐步形成网络效应。同时，与国内外知名厂商建立和保持长期的良好合作关系，共享市场资源与技术资源，持续跟踪最新的技术发展趋势与市场动态，布局互联网行业，研发"互联网金融"、"互联网医疗"、"互联网教育"等一系列互联网产品；做强公司智慧城市业务，形成了覆盖智慧政务、智慧医疗、平安城市、智慧物流、智慧社区、智慧教育等全面的智慧城市业务体系；提升"大数据"、"物联网"、"大健康"等行业领域的技术优势，抢占市场先机，为公司带来新的业务和成长动力，保证公司的有机增长。

2017 年公司入选为中华电子企业品牌价值 300 强、中国软件和信息技术服务综合竞争力百强企业、中国方案商百强第五位。经过长期的耕耘，公司在相关业务领域具有较为全面的资质、及时的产品化能力及丰富的渠道资源，都将不断地为公司带来新的业绩。

近年来，随着大数据浪潮的兴起，东华软件率先布局大数据领域，加速公司经营和商业模式转变。公司的"金融云"、"企业管理云"、"医疗云"等大数据相关产品在各细分市场得到一致认可，增强了公司客户黏性和稳定性。同时，东华软件还积极与大数据知名企业合作，共同推动大数据产业发展，东华软件已经与华为、阿里、九州通等企业建立了合作关系，并通过整合行业资源形成了雄厚的大数据综合服务能力：与郑州大学第一附属医院、华为技术有限公司以及九州通医药集团股份有限公司合作，推动医疗大数据协同创新中心建设；与阿里云和西安国际医学中心共同打造国内第一家实体智慧"云上医院"，共同建设互联网医疗、居民健康大数据平台和商业云平台；收购公共卫生信息化业务服务商万兴新锐，在公共医疗信息化以及面向机构和个人的健康管理平台开发与运营领域开展业务；与阿里云合作在山西西咸打造全球首个"云上空港";积极与海安经济开发区合作,打造云数据应用运营中心。

从营业收入来看,2017 年上半年我国软件和信息技术服务业完成软件业务收入同比增长 13.6%,利润总额同比增长 12.1%。公司营业收入同比增长 16.21%,利润额同比增长 89.32%,营业收入和净利润的增速均高于行业水平。三季度东华软件营业总收入达到 42.28 亿元,较上年同期增长 17.71%,实现净利润 9 亿元,同比增长 42.5%,增速较上年同期明显提高。

(二) 发展策略

进一步深耕大数据应用市场。工业大数据领域,东华软件研发的工业大数据平台,通过对工业大数据资产的采集、存储和分析为企业提供跨精益经营、智慧生产、智慧运维等方面的大数据分析服务,能够为能源电力、制造业等多个重资产行业的数字化转型提供支撑。公司相继与中国核电工程有限公司、国电浙能宁东发电有限公司、北京华电天仁电力控制技术有限公司、内蒙古电力(集团)有限责任公司、国网甘肃省电力公司物资公司等签订了千万级项目。同时,公司在电力调度数据网、网络安全、电厂网络系统建设、集团网络平台升级等方面,与中电投协鑫滨海发电有限公司、国家电力投资集团公司、甘肃同兴智能科技发展有限责任公司、青海黄河上游水电开发有限责任公司等企业展开合作。医疗大数据领域,东华软件为全国 500 多家医疗机构的核心业务提供数字化医疗综合解决方案支撑,多年来东华软件积累了大量的专业临床数据,形成了强大的数据能力,通过对海量数据的分析处理,又能为医疗应用系统提供支撑,实现了医疗大数据闭环应用,助力精准医疗实现。在医疗大数据方面,公司持续探索在临床医疗大数据方面的服务价值和商业模式,与北京协和医院、中日友好医院、北京友谊医院等三甲医院在多个病种上展开合作。东华云诊所运用云计算、大数据、物联网等新兴信息技术,按照现代医疗卫生管理要求实现中小医疗卫生机构的资源集中统管、统一调配、按需服务的医疗云 HIS 系统服务以及医院间的业务协同云服务。其中,蓝卡集团下属的天津新北街社区卫生服务中心云诊所(云 HIS)已于 2017 年 1 月正式上线使用,系统运行稳定、业务模块贯穿医院整体流程,保证了医院日常工作的顺利进行。该系统与蓝卡集团平台进行对接后,通过医生站模块可以实现健康档案同步、院外转诊、预约挂号、第三方检验项目申请等功能，实现了全国范围内蓝卡患者信息的共享、与合作的大型医疗机构转诊及分级诊疗模式。金融科技领域，东华软件金融风险管控平台通过综合个人基本信息、还贷数据、信用卡数据、网络借贷数据、网络购物数据、社交行为数据，以及出入境记录、打车记录、O2O 记录、违章记录等其他数据信息构建个人信用体系，以实现贷前、贷中和贷后的金融反欺诈和风险管控。公司在中关村银行 IT 系统基础应用平台建设中采用了大数据、云计算、人工智能、区块链等前沿技术，为中关村银行实现场景化、智能化、平台化生态性银行的目标奠定了技术基础。在温州银行出国签证系统项目中，公司实现了温州银行百家网点均可为客户提供签证代传递和外汇储蓄、境外汇款、存款证明、留学贷款、个人购汇等专业化跨境金融服务，扩展了其业务能力和客户服务水平。在互联网金融及综合服务方面，大数据时代的到来为公司在金融行业提供了新的成长点。公司先后与郑州银行、温州银行、长安银行等金融机构进行了深度合作。

依托大数据应用，加大外围拓展力度。东华软件积极通过投资或合作方式，加大在大数据领域的拓展力度，提升综合竞争力。2017 年 5 月，为积极响应国家确定的建设石保廊区全面创新改革试验区，京南国家科技成果转移转化试验区，京津冀大数据综合试验区及河北省提出的"大智移云"引领计划等一系列重大发展战略和规划，也为进一步加强政企合作，加速推进廊坊市"大智移云"产业发展，公司与廊坊市人民政府签署了《大智移云系统研发和推广应用项目合作协议》。东华软件在廊坊辖区内建设投资以"大智移云"，科技创新，成果展示，产业发展，人才培训，工程实验室等为主要内容的六个中心同时，开展"大智移云"相关项目研究和推广应用。2017 年 6 月，东华软件与京东签订了关于共同开展互联网医药产业闭环业务的战略合作协议。公司将凭借在医疗行业积累的市场优势，依托大数据及云计算等技术支撑，积极构建云健康智慧医疗平台，打造医疗卫生软件及互联网医疗卫生行业知名品牌，完善公司医疗行业发展规划全景布局。健康乐作为公司重磅推出的移动医疗平台，将与京东进行深度合作，在京东医药城建立独立展示板块并搭建"健康乐京东旗舰店"，同时，借助京东药品零售及配送优势，为健康乐云诊所提供诊后医药物流渠道，增强云诊所的竞争优势。2017 年 12

月，公司与腾讯签署了《战略合作协议》，双方本着资源共享，优势互补，共同发展，合作共赢的原则，在医疗，金融，智慧城市，公安，水利，气象，广电，电力等领域的多个层面展开深入合作。

四、华宇软件

（一）发展概况

北京华宇软件股份有限公司（以下简称华宇），成立于 2001 年 6 月，于 2011 年 10 月 26 日在深圳证券交易所上市。华宇是领先的电子政务解决方案和服务提供商，公司以"提供专业的技术、优秀的产品和卓越的服务，以信息化创造客户价值"为使命，专注于电子政务领域的软件与信息服务，提供全方位的解决方案与服务。华宇为客户提供信息化顶层设计与规划咨询、应用软件开发、系统集成、运维服务和运营服务等全方位专业服务，其业务服务内容覆盖信息系统的全生命周期。

华宇是国内领先的电子政务解决方案和服务提供商，多年来，依托深厚的业务理解和技术积累，积极参与国家级行业标准制订，多次承担具有行业重大影响力的国家级工程建设和课题研究，在法院、检察院信息化建设领域市场占有率始终保持第一。同时在食品安全行业信息化解决方案以及教育信息化方面华宇也是先行者。

华宇拥有 200 余项具有自主知识产权的软件产品，居于国内领先地位。公司是国家认定的"高新技术企业""软件企业""国家规划布局内重点软件企业""安防工程企业（一级）"。公司还取得了中国电子信息行业联合会颁发的"信息系统集成及服务大型一级企业"证书和"信息系统集成及服务一级资质证书"。

（二）发展策略

以电子政务为核心业务，探索新兴技术与多领域深度融合。作为领先的电子政务解决方案和服务提供商，华宇积极探索先进技术在电子政务领域的创新应用，致力于通过前瞻性的技术、一体化的解决方案和创新的服务能力来推动电子政务的信息化发展进程。同时，华宇持续推动大数据、云计算、人工智能等新兴技术与行业业务深度融合，发挥行业引领优势，不断探索法律智能的深度应用，支撑依法治国的全面推进，助力法治中国建设。

推进产学研结合，注重创新研究。华宇与清华大学法学院、清华大学公共管理学院达成合作，系统全面地开展大数据、人工智能等新技术对政府治理的创新研究，系统地开展法律大数据和法律信息资源管理的研究，将发挥各自理论、技术和人才优势，开展针对性研究和人才培养等方面的合作，更好服务于国家大数据战略、人工智能战略和相关学科建设，助力法治中国战略的实施。华宇继续秉承以信息化创造客户价值的使命，持续提升企业的创新能力，加强在大数据、人工智能等方面的技术应用能力，以信息化助力首都城市战略发展，为加快建设创新型国家贡献力量。

发展多种服务方式，提供高品质服务。华宇结合国际服务标准及电子政务特点，建立了专业化的服务体系，通过北京总部服务中心，结合技术专家、各省市区服务网点、专业服务队伍，为全国各地用户提供及时、专业的信息化服务。其中为北京市高级人民法院提供的运维服务被工业和信息化部评为"全国电子政务运维示范项目"。

企业业务体系完善，多行业多领域发力。华宇总部位于北京，拥有8家子公司、4家控股子公司及1家参股公司。其中，北京华宇信息技术有限公司主要从事电子政务产品与服务业务；广州华宇信息技术有限公司主要服务于华南地区客户；华宇（大连）信息服务有限公司主要从事自有软件产品研发、软件项目开发和售后服务等业务；华宇金信（北京）软件有限公司主要从事政府食品安全保障及工商行政管理领域的软件开发与信息服务；上海浦东华宇信息技术有限公司主要服务于华东电子政务市场；北京亿信华辰软件有限责任公司主要提供报表与数据分析软件产品和服务；北京华宇信码技术有限公司致力于为企业、政府和消费者提供数码防伪防窜、行业监管码服务和相关信息服务；深圳市捷视飞通科技有限公司致力于提供领先的音视频产品与解决方案。北京万户网络技术有限公司专注于为企业、政府、事业单位提供成熟的协同管理解决方案。北京华宇元典信息服务有限公司专注于为法律服务领域的从业者及相关机构等提供领先的法律数据服务及产品。北京华宇科创投资有限公司重点投资新兴产业中与华宇软件发展战略匹配度较高的高成长企业。溯源云（北京）科技服务有限公司致力于为政府监管部门、食品生产经营企业以及社会公众提供食品药品质量安全专业化信息服务。联奕科技有限公司专注于高校信息化领域，为各大高校提供信息化规划和建设服务。

五、久其软件

（一）发展概况

北京久其软件股份有限公司（Beijing Join – Cheer Software Co.，Ltd.）创建于 1997 年，于 2009 年 8 月 11 日在深圳证券交易所上市。是中国的管理软件供应商，聚焦 B2B2C 的大数据综合服务提供商，长期致力于为政府部门和企业客户提供管理软件（电子政务、集团管控）、数字传播等综合信息服务及行业解决方案。

久其软件自成立以来，深度聚焦行业，着力整合资源，深入挖掘优势，业务得以长足发展。在电子政务领域，公司凭借行政事业单位资产管理、国资监管、政府统计、行政事业财务一体化、财务部门决算、智慧法院等产品与解决方案的实施推广，以及大数据技术在政府部门的深入应用，不断推进政府公共服务和行政管理能力，推进智慧型政府升级；在集团管控领域，不断优化产品体系与核心技术，众多产品与解决方案得到大企业集团的应用认可。作为传统软件企业战略转型升级的典范，久其软件从新软件、数字经济、产业转型三方面激发新旧动能的转换，促进产业转型升级，实现实体经济和数字经济的深度融合。公司在数据的采集、处理、存储、分析、展现业务上深耕，持续聚焦数据资源化应用，深度探索数据治理结构。实现以数据为核心为产业转型升级提供强力支撑。在大数据领域，久其深入贯彻国家"大数据战略"、"互联网＋战略"的指导方针，有效落实各项战略转型规划，进一步完善大数据产业链条，积极参与行业生态体系的构建，创新商业模式与业务形态，深挖数据商业价值，引领生态体系建设。

公司坚持创新发展，打造了国内领先的大数据应用支撑平台，在交通、金融、财税、电信等多个行业得到了良好的应用。同时牵头参与了工信部行业标准《软件研发成本度量规范》（SJ/T 11463 – 2013）、GB/T 31360 – 2015《固定资产核心元数据》等多个行业标准的建设，一直走在行业发展的前沿。久其聚焦 B2B2C 的优秀大数据综合信息服务，为打造具有国际竞争力的软件产业集团不懈努力。

（二）发展策略

以数据为核心，打造未来软件产业生态体系。面对全球软件业步入加速创新、加快迭代、群体化突破的爆发期，公司以数据业务为根本，加快自身的快速调整，从报表软件的领军者调整到聚焦 B2B2C 的大数据综合服务提供商。对传统业务重点进行优化，突出财经、民生和司法领域大数据的引领作用；利用数据基因和资本市场整合新兴传播力量，打造业内领先的数字传播集团；通过对人工智能领域的布局，积极推进自身业务领域的智能技术应用的落地，利用大数据、AI、云计算以及物联网技术更好地服务广大客户。

技术赋能，以大数据创新政府管理方式。大数据时代的来临，借鉴国际先进的大数据管理模式，依托公司大数据应用支撑平台和商业智能平台，从政府信息公开共享服务概念入手，全面理解政府信息公开共享服务的体系和框架，探讨政府大数据的解决方法，为政府提供完整的政府信息公开共享落地化的解决方案。公司不断在服务中提升，在服务中发展壮大。

创新模式，实现核心竞争力的提升。公司以软件报国为使命，持续做大做强根基业务，通过建立和完善大数据驱动下的"久其+"信息化生态体系，做大做强互联网新兴业务，不断深化技术研发能力，丰富产品及解决方案体系，不断创新业务模式和形态，实现核心竞争力的持续提升。

第二十八章　大数据服务企业

一、数据堂

（一）发展概况

数据堂成立于 2011 年 8 月，总部设立在北京，在南京、镇江、天津、美国、贵阳等地拥有全资或控股子公司，是一家运营数据资源的公众公司。作为专注于线下数据的互联网综合服务公司，数据堂的主要业务包括数据采集、制作、共享和增值服务，同时提供大数据存储、管理、挖掘、分析等专业系统解决方案。至今，数据堂已为国内外超过 1000 位合作伙伴提供人工智能、金融征信、精准营销、智能交通等领域的数据采集、数据整合和数据云服务。

数据堂拥有丰富的数字资源，其可提供的数据产品包括 11 大类，包括智能交通、电子商务、人脸识别、自然语言理解、基础语音识别、智能安防、无人驾驶、智能教育数据等。在此基础上，提供数据商城、数据定制化采集等一系列服务。

据数据堂公布的 2017 年上半年报告显示，报告期内实现营收 4508.17 万元，较上年同期增长 49.42%；归属于挂牌公司股东的净利润为 - 372.92 万元，亏损减小。截至 2017 年 6 月 30 日，数据堂资产总计为 3.43 亿元。数据显示，数据堂 2017 年上半年营业收入呈现了较好的增长态势，但企业仍然处在亏损阶段。

（二）发展策略

提升数据汇集能力，建立多渠道数据采集体系。从业务形态来看，数据堂可以定位为"数据银行"，因此，数据的采集与汇集至关重要。一方面，数据堂采用了众包模式作为数据采集的主要模式。数据堂自主建设了众包平台"数据堂众包"（crowd. datatang. com），基于该平台可以线上发布任务，进而依靠全球 50 万众客采集和标注，快速获取语音、图像、文本等各类大规模线下数据。众客完成任务往往不受时间、地点的限制，并且可以获取相应报酬。数据堂通过众包平台，动员大众力量及资源，低成本、高效率地采集和制作专业数据，为互联网企业，特别是为人工智能提供大量定制化的线下数据。目前已有客户包括百度、华为、三星、佳能、联想、NEC、Intel、Facebook、Microsoft、Snapchat 等国内外知名互联网龙头企业。另一方面，数据堂建立了多渠道、大范围的固定优质数据资源供应体系。通过采购代理获取行业大数据，数据涵盖征信、交通、电信、健康医疗等领域，目前已有近 300 家数据提供伙伴和近千套数据。线上互联网大数据主要通过数据堂爬虫平台，在全球 500 个合作站点中，依靠精准的数据爬取、抽取、更新和整合能力，动态提取得到。

聚焦数据价值挖掘，提升数据综合处理能力。大数据应用程度的深化和行业成熟度的提升必然导致用户对于数据的要求的提高，原始数据往往难以直接使用，必须要经过初步处理，形成"二次加工品"。经过多年的发展，数据堂在数据处理方面已经具备行业领先的能力：一是数据清洗，包括脱敏、去噪、去重等环节，主要目的是优化数据信息，规避隐私问题，提高数据产品质量。二是非结构化数据处理。由于海量原始数据往往是非结构化的，难以直接使用，数据堂已经形成一套用于非结构化处理的工具和手段，能够有效提取数据特征信息。三是数据关联分析，包括身份、时间、空间的关联。数据堂将已掌握的数据资源进行关联分析，将原先的单一数据通过多个维度进行汇集，提高数据利用效率，放大数据使用价值。当前，数据堂已经拥有 PB 级大数据支撑平台，涵盖数据清洗、语音识别、人脸识别、购物小票识别、语义理解、物体识别、精细分类等多方面非结构化处理，转化为 IT 智能化、商家商价、健康医疗、智能交通的结构化数据，深度分析及挖掘数据价值。

围绕行业数据应用，建立多层次的应用服务平台。数据堂对外提供的数据是通过挖掘、处理、关联、分析后高度融合的标准化数据产品。依托大数据支撑平台，数据堂能够深度整合各行业数据资源，为客户产品和服务增值提供数据服务，现已推出金融信用、智能交通、企业征信、营销策略、用户画像等多种类型的企业提供优质数据应用服务。同时，数据堂还建立了大数据电商平台"数据商城",在线上实现数据资源交易、定制、合作等多种业务模式整合。卖方客户可以将拥有的数据资源通过"数据银行"进行变现;买方客户既可以直接获取已完成的数据包,也可以提出特定数据要求,由"数据银行"提供定制化服务。多方的合作有利于提高数据价值的流通和变现。此外,数据堂通过数据 API 接口服务扩大了数据服务范围。API 数据服务允许客户在阅读使用说明后,直接通过 API 接口即可访问数据,通过云平台的形式向客户提供服务。API 数据能有效规避原始数据的版权问题,客户不需购买全套数据,可以根据自身需求访问云端数据库。尤其是针对个人和企业的身份、征信领域,数据来源方对于数据有保密性的要求,API 接口访问能够在客户不实质性接触数据的情况下,给出数据调用的判定结果,最大程度保留原始数据的隐私性。

二、拓尔思

(一)发展概况

北京拓尔思信息技术股份有限公司(简称"拓尔思集团")是国内领先的大数据技术和服务提供商,是国家规划布局内的重点软件企业。拓尔思是自主可靠软件产品领域的领军企业,拥有一大批自主创新的领先产品,如 TRS 中文全文检索系统、WCM 内容管理平台、CKM 中文文本挖掘软件等。同时,拓尔思不断拓宽产品线,提升综合服务能力,可为政府、媒体、安全、金融等多个行业提供领先的产品、技术和解决方案。围绕云计算时代的科技技术创新趋势,拓尔思近年来加快了基于云服务的数据分析和知识服务的发展步伐,着力推动企业的战略转型与升级。当前,拓尔思集团拥有 10 多家全资、控股或参股子公司,20 多个分支机构遍布全国。自 2011 年上市以来,相继出资设立或参股 5 支产业投资基金,兼并和控股 5 家行业公司,投资参股 10 多家高速成长的新兴公司,累计投资额约 10 亿元,实现了产业和资本的深度融合,构建起强强联合互惠互利的合作生态系统。公司 TRS 系列产品已经被国内外超过 5000 家高端企业级用户采用。

拓尔思的核心业务有三大板块,分别为软件产品研发,行业应用解决方案和数据分析挖掘云服务,涵盖大数据管理、信息安全、互联网营销和人工智能等多个应用方向。拓尔思以平台化思维推动技术和产品创新,自主研发推出了海贝大数据管理平台、水晶分布式数据库平台,大数据智能分析平台、用户行为分析系统、思图云平台、网络信息雷达系统、网脉等软件产品,产品线涉及大数据基础平台、行业应用和数据服务等。公司从事的主要业务有大数据、内容管理、知识管理、身份管理、信息安全领域的软件研发和产品开发销售,相关的技术开发和运维服务;面向政务、媒体、安全、金融领域的大数据应用解决方案;面向企业级用户的大数据增值运营服务。涉及领域包括政府、媒体、安全、金融、教育、企业等政府公共服务平台、智慧城市、媒体融合、云服务、大数据、信息安全、舆情分析等多种产业。

据 2017 年年度业绩预告显示,2017 年期间,拓尔思归属于上市公司股东的净利润盈利 1599.27 万元—1839.16 万元,比上年同期增长 0%—15%。2017 年,公司持续投入新产品研发和市场拓展,各项业务经营情况良好,合并营业收入预期可实现 20%—30% 的同比增长。

表 28 - 1   2017 年大数据相关大事记一览表

类型	概述
荣誉	3 月 30 日,拓尔思基于大数据的智能传播平台被评为中国大数据应用(媒体)最佳实践案例; 11 月 8 日,入选"2017 北京软件和信息服务业综合实力百强企业"; 12 月 6 日,荣获 2017 年度"百家最具影响力信用企业"; 12 月 13 日,荣获"2017 年度·中国人工智能产业十大创新力企业"; 12 月 15 日,被授予"中关村科创智慧军工产业技术创新战略联盟"理事单位。
业务	5 月 2 日,中标中信银行电子银行一体化运营服务项目; 9 月 21 日,在"大数·云·智"的发布会上正式发布了 9 大新产品; 11 月 27 日,中标广州市政府智能服务机器人云平台采购项目; 11 月 28 日,中标南宁市政府网站集约化建设项目; 12 月 6 日,中标中国教育报刊社媒体融合"数据+服务"平台项目。

数据来源:赛迪智库整理,2018 年 1 月。

（二）发展策略

建立多层次技术产品体系,加速行业业务拓展。拓尔思将非结构化数据处理作为技术创新的重点和产品研发的核心,建立了多层次的技术产品体系。底层是大数据支撑技术和资源,包括信息检索、信息采集、自然语言理解和文本挖掘、多媒体检索等多方面，以及来自于互联网和特定行业、第三方的数据资源；中层是平台型软件产品，主要有 TRS Hybases 大数据管理系统、TRS WCM 内容管理平台以及面向企业门户应用集成的 TRS 身份服务器系统等；顶层是面向行业的应用服务层，主要包括 TRS 企业搜索软件、TRS 机器数据挖掘软件、TRS 垂直搜索引擎软件、TRS 知识管理软件、TRS 舆情管理软件以及 TRS SMAS 社会媒体分析云服务等。从行业服务领域来看，拓尔思重点布局政务、传媒、金融、公安等行业领域，积累了丰富的应用场景，不同领域也有不同的业务发展策略。政务领域，拓尔思主要通过"互联网 + 政务服务"平台的建设来打造政务大数据新生态；传媒领域，拓尔思则着力助力传统媒体的融合转型发展；金融领域，拓尔思的业务方向是大数据推动互金和 Regtech 业务；公安领域，拓尔思则主要依托其子公司，共同挖掘公安大数据的价值。

把握人工智能创新方向，将 AI 融入到自身产品体系。拓尔思高度重视人工智能技术的研发及应用，特别是在自然语言处理（NLP）方面，具有了业界领先的研发能力。作为国内 NLP 技术研发先驱，拓尔思自 2000 年即从事自然语言处理及文本挖掘研究，在国内最早推出商业化的文本挖掘软件 TRS CKM，涵盖文本分类、相似性检索、关键词标引和摘要、信息抽取、聚类、关联分析等多种功能。随着深度学习、机器学习浪潮来袭，拓尔思不断升级 NLP 技术框架，在词性标注、实体识别、自动分类、情感分类、文本比对和文本校对等领域得到提升，研发推出了新一代文本挖掘产品 TRS DL – CKM。目前，以 TRS DL – CKM 为核心的 NLP 架构进一步完善升级，使得企业几乎所有的技术产品、应用产品和云服务都内嵌 AI 技术，为大数据、人工智能战略发展和落地提供基础。

注重互联网营销，形成"数据 + 场景"业务体系。一方面，拓尔思通过自建数据中心强化数据基础，推动云服务的落地。通过对互联网开放数据（包括新闻、博客、微博、论坛、微信等）进行收集、加工、存储、检索和挖掘，形成自有的互联网海量数据中心，并随着业务发展不断扩大。当前，基于自有数据资产，结合不同行业企业客户内部数据、第三方数据等数据资源，发展了在线网察网络舆情云服务（SMAS）、网脉云服务、"数家"媒体大数据云服务。另一方面，拓尔思通过积极的资本运作，加快在互联网营销市场中的布局，形成了技术驱动的"数据+场景"的业务体系。近年来，拓尔思投资参股了深圳花儿绽放网络科技有限公司和北京微梦传媒股份有限公司、控股了耐特康赛网络技术（北京）有限公司，加速将公司基于大数据的互联网营销业务打造成实现公司跨越式发展的核心动力引擎。

三、亿赞普

（一）发展概况

亿赞普集团成立于 2008 年，是全球领先的互联网跨境贸易及大数据应用公司，业务遍及亚太、拉美、欧洲、中东等多个国家和地区，旗下拥有大数据、金融、贸易便利化三大业务板块。亿赞普是我国唯一一家在海外（89 个国家和地区）部署有大数据平台的公司，在多数据源的采集与并发处理领域处于国际领先地位，连续两年承担国家"863"大数据项目的单位，并连续多年全程服务于两会，通过全球大数据洞察两会动态，在央视新闻联播等黄金节目中连续播出"大数据看两会"及"据说 APEC"节目。

亿赞普集团率先构建了中国通向世界的互联网信息流通道，通过与全球运营商及互联网网站合作，研发了基于自主创新的大数据智能处理技术，在全球互联网上部署一张跨多个国家、多个地区、多个语言体系，覆盖面最广的电子商务平台和互联网媒体。在金融服务方面，亿赞普建立了三级的业务体系，包括 NGP 金融生态、华储和 Fine 大数据金融。其中，Fine 指"银行就在你家"金融服务模式，目标是以核心企业为中心点，将服务扩展到整个上下游产业链，实现向产业链+金融链相结合的新型 FINE 模式转变。

（二）发展策略

构建"一带一路"大数据中心，谋求国内外共同发展。亿赞普集团和国家发改委信息中心联手打造国家"一带一路"大数据中心，"一带一路"大数据平台将采集全球港口贸易、金融、GIS 信息，国内外统计和行业业务数据，以及国内外互联网数据、主流新闻媒体和社交媒体数据等海量数据，并加以分析、挖掘和应用，目前平台已采集沿线 64 个海外国家的数据，并仍在以每天 100TB 的流量增量持续增加数据存量。此外，平台将通过开发中文、英文、俄文、西语、法语、阿拉伯语等多语言版本，为国家有关部门统筹协调"一带一路"工作提供数据支持和决策支撑、为海外国家提供"一带一路"信息共享，为国内外参与"一带一路"建设的相关企业、组织或个人提供有效精准的信息和相关服务。

注重贸易场景落地，建立数据驱动的"丝路驿站"。丝路驿站是亿赞普集团全球化发展的重要部署，包括了大数据"经济雷达"和营销网络、面向大区域的商品展示交易中心、标准化的电子清关服务系统、面向大自贸区的保税出口加工区以及跨境支付、清算与金融服务设施五大核心模块。经过多年的发展，亿赞普集团"丝路驿站"已经在意大利、吉尔吉斯斯坦、厄瓜多尔、斯里兰卡、吉布提、白俄罗斯和立陶宛等国家落地，"丝路驿站"的建设辐射亚、欧、非、美四大洲，覆盖人口总数约 51 亿，覆盖经济 GDP 总量约为 26 万亿美元。亿赞普集团通过"丝路驿站"的建设，形成对"一带一路"战略的有效落实，打造覆盖全球的网络服务平台，促进"一带一路"的纵横发展。

四、东方国信

(一) 发展概况

东方国信成立于 1997 年，是我国知名的大数据上市科技公司。东方国信聚焦于大数据领域，紧跟全球大数据技术创新的前沿方向，通过自主研发，培育形成了集大数据采集、汇聚、处理、存储、分析、挖掘、应用、管控于一体的大数据技术创新核心能力，构建起云化架构的大数据产品体系，形成了端到端的软硬件相结合的大数据解决方案，并具备业内领先的大数据能力开放平台解决方案。基于大数据的核心技术、产品及服务，东方国信以"大数据＋"为战略，不断加快战略布局，扩大业务范围，涉及的行业和业务领域有通信、金融、智慧城市、公共安全、智慧旅游、工业、农业、医疗、媒体、大数据运营等，得到社会各界、行业与客户的广泛、高度认可。

据东方国信发布 2017 年度业绩预告显示，东方国信归属上市公司股东的净利润预计比上年同期增长 25% 至 45%，盈利预计 4.1 亿元至 4.8 亿元。

表 28 − 2   东方国信 2016 年大数据相关大事记一览表

类型	概述
获奖	4 月 7 日，城市智能运营中心入选工信部"大数据优秀案例"。 9 月 22 日，荣获 2017 中国大数据十大领军企业。
技术	依托大数据端到端一体化技术实力，在数据存储计算方面，自主研发新一代分布式数据库产品 XCloud DB，融合大数据和高性能计算领域前沿技术，对标国际一流技术企业，打造分布式大数据云平台，支撑行业用户在大数据分析领域的应用。 在数据可视化领域，与行业需求深度结合，通过数据可视化 2D、3D 技术，实现海量数据动态呈现，可快速创建和部署，实现高度可定制化，具有强大交互功能，帮助使用者发现隐藏的数据关系，辅助决策。
业务	11 月，中央国家机关 2017 年软件协议供货采购项目中标公告发布，东方国信 XCloud 数据库标准版、企业版、云化 ETL 标准版三款产品入围。 11 月 23 日，联手云南农业厅，打造云南农业大数据应用与推广中心，逐步建立云南农业线上线下融合发展的运行管理机制。 12 月 18 日，中标国家重点项目，承担面向炼铁行业应用的专业性信息物理系统（CPS）测试验证床建设，填补了炼铁行业 CPS 建设空白。 12 月 28 日，重磅发布工业互联网平台 Cloudiip。Cloudiip 服务全球 35 个国家近万家企业，覆盖行业年产值超万亿元，每年帮助企业创效上百亿元，减排千万吨级。
合作	5 月 24 日，与中国东信战略签约，在大数据、云计算、数据库等领域建立业务合作伙伴关系，助推中国—东盟信息港大数据建设。 9 月 7 日，与国家质检总局电子商务产品执法打假分中心战略签约。

数据来源：赛迪智库整理，2018 年 1 月。

（二）发展策略

积极推进"大数据"战略，促进跨行业业务拓展。东方国信以领先的大数据解决方案服务于通信、金融、智慧城市、公共安全、智慧旅游、工业、农业、医疗、媒体、大数据运营等行业和业务领域。企业坚持自主研发，持续技术创新，已形成基于大数据、云计算及移动互联的全链条、全自主知识产权的技术研发体系，其中包括 3D 可视化、人工智能、VR/AR、BIM 等辅助技术。随着大数据技术和应用的跨行业发展，布局各领域业务均具备良好的发展空间。东方国信凭借长期积累的雄厚技术实力，在大数据领域形成了覆盖全产业链的多层次产品结构，并在全国 31 个省及直辖市都设有分支机构或项目实施团队，构建了贴身式服务的大数据落地应用体系。

聚焦工业应用，发力工业大数据平台。东方国信依托大数据技术优势，围绕全球工业技术创新前沿，研发成功了 BIOP 工业大数据平台。东方国信 BIOP 工业大数据平台对标 GEPredix，整合了现有生产端的 MES、ERP 乃至 CPS 等实时数据，统一汇总分析，提供实时监控、生产管理、能效监控、物流管理等多种生产运行管理的核心功能，并向第三方开放设备管理、资产管理和经营管理等模块。该平台已经成功应用到矿山安全、城市及工业锅炉、流程制造、离散制造、轨道交通等领域，并积极拓展水电、风电、智慧照明、城市供热等行业的公有云与私有云。此外，围绕工业大数据的发展，东方国信还并购了北科亿力和 Cotopaxi。

第二十九章　大数据安全企业

一、启明星辰

（一）发展概况

启明星辰作为国内信息安全领域龙头企业，其主要产品包括安全网关、安全检测、数据安全与平台、安全服务/工具和硬件等几个板块。其中 SOC、UTM、入侵检测等多项业务行业市场占有率处于领先水平，防火墙、VPN 等业务行业市场占有率保持前三，整体处于市场领先地位。当前公司旗下参股公司多达 30 多家，包括网御星云、杭州合众、书生电子等全资控股公司。公司主要产品覆盖安全网关、安全监测、数据安全平台、安全服务与工具、安全硬件等板块，客户主要包括政府、电信、金融、军队、能源、大企业等。根据 2017 年公司业绩快报，2017 年公司实现营业收入 22.8 亿元，同比增长 18.3%，净利润为 4.51 亿元，同比增速高达 70.01%。

（二）发展策略

强化运营中心业务，打造城市级安全运营中心。随着《网络安全法》及相关配套政策的落地实施，对关键信息基础设施的实时监测、预测溯源的需求快速释放，按传统方式部署的安全产品已经无法满足需求，需要信息安全企业提供全方位、实时高效的安全监测服务，政府采购的模式也逐渐从安全产品向服务转型。2017 年，公司加快推进安全运营中心的建设进程，先后在成都、昆明、郑州、杭州、济南等地与政府达成战略合作，并力争将安全业务从政务领域向关键基础设施、中小企业领域扩展，进一步提升公司市场占有率，巩固市场优势，重塑竞争格局。此外，城市级安全运营中心的建成，将为公司带来丰富的营收、客户资源和安全数据，无疑将提升公司安全服务领域的竞争实力。

深耕区域市场，重点布局智慧城市安全运维。2017 年 5 月，公司与云南省政府签署战略合作框架协议，与昆明市政府签署落地项目合作协议，将配合云南省级安全部门对重大活动提供安全技术保障，与昆明市政府共同建设云南省安全态势大数据运营中心，实现全省全方位安全态势管控和南亚、东南亚威胁情报感知。2017 年 9 月，公司与深圳市投资推广署签订了战略合作协议，将在深圳设立全资子公司，在深圳本地组建专业的信息安全人才队伍，打造领先的安全技术研究基地，并为粤港澳大湾区的政府部门和企业用户提供专业的安全服务。

云安全和工控安全成为公司业务新的增长点。公司注重技术研发，在云安全和工控安全领域布局较早。在云安全方面，公司加强与腾讯云、联想云等骨干企业合作，2017 年 6 月，公司与腾讯云签署战略合作协议，2017 年 9月，公司与联想云签署战略合作协议，公司将与合作方在政企客户云计算项目建设、产业互联网、企业级云计算等多个层面开展深入合作。在工控安全方面，公司除自身加强研发之外，还参股投资工控安全公司中京天裕。目前云安全和工控安全产品开始放量，云安全业务收入过亿，未来几年有望实现爆发式增长。工控安全在国内正处于行业加速发展期，公司产品储备丰富，有望迎来高增长。

二、绿盟科技

（一）发展概况

绿盟科技作为国内信息安全骨干企业，产品涵盖检测防御、安全评估、安全平台、远程安全运维服务、安全 SaaS 服务等领域，主要提供入侵检测/防护、抗拒绝服务攻击、远程安全评估以及 Web 安全防护等产品以及安全运营等专业安全服务。公司在国内外设有 40 多个分支机构，行业客户涉及政府、电信、金融、能源、互联网、教育、医疗、军工等众多领域。根据公司发布的 2017 年业绩预告，2017 年公司实现归属于上市公司股东的净利润 1.5亿—1.6 亿元，同比下降 31.86% —27.31%。

（二）发展策略

打造完整的安全产品链条，重点加强攻防技术及产品研发。公司长期致力于构建完整的信息安全产品链条，从网络最外层抗 DDoS 攻击，到防火墙特定端口扫描，再到入侵检测防御系统抵御网络攻击，以及终端 Web 安全、审计、安全评估，均能够提供整套解决方案。公司在 DDoS 和 IPS 等多个安全攻防产品领域保持龙头地位，抗 DDoS 产品在国内市场占有率超过 30%，入侵防御系统、Web 应用防火墙的市场占有率均超过 20%，处于国内市场领先地位。

推进传统产品模式向解决方案和安全运营模式（简称：P2SO）的战略转型。为更好地推进和落实公司发展战略，公司将业务线细分为大客户业务线和分销业务线两大部分，通过设立分销业务线，强化公司渠道和伙伴体系建设，开拓中小企业市场，进一步增强业务拓展能力；持续推进公司战略转型，强力推进 P2SO 战略，实现公司由传统产品模式向解决方案和安全运营模式的转化。同时，立足未来信息安全发展态势研究，建立"数据收集，数据分析和数据使用"三大能力，进一步提高产品核心竞争力；加强产品和服务支持的线上运营能力，提供相应速度和运营效率；对大客户加强行业纵向管理和引导工作，提升覆盖度、掌控度、深挖度，通过 P2SO 战略为用户提供服务。

继续汇聚资源，强化重点项目，提升安全服务能力。围绕智慧安全防护体系和安全数据科学平台两个重点项目，进一步整合公司云端能力和客户端解决方案能力，在公司原有安全云服务的基础上，实现云"线上环境或云端"、"地"（线下环境或客户侧）、"人"（专家团队）、"机"（安全防护设备）协同体系，最大限度发挥安全云系统、客户侧安全设备、专家团队等的协同效应。继 2015 年底募集 8.1 亿元之后，2017 年 3 月，公司再通过非公开发行股票募集资金 7.72 亿元，持续支持两大重点项目建设。

三、美亚柏科

（一）发展概况

美亚柏科成立于 1999 年，公司长期专注于电子数据取证与网络信息安全产品的技术研发、产品销售及整体服务。公司 2011 年在创业板上市，成为我国电子数据取证行业重点上市企业。经过多年发展公司已形成涵盖电子数据取证、网络信息安全、大数据安全等领域的众多成熟的产品和服务。公司业务主要围绕执法部门打击犯罪及政府网络空间社会治理，为公安、检察院等执法部门和企事业单位提供产品和服务。自 2011 年上市以来，公司的业务收入始终保持稳步增长的势头，从 2011 年的 2.69 亿元增长到 2016 年的 9.98 亿元，实现近 4 倍的增长；公司净利润从 2011 年的 6200 万元增长到 2016 年的 1.83 亿元，近五年净利润复合增长率达到 25%。2017 年前三季度，公司实现营业收入 5.92 亿元，同比增长 33.4%，净利润 5617 万元，同比增长 42.8%。据 2017 年度业绩预告，预计 2017 年公司实现盈利约 24700 万—27400 万元，比上年同期增长约 35.25%—50.04%。

（二）发展策略

坚持"产品＋服务"融合的业务体系。公司围绕"取证装备化＋大数据信息化"的发展战略，在保证取证设备持续产出的同时，将大数据智能化分析服务于前端，加强前端装备与后端平台间的联动性，从而进一步推出电子数据取证、专项执法设备、网络空间安全以及大数据信息化四大产品。同时，依托自身产品基础，大力发展基于互联网技术和大数据资源的服务项目，逐渐推出存证云＋、搜索云＋、数据服务和信息安全服务四大服务体系，产品与服务之间既相互独立又相互关联，形成了"四大产品＋四大服务"的主营业务体系。

注重研发创新，构筑核心优势。公司掌握在电子数据取证领域的多项核心技术，主导了多个行业标准的制定。坚持技术创新，加大对产品预研发和迭代开发的投入力度，从 2012 年起，公司研发投入占营业收入比重维持在 15% 左右，持续保持公司的核心竞争力。截至 2016 年底，公司共取得授权专利 150 项，其中发明专利 97 项，实用新型专利 36 项，外观专利 17 项；软件著作权 239 项。

以"大搜索＋网络安全"拓展大数据安全业务。公司依托大搜索产品线，整合网络安全检测和防护等技术构筑新的大数据安全产品线。在大搜索方面，以"信使云移动端""金融风险防控预警平台""网络线索分析导图系统""企业信息风险管控平台"等软件产品为主。在网络安全产品方面，主要包括移动终端应用安全监测平台宙斯眼、纵深防御产品、云安全平台等；此外，基于网络空间安全产品，衍生出对应的网络安全服务，主要包括"美亚舆情"

服务，"美亚智库"及其他网络安全解决方案。

大数据安全应用领域不断延伸。公司在大数据技术研究委员会的指导下，加强大数据技术研究和数据安全运营，并将大数据应用覆盖公安、检察、税务、铁路、海关、质检等众多领域。在公共安全领域，公司协助福建省政法委等相关部门完成了"厦门百姓"APP、城市公共安全管理平台、金融风险防控预警平台和网络诈骗防控平台、社会稳定指数信息系统等系统的搭建，截至 2017 年年底，协同处置各类事件 8.7 万余起，排查出 2713 起安全隐患，厦门市城市公共安全水平提升成绩效果显著。在市场监管方面，截至 2017 年底，子公司美亚商鼎为全国各地工商、食药监、质检部门建设了近 50 个市场秩序监管大数据平台，助力市场监管部门实现基于大数据分析的全方位精准执法、高效监管、科学决策。在海关方面，公司与全国海关缉私部门各单位在装备化建设、新技术应用、软硬件平台建设及大数据创新应用等多个层面展开合作。截至 2017 年 10 月，已完成全国各种类型的实验室的建设 1000 余个，其中，包括多地海关一二三级装备实验室的建设任务。

加强"一带一路"沿线布局，拓展国际新市场。公司紧密围绕国家"一带一路"发展战略，成立了国际市场部，并采用培训带动销售的模式，对"一带一路"沿线国家援建采购。截至 2017 年底，公司聚焦电子取证类产品，已经完成了对十几个国家的相关培训，有望在海外市场复制国内电子数据取证业务的快速成长。

四、北信源

（一）发展概况

北信源成立于 1996 年，是中国优秀的信息安全产品及整体解决方案供应商，于 2012 年在创业板上市，一直以来在我国终端安全管理市场占有率保持领先。公司下设多个全资子公司及研发中心，拥有 1200 多名信息安全专业研发、咨询及服务人员，在全国构建了七大区、近三十个省市的营销和服务网络，为各行业用户提供优质的信息安全产品和服务。2017 年前三季度，公司实现营业收入 2.8 亿元，同比增长 24.5%，归属母公司利润 2513 万元，同比增长 12.24%。

（二）发展策略

2017 年，公司继续按照信息安全、大数据、云联网三大战略方向，致力打造业界综合领先的平台及信息安全服务的提供商。

在信息安全领域，公司作为我国终端安全管理市场的龙头企业，产品覆盖政府、军工、公安、金融、能源等重点行业的数千家单位，成功部署了数千万台终端设备。在完整的安全产品体系基础上，公司逐步形成了以统一管理平台为基础，边界、主机和数据为纵深的企业级信息安全整体解决方案。

在大数据领域，公司通过大数据技术不断强化终端安全管理的广度和深度，打造以大数据为基础的新一代内网安全产品生态体系。截至 2017 年，公司与中石油、公安系统、国网总部等企业建立战略合作，并进行了网络及终端大数据分析系统的试点测试，未来基于公司网络和终端的大数据分析系统将开展大范围的应用推广，大数据业务将成为公司重要的业务增长点。

在云联网领域，公司全力打造"新一代云联网安全聚合通道——信源豆豆 Linkdood"。信源豆豆填补了企业安全通信聚合平台的空白，产品定位优势加上深厚的底层技术优势，信源豆豆的市场知名度逐步提升，受到专业客户的高度认可。信源豆豆可以为企业和互联网用户提供即时通信，协同办公，应用开发，万物互联等多层次的服务，能够为公司带来三方面价值：一是实现业务拓展，促进双轮驱动业务格局形成；二是有效促进公司向业内领先的平台及服务提供商转型；三是有助于公司分享物联网、人工智能等新兴领域的巨大商机。目前，信源豆豆已实现近千万装机量，客户主要包括政府、金融、军工、公安、能源等行业用户。

加大对外投资力度，加快新兴领域布局。2017 年 2 月，公司以 500 万元投资杭州芸品绿信息科技有限公司，持股5%，旨在推进公司云联网安全业务的快速发展，并将业务进一步向个人用户领域拓展，实现信息安全、大数据和云联网技术的深度融合，增强公司核心竞争力。此外，2017 年上半年公司以 400 万元投资设立人工智能产业技术创新联盟（北京）科技有限公司，持股 80%，旨在布局人工智能基础性技术攻关和行业应用开发，抢占核心专利和标准，力争建设具有国际视野和影响力的人工智能技术、产业合作平台及生态圈。

热点篇

第三十章　腾讯华为大数据之争

一、事件回顾

2017年8月，华为荣耀手机Magic采用全新的人工智能概念，通过收集手机用户微信的天气、位置、时间、活动等信息，来提供餐饮、娱乐等智能服务。腾讯认为，这种行为不仅违规收集了腾讯的数据，并且侵犯了微信用户的隐私。华为则认为，所采集的数据仅仅归用户所有，而非属于微信或荣耀Magic，华为经过用户授权才收集、处理数据，且荣耀Magic智能手机也已通过检测，其行为不存在问题。事件发生后，工信部了调查协调，督促企业规范收集用户数据，表示："针对此次腾讯和华为在手机新功能上的分歧，我部在用户个人信息保护方面，会依照《电信和互联网用户个人信息保护规定》等有关法律法规，督促企业加强内部管理，自觉规范收集、使用用户个人信息行为，依法保护用户的合法权益。对信息通信企业之间的分歧和纠纷，工业和信息化部会依据职责积极组织协调、引导行业自律，为大众创业、万众创新营造良好的市场秩序。"以顺丰和菜鸟、华为和腾讯为代表的用户数据之争，已为用户数据争夺战拉开了序幕，未来企业间的数据争夺恐将愈演愈烈。

二、事件评析

在互联网＋时代产业融合的战略背景下，产业间竞争日益加剧。互联网＋时代，各种产业不断融合，原本处于不同产业及利益链条的企业之间出现业务交叉，产业间竞争日益加剧，因此，顺丰与菜鸟之争、腾讯与华为之争、京东与天天快递之争、苹果与腾讯之争等事件并非偶然发生。

在人工智能时代已至的全新背景下，数据将成为企业谋划市场布局的核心要素。2017年7月，国务院印发《新一代人工智能发展规划》，人工智能进入国家驱动时代，智能化产业迎来重大发展机遇期。数据资源作为推动人工智能发展的燃料，是人工智能发展的基石。对企业而言，控制数据就意味着抢占了未来的人工智能市场先机，企业势必围绕数据展开新一轮激烈竞争，数据所有权、控制权及使用权之争将成为常态。

在互联网巨头已形成生态闭环的现实背景下，企业生态之争愈演愈烈。早年涉足通信、物流等领域的企业已建立起数据享有、控制、使用的先天优势，近年来，各大龙头企业依靠其市场支配地位，逐渐形成各自的闭合生态圈，进一步巩固市场优势地位，包揽行业红利。华为腾讯"数据之争"实为"生态之争"，华为以获取微信用户数据为由，目的是为了打开腾讯即时通信生态闭环，分享腾讯的巨额数据红利。

在大数据产业蓬勃发展的长远背景下，大数据相关立法面临着滞后窘境。大数据产业高速发展，数据的财产属性凸显，商品化特征日趋显著，数据采集、使用、交易、流转等活动日益增多，然而，数据交易、数据权属等问题却缺乏明确的法律规定，难以定纷止争，各种企业数据之争处于法律规定的"灰色地带"。同时，"可识别性"个人数据的范围不断扩大，数据分类趋于模糊，企业对个人信息的采集、利用出现各种复杂多变的新形式，在企业数据之争背后，个人信息安全、隐私正遭受严重的潜在威胁。

菜鸟与顺丰、华为与腾讯的数据之争，深刻暴露出我国数据权属法律依据不明确、数据交易市场法治化程度不高、个人信息安全及隐私的法律保护不完善的三方面问题。

第一，深刻暴露出我国数据权属，尤其是未脱敏数据权属界定不明晰的问题。以华为与腾讯事件为例，双方核心争议点在于，华为获取的用户"知情同意"授权，能否对抗腾讯享有的"数据控制权"。从现行法律来看，我国缺乏关于数据权属问题的明确规定。在互联网相关法律法规方面，我国《电信和互联网用户个人信息保护规定》和《网络安全法》仅从保护个人信息安全角度规定了电信、互联网运营商收集、使用个人信息应当经被收集者同意，并未对企业间或者用户与双方企业间的数据分享、使用、收益等权利进行规定。在民法和知识产权法方面，数据权属无法完全参照物权予以界定，数据信息的基本特征亦不符合知识产权法保护路径。在不正当竞争法方面，法院虽在"新浪微博诉脉脉"案中对互联网企业在获取、使用用户信息的商业行为予以规范和界定，却未涉及数据权属这一本质问题。

第二，数字交易市场法治化程度不高。一方面，数据交易流动相应法律规则的缺失和不完善，导致企业在面临数据争议时，很有可能采取不规范的市场行为来获取、利用数据，忽视竞争底线，对社会公共利益造成损害。例如，菜鸟与顺丰采用关闭数据端口的方式不仅对企业声誉造成不利影响，更对企业用户造成很大损失，影响正常的市场秩序。另一方面，大数据领域市场监管体系不完善，体现在对大数据相关市场争议纠纷缺乏事先防范，以及市场监管机构缺位，近来的企业数据之争本质上属于市场竞争行为，从长远看，数据行业及其市场的规范化，有赖于政府部门、社会组织建立起科学、合法、有效的市场监管体系。尤其是当大数据打通产业全链路，形成以数据为基础的新型商业竞争模式，传统的市场监管体系如何完善，数据交易监管体系如何设立，成为急需解决的问题。

第三，个人信息安全及隐私的法律保护不完善。"知情同意"架构法律适用存在困难，企业与个人约定的隐私条款过于宽泛、复杂，多数用户对自身数据被采集和利用的情况并不完全了解，"知情同意"在多数场合成为企业获取、利用个人信息的形式依据，而其保护个人信息的实质内涵和基本出发点则被企业所忽视。我国个人信息保护的法律体系仍存在规范层级低、立法碎片化等问题，依靠传统法律体系、分散性法律制度对个人信息保护进行规范，不仅带来法律适用的不确定性，也对公民权利意识、司法救济及政府部门自身规范造成不利影响。

建议推进数据权属相关法律法规制定和完善，促进有关数据权属的法律研究，推动大数据相关立法进程，确立数据相关的法律权利和义务，建立统一的数据交易规则。建立统一规范的数据交易机制，依法构建数据资源交易机制和定价机制，加强对数据交易服务机构的监管，形成数据交易机构规范化运行机制，加速建立和完善数据交易的技术标准及安全标准体系，积极参与大数据国际化标准的制定。建立大数据行业监管体系，明确政府监管部门对大数据行业的相关职能及执法权限，制定细化部门规章及执行细则，针对大数据行业运行特点、竞争新样态依法建立科学、合理的大数据行业监管机制，促进大数据行业公平有序竞争。推进个人信息保护法制定，推动个人信息保护的专门立法，强化对个人信息的行政保护，统筹各行业对个人信息的全面保护，进一步完善现行法律法规中对个人信息保护的相应规定及条款。建立交易隐私与信息安全评估机制，对交易的数据集进行专门的安全风险评估，涉及隐私与信息安全问题的，要求交易方履行充分的匿名化义务，向公众公开匿名化数据集所包含的数据要素，隐私与信息安全风险较高的，应限制交易的对象，并通过合同机制对购买方提出限制性要求等。

第三十一章　"云上贵州"数据共享交换体系整体接入国家平台

一、事件回顾

2017 年 5 月 25 日，贵州省人民政府与中国国家信息中心签署了《大数据发展战略合作协议》，国家平台整体纳入"云上贵州"数据共享交换系统，贵州省成为首个实现地方数据共享交换系统与国家平台对接的省份。《战略合作协议》的目的是依托于国家电子政务云数据中心体系（试点示范）建设项目，探索"三融五跨"（技术融合、业务融合、数据融合及跨层级、跨地域、跨系统、跨部门、跨业务）的政务数据共享交换新机制，积极有效推动国家大数据（贵州）综合试验区的建设发展。《战略合作协议》的建设内容主要包括共同推进国家电子政务云数据中心体系（试点示范）建设项目南方节点建设、共同推动电子政务外网建设应用，探索政府数据共享交换新模式、新机制以及建立有效的沟通机制三大部分。

第一，贵州省人民政府以国家电子政务云数据中心体系（试点示范）建设项目为依据，采用云技术，开展贵州节点建设工程，加大基础设施、电力保障等方面的政策扶植力度。第二，贵州依托云上贵州数据共享交换平台为基础，构建统一的省级政府数据共享交换平台，并且统筹接入国家平台，实现国家平台数据与贵州省政务数据双向共享。第三，双方加强人才交流机制建设，促进多样化人才队伍培养。第四，国家信息中心派出专家对国家电子政务云数据中心体系（试点示范）建设项目南方节点、云上贵州数据共享交换平台的建设展开实施指导工作。

二、事件评析

"云上贵州"数据共享交换体系整体接入国家平台是构建国家大数据中心一体化工作的具体落实，对探索"三融五跨"的政务数据共享交换新机制，快速推动国家大数据（贵州）综合试验区的建设具有里程碑意义。"云上贵州"积极开展政务数据资源目录梳理，打通政务信息壁垒，以大数据思维为指引，推进政府部门间的数据整合、共享和应用，在提升政府决策、管理、服务能力等方面起到重要作用。贵州作为首个将地方数据共享交换系统纳入国家平台的省份，在开展政府数据共享交换工作上起到引领示范作用，其重点打造的国家电子政务云数据中心南方节点，将成为国家其他省份可借鉴推广的宝贵经验。国家信息中心和贵州省开展大数据领域的战略合作，与中国数字化、融合化发展趋势相呼应，通过各领域合作的经验积累，互为依托、互相促进，为发展中国大数据事业做出更大贡献。

第三十二章　中国大数据产业发展水平评估报告发布

一、事件回顾

2017年8月，在工业和信息化部信软司指导下，中国电子信息产业发展研究院发布了《中国大数据产业发展水平评估报告（2017年）》（以下简称《评估报告》），重点聚焦于区域、行业、企业三个层面，通过制定指标体系测算发展指数，剖析发展水平、层次和特点，分析存在的不足和问题，这对于研判应采取的政策措施、推动我国大数据产业快速发展具有积极作用，为我国大数据产业健康发展和相关产业管理工作提供了有力支撑。

二、事件评析

推动大数据产业持续健康发展，是党中央、国务院作出的重大战略部署，是实施国家大数据战略、实现我国从数据大国向数据强国转变的重大举措。我国大数据产业发展已经取得了积极进展，大数据基础环境不断优化、数据资源大量积累、大数据企业快速发展、行业应用不断深化，但由于大数据定义和边界的不清晰、相关统计体系的缺失，造成业界对我国大数据产业发展取得的成绩、存在的问题、所处的发展阶段等情况难有准确的判断。

在此背景下，工信部信软司指导中国电子信息产业发展研究院发布《中国大数据产业发展评估报告（2017年）》（以下简称《报告》），这是《大数据产业发展规划（2016—2020年）》制定后，我国发布首份年度大数据产业评估报告。《报告》分为总体篇、区域篇、行业篇、企业篇、展望篇五个篇章。总体篇在《大数据产业发展规划（2015—2020）》确定的新方向和新要求基础上，全面阐述了大数据产业概念及界定、发展概况与评估体系。区域篇结合往年《中国大数据产业生态地图》，重点比较了全国各省市大数据产业发展水平，并从环境、产业、应用三个层面剖析了区域大数据的发展特点。行业篇围绕大数据＋时代到来引发的新变革，对各行业大数据发展水平进行了评估，并从基础环境、数据汇集、行业应用三方面分析了行业大数据发展特点。企业篇围绕基础画像、技术研发以及市场拓展三个维度对我国大数据企业进行了综合评估和梳理分析，并且首次评出大数据企业 TOP100，同时对产业链环节、行业解决方案、特色细分领域大数据企业做了重点剖析比较，评出大数据企业 TOP5。

《报告》在区域、行业、企业三个方向分别建立了大数据产业评估标准。区域大数据发展评估指标主要围绕我国 31 个省、自治区、直辖市对区域大数据产业发展水平进行评估。行业大数据发展评估指标主要围绕工业、金融、教育等 10 个行业对行业大数据发展水平进行评估。企业大数据发展评估指标主要评估开展大数据相关业务的主要企业的发展水平。

《报告》中区域大数据发展评估指标用于评估一定区域范围内大数据产业的发展水平，主要针对省域区域范围。区域大数据发展评估主要从三个方向展开：一是评估区域大数据产业发展的基础环境；二是评估区域大数据产业发展水平；三是评估区域大数据应用发展水平。区域大数据发展评估指标由 3 个一级指标和 10 个二级指标构成。

《报告》中行业大数据发展评估指标用于评估面向特定行业应用的大数据产业发展水平，重点行业包括工业、政务、交通、医疗、教育、旅游、金融、电信、农业和商贸。行业大数据发展评估主要从四个方向展开：一是评估行业大数据发展的基础环境；二是评估行业数据资源采集及汇集水平；三是评估行业大数据应用水平；四是评估行业大数据应用效益。行业大数据发展评估指标由 4 个一级指标和 10 个二级指标构成。

《报告》中企业大数据发展评估指标用于评估开展大数据业务的大数据企业发展水平。企业大数据发展评估主要从三个方向展开：一是评估企业的综合发展水平；二是评估企业在大数据领域开展技术和产品研发创新的能力；三是评估企业在市场竞争中地位。

企业大数据发展评估指标由基础画像、研发创新和市场拓展 3 个一级指标和 8 个二级指标构成。同时，对产业链环节、行业解决方案、特色细分领域大数据企业做了重点剖析比较。

第三十三章　关于个人信息和重要数据
保护的相关政策文件逐步建立

一、事件回顾

2017年，我国制定发布了《中华人民共和国网络安全法》《个人信息和重要数据出境安全评估办法（征求意见）》等关于个人信息和重要数据保护的相关政策文件，同时，《关于办理侵犯公民个人信息刑事案件适用法律若干问题的解释》、《民法总则》、《刑法修正案（九）》等法律法规也作出关于个人信息保护的相关修订完善，织密了法律保障网络。

二、事件评析

《网络安全法》是我国的网络安全基本法，对保障我国网络安全有着重大意义。《网络安全法》全文共7章79条，包括：总则、网络安全支持与促进、网络运行安全、网络信息安全、监测预警与应急处置、法律责任以及附则。一是明确了网络空间主权的原则；二是明确了网络产品和服务提供者的安全义务；三是明确了网络运营者的安全义务；四是进一步完善了个人信息保护规则；五是建立了关键信息基础设施安全保护制度；六是确立了关键信息基础设施重要数据跨境传输的规则。

为了保障网络信息健康有序自由流动，防止公民个人信息被泄露和非法使用，保护公民个人信息安全，《网络安全法》第四章（网络信息安全）规定了公民个人信息保护的基本法律制度。一是网络运营者收集、使用个人信息必须符合合法、正当、必要原则。二是网络运营商收集、使用公民个人信息的目的明确原则和知情同意原则。三是公民个人信息的删除权和更正权制度，即个人发现网络运营者违反法律、行政法规的规定或者双方的约定收集、使用其个人信息的，有权要求网络运营者删除其个人信息；发现网络运营者收集、存储的其个人信息有错误的，有权要求网络运营者予以更正。网络运营者应当采取措施予以删除或者更正。四是网络安全监督管理机构及其工作人员对公民个人信息、隐私和商业秘密的保密制度等。

《网络安全法》首次在法律中确立了对个人信息及重要数据出境的安全评估制度，并授权国家网信部门会同其他监管部门制定详细的安全评估实施办法。在此背景下，国家互联网信息办公室以《网络安全法》及《国家安全法》为依据，发布了《个人信息和重要数据出境安全评估办法（征求意见稿）》（以下简称《评估办法》），提出网络运营者在我国境内运营中收集和产生的个人信息和重要数据，因业务需要向境外提供的，应进行安全评估。在安全评估的适用范围上，《评估办法》已经超出了《网络安全法》第三十七条规定的范围。按照第二条的规定，所有网络运营者在境内收集和产生的个人信息和重要数据应当在境内存储，这是一般性要求；作为例外，对于因业务需要，确需向境外提供的，应当事先进行安全评估。此条明显地扩大了数据本地化要求的适用范围。《评估办法》对数据出境亦作出了明确规定，即数据出境是指网络运营者将在中华人民共和国境内运营中收集和产生的个人信息和重要数据，提供给位于境外的机构、组织、个人，并对数据出境的评估方式作出规定，即通过自行评估及监管机构评估的方式对数据出境进行监管。与《网络安全法》相比，《评估办法》扩大了数据本地化及安全评估义务适用对象的范围，并且对网络运营者施加了广泛的评估义务（自行评估或监管机构评估），但相关明确、具体的标准、程序、要求尚未出台。在这样一个数字化迅速发展的世界，《评估办法》发布及实施后，可能对跨境运营公司的运营及 IT 结构产生广泛影响。《评估办法》与现有法律制度的衔接（例如现有法律法规之中存在境内存储或出境限制的特别规定）、网信主管部门与行业主管部门的对接和配合，也待在实践中进一步观察。

此外，最高人民法院、最高人民检察院发布的《关于办理侵犯公民个人信息刑事案件适用法律若干问题的解释》对于侵犯公民个人信息罪入罪要件"情节严重"如何界定、拒不履行公民个人信息安全管理义务的行为是否担责、涉案公民个人信息的数量如何计算做出了明确规定，对侵犯公民个人信息犯罪的定罪量刑标准和有关法律适用问题作了全面、系统的规定。2017年10月1日起实施的民法总则首次从民事基本法律层面提出个人信息权，明确了个人信息保护的基本行为规范。

第三十四章　我国公布人工智能四大
国家级开放创新平台

一、事件回顾

2017 年 11 月，在北京召开中国新一代人工智能发展规划暨重大科技项目启动会，会议宣布成立新一代人工智能发展规划推进办公室和新一代人工智能战略咨询委员会，同时公布了我国新一批人工智能国家级开放创新平台，分别是：依托百度公司建设自动驾驶国家新一代人工智能开放创新平台；依托阿里云公司建设城市大脑国家新一代人工智能开放创新平台；依托腾讯公司建设医疗影像国家新一代人工智能开放创新平台；依托科大讯飞公司建设智能语音国家新一代人工智能开放创新平台。

二、事件评析

此次会议公布我国人工智能国家级开放创新平台，标志我国新一代人工智能发展规划进入全面启动阶段。人工智能作为引领未来的战略性技术和新一轮产业变革的核心驱动力，已成为全球国家层面争夺战略制高点的目标。2017 年 7 月，国务院发布了《新一代人工智能发展规划》，将人工智能提升至国家战略，强调要构建开放协同的人工智能科技创新体系，强化人工智能对科技、经济、社会发展和国家安全的全面支撑，提出了面向 2030 年我国新一代人工智能发展的指导思想、战略目标、重点任务和保障措施。《规划》为人工智能产业应用的加速落地实施提供了政策支撑，进一步发展人工智能产业、提升自主创新能力提供战略方向。新一代人工智能开放创新平台代表我国人工智能发展的前沿领域，随着平台不断开源开放，将带动我国人工智能应用场景全面拓展。

人工智能四大创新平台将分别依托百度、阿里、腾讯、科大讯飞建设自动驾驶、城市大脑、医疗影像、智能语音领域的国家人工智能开放创新平台。百度在人工智能领域深耕已久，此次，百度着眼自动驾驶，无人车量产计划在即。阿里云 ET 城市大脑目前已成为全球规模最大的人工智能公共系统，能够全局实时分析城市情况，智能化统筹调度公共资源，及时发现城市运行管理漏洞，ET 城市大脑已在杭州、苏州等地展开应用。腾讯打造了国内首个人工智能医学影像产品——腾讯觅影，主要用于筛查常见恶性肿瘤，其早期食管癌智能筛查系统最为成熟，实验室准确率在 90%，现已进入临床前实验阶段。科大讯飞作为 A 股市场人工智能龙头，在人工智能语音识别领域取得突破，其识别准确率已从 2010 年的 60.5% 升级到 95%，其自主研发的全球首个提供移动互联网智能语音交互能力的讯飞开放平台，截至 2017 年 11 月累计终端数已达 15 亿，日均交互次数达 40 亿，智能语音正在教育、医疗、司法、智慧城市、客服等领域加快应用，推动交互模式变革。

四大国家人工智能开放创新平台的推出是国家力量用于扶持人工智能产业的一种体现。人工智能利好政策的逐步兑现，加速推动我国人工智能产业的落地，预示我国目前已进入人工智能产业的"黄金窗口期"。国家推动设立以龙头企业为依托的开放创新平台，意在发挥其引领作用，帮助人工智能中小企业找到垂直细分领域可执行可操作的应用场景。同时，四大平台要担起研究并解决共性难题的责任，积极协调各方资源，共同推进各类标准的制定。国家级四大人工智能平台的发布将会是未来中小企业的标杆，起到牵头带动作用的同时确保中小创新企业的利益不受损害，建立人工智能全产业健康生态场。中国人工智能产业在技术迅猛发展、应用加速渗透、政策利好不断的大环境下，有望实现弯道超车，发展前景十分可期。

第三十五章　第四届世界互联网大会公布 14 项世界领先科技成果

一、事件回顾

2017 年 12 月，主题为"发展数字经济促进开放共享——携手共建网络空间命运共同体"的第四届世界互联网大会成功在浙江乌镇举办，会议邀请了联合国经济和社会事务部、国际电信联盟等作为协办单位，围绕数字经济、前沿技术、互联网与社会、网络空间治理和交流合作，设置分享经济、人工智能、数字丝绸之路等 20 个分论坛展开讨论。会议公布 14 项世界领先科技成果，滴滴的大数据移动出行平台、阿里巴巴 ET 大脑、百度 Duer OS 等产品成功入选。会议还首次发布了《世界互联网发展报告 2017》和《中国互联网发展报告 2017》。

二、事件评析

自 2017 年 7 月份以来，本届互联网大会面向全球共征集互联网的先进成果近一千项，比 2016 年多一倍。由全球互联网领域的 40 余名专家组成的"世界互联网领先科技成果委员会"评选出 14 项 2017 年最顶尖、最具代表性的独立科技成果，其中有 8 项来自中国，包括滴滴基于大数据的新一代移动出行平台、摩拜无桩智能共享单车、阿里巴巴 ET 大脑、百度 Duer OS 等，反映了全球最新最重要的技术突破，体现了世界互联网最新的发展动态。

滴滴基于大数据的新一代移动出行平台是人工智能搭建的新一代出行平台，以滴滴大脑作为平台的智能决策中心，利用大数据技术、强大的计算能力以及坚实的通信设施基础，打造了支持 4.4 亿用户的移动出行服务平台。该平台可以实时获取交通数据、路网特征、公众出行特征等交通信息，最大化利用交通运力，并作出最优决策，提高城市通行效率，为公众出行、企业服务、政府管理和决策等提供高效率服务，促进了"开放、高效、可持续"的移动出行生态建设，产生了巨大的经济和社会效益。

摩拜无桩智能共享单车是全球首个基于移动互联网和物联网研发的智能共享单车，研发了全球首把基于物联网的智能锁，内置移动物联网芯片及"北斗＋GPS＋格洛纳斯"多模卫星定位芯片，实现对每辆车的追踪观察，保证使用者的安全以及提高每一辆车的周转效率。摩拜共享单车打破固定地点取还车的窠臼，解决人们使用自行车无法"想用就用，想停就停"的痛点，实现共享单车的智能化管理。据统计，截至2017年10月，摩拜单车已进入全球9个国家超过180个城市，运营着超过700万辆智能共享单车，全球用户超2亿。

阿里云ET大脑将人工智能技术、云计算大数据能力与垂直领域行业知识相结合，它不仅仅是机器视觉、语音识别、自然语言处理单个的人工智能技术，更重要的是将这些技术有机整体的实现和全局的突破，从而实现从单点智能到多体智能的技术跨越，打造具备多维感知、全局洞察、实时决策、持续进化等类脑认知能力的超级智能体。ET城市大脑专门用来解决和探索社会和经济发展当中依靠人脑所无法解决的一些棘手问题，目前已广泛应用于城市治理、实时交通感知及优化，为中国、马来西亚等国家数千万市民节省交通出行时间多达约10％，为应急车辆（如救护车）实时开辟绿色通道，压缩通行时间50％。

百度Duer OS系统可以让用户以自然语言的交互方式和设备进行对话，真正做到听清、听懂、满足，以开放赋能的生态唤醒万物。该系统一方面依托百度海量的大数据，也就是千万级的用户画像、数十亿的知识图谱以及数百亿的搜索请求，同时它也利用百度大脑先进的技术和算法，有深度学习、自然语言处理、多人对话等技术，让人与设备有更好的交互。目前，系统已广泛应用于音响、冰箱、汽车等与人们日常生活息息相关的场景及设备。此外，Duer OS还为不同类型的硬件厂商打造了智能设备平台，厂商可以从平台上免费获取Duer OS能力，极大降低使用门槛，加速产业升级。

本届大会首次发布了《世界互联网发展报告2017》和《中国互联网发展报告2017》两本蓝皮书，客观全面呈现世界和中国互联网发展现状和未来态势，为全球互联网治理贡献中国智慧，为各国更好推动互联网发展提供了有益借鉴。同时，大会积极搭建务实合作平台，促成中外政府、社会组织、企业等形成了一系列富有影响力的合作成果，密切了协同联动、促进了共治共享。

政 策 篇

第三十六章　《政务信息系统整合共享实施方案》

　　2017 年 5 月，国务院办公厅印发了《政务信息系统整合共享实施方案》（国办发〔2017〕39 号，以下简称《实施方案》），这是继 2016 年国务院印发《政务信息共享管理暂行办法》（国发〔2016〕51 号）之后，国家推动政务信息资源整合共享的又一重要文件。其目的是为了更好地推动政务信息系统整合共享，解决政府机关"各自为政、条块分割、烟囱林立、信息孤岛"等困扰我国政务信息化向纵深发展的老大难问题。《实施方案》按照"内外联动、点面结合、上下协同"的工作思路，提出"五个统一"的总体原则，即：统一工程规划、标准规范、备案管理、审计监督、评价体系，提出了加快推进政务信息系统整合共享的"十件大事"，即：加快消除"僵尸系统"、推进整合、设施共建、促进共享、开放协同、完善标准、一体化服务、上下联动等。《实施方案》的印发实施，对于转变政府职能，提高政务服务水平，便利群众办事创业，进一步激发市场活力和社会创造力具有重要意义。

一、政策背景

　　目前政务信息系统存在一系列问题，比如系统数量多、分布散，建设管理缺乏统一规划和标准规范，信息资源纵横联通共享难等，为贯彻落实习近平总书记以及党中央、国务院关于整合信息资源平台，构建全国信息资源共享体系的重要指示精神，国务院办公厅出台了《实施方案》，目的在于加快推进国务院部门和地方政府信息系统互联互通，推动政务信息跨地区、跨层级、跨部门互认共享，形成统一的政务服务平台。《实施方案》进一步细化分解各项工作任务，明确责任单位、时间表和路线图，是一份助力政务信息系统整合共享工作统筹推进的"规划图"和解决实际问题的"施工方案"。

二、主要内容

《实施方案》紧密围绕政府治理和公共服务的需要，以最大程度利企便民为目标，提出了加快推进政务信息系统整合共享、促进国务院部门和地方政府信息系统互联互通的重点任务和实施路径。

一是明确了"五个统一"的工作原则。《实施方案》提出按照统一工程规划、统一标准规范、统一备案管理、统一审计监督、统一评价体系的"五个统一"的总体原则，有序组织推进政务信息系统整合，切实避免各自为政、自成体系、重复投资、重复建设。

二是明确了"两步走"的总体工作目标。《实施方案》要求，2017年12月底前基本完成国务院部门内部政务信息系统整合清理工作，政务信息系统整合共享在一些重要领域取得显著成效，一些涉及面宽、应用广泛、有关联需求的重要信息系统实现互联互通。2018年6月底前实现各部门整合后的政务信息系统统一接入国家数据共享交换平台，各省（自治区、直辖市）结合实际，参照本方案统筹推进本地区政务信息系统整合共享工作，初步实现国务院部门和地方政府信息系统互联互通。

三是明确了加快推进政务信息系统整合共享的"十件大事"。《实施方案》提出加快推动消除"僵尸"信息系统、促进国务院部门内部信息系统整合共享、提升国家统一电子政务网络支撑能力、推进接入统一数据共享交换平台、加快公共数据开放网站建设、推进政务信息共享网站建设、开展政务信息资源普查和目录编制、构建标准体系、规范政务服务平台建设、开展"互联网＋政务服务"试点等"十件大事"。在此基础上，将"十件大事"进一步细化分解为22项重点任务，并逐一明确了任务的责任部门和时间节点。

四是明确了保障各项任务取得实效的"七项措施"。《实施方案》要求在推进政务信息系统整合共享工作中，各地方部门要从加强组织领导、加快推进落实、强化评价考核、加强审计制度、优化建设模式、建立备案制度、加强安全保障等七个方面建立推进落实长效机制，加大机制体制保障和监督落实力度。

三、政策影响

《实施方案》以政务信息系统整合共享为抓手，可以加快政务信息系统整合进度，提高政务服务水平，规范办事程序，更好地服务人民群众。

一是整合共享政务信息。以政务信息系统整合共享为抓手，可以更好地加强统筹规划和整体推进，有效地将目前分散于各级政府和部门的信息数据进行系统整合和有序共享，从整体上进一步提升政府信息资源的利用水平和政务服务能力。

二是推进"放管服"改革。以政务信息系统整合共享为抓手，可以有效破解跨地区跨部门跨层级政务服务中标准不统一、平台不联通、数据不共享、业务不协同等突出问题，有利于"放管服"改革向纵深推进。

三是提升政府服务能力。以政务信息系统整合共享为抓手，通过建设"大系统、大平台和大数据"，可以实现国务院部门集中部署的业务办理系统和地方政务服务平台互联互通，逐步实现基础信息数据和服务事项的交换共享和联动办理，进而实现"凡是能通过网络共享复用的材料，不得要求企业和群众重复提交，凡是能通过网络核验的信息，不得要求其他单位重复提供"的目标，有利于解决老百姓办事难、证明难等实际问题。

四是推动电子政务可持续发展。以政务信息系统整合为抓手，深入推进政务信息化建设，可以有效避免重复建设造成的新一轮"信息孤岛"和"数据烟囱"，更好地营造"全国一盘棋"的良好局面，推动电子政务健康协调可持续发展。

第三十七章 《关于推进水利大数据发展的指导意见》

为加快推进水利行业数据资源共享开放，深入贯彻落实党中央提出的国家大数据战略以及国务院关于《促进大数据发展行动纲要》等系列决策部署，促进水利大数据整合发展与创新应用。2017年5月2日，水利部发布《关于推进水利大数据发展的指导意见》（以下简称《指导意见》）。《指导意见》提出，以创新为动力，以需求为导向，以整合为手段，以应用为目标，以安全为保障，推进水利业务与信息技术深度融合，加快数据整合共享和有序开放，深化大数据在水利工作中的创新应用，促进水治理体系和治理能力现代化。《指导意见》具体提出了夯实水利大数据基础的四方面工作，明确了水利大数据发展和应用的六项重点任务和五项保障措施。《指导意见》的正式发布实施，对于发挥大数据在水利改革发展中的重要作用，有力支持和服务水利现代化具有重要意义。

一、政策背景

水利在国民经济运行和社会发展中发挥着重要基础性作用，是大数据形成并积累的重要领域，也具备应用的现实需求。历年来，水利结合重大信息化建设项目、资源调查与普查专项工作以及日常工作等产生和积累了海量水利数据，对认识水利规律、强化水利管理、谋划水利未来均具有重要价值。《指导意见》的正式发布实施，对于充分发挥大数据的重要作用，促进水利大数据发展应用，有力支持和服务水利现代化具有非常重要的作用。

二、主要内容

《指导意见》遵循围绕中心、服务大局，统筹规划、协同发展，整合共享、保障安全，融合创新、强化应用，上下联动、社会参与的基本原则，提出贯彻国家网络安全和信息化战略部署，紧紧围绕"十三五"水利改革发展，加强顶层设计和统筹协调，加快数据整合共享和有序开放，大力推进水利数据资源协同开放，顺应水利工作中的大数据需求，促进新业态发展，实现水利大数据规模、质量和应用水平的同步提升。

一是夯实水利大数据基础的四方面工作。《指导意见》提出，一是通过提升获取能力、整合集成资源、建立资源目录、完善更新机制，健全水利数据资源体系；二是通过新建水信息基础平台、构建横向水利业务间共享、建立纵向水利部门间交换，实现各级水利部门间信息联通；三是通过编制水利信息资源目录、有序提供共享服务，推进部门间数据共享；四是通过编制水利数据开放清单、制定水利数据开放标准、建设水利数据开放平台、汇聚水利相关社会数据、引导水利大数据开发利用，提升水利大数据的开放与应用水平。

二是明确了六大重点任务。《指导意见》提出了六大任务：一是实施水资源精细管理与评估；二是增强水环境监测监管能力；三是推进水生态管理信息服务；四是加强水旱灾害监测预测预警；五是支撑河长制任务落实；六是开展智慧流域试点示范应用。

三、政策影响

《指导意见》的发布实施，开启了水利大数据建设的新时代，对促进水治理体系和治理能力现代化提供了强大的政策性保障。

一是开启水利大数据建设应用的新时代。进行水利大数据建设，加快水利大数据协同开放，提高水利大数据应用深度和服务能力，必将有助于协调解决水资源、水环境、水生态和水灾害等问题，促进水利事业改革协调发展，为实现水利现代化提供强有力的支撑。

二是促进水利工程的现代化治理水平。《指导意见》的实施，按照国家大数据战略要求，立足水利工作发展需要，达到"健全水利数据资源体系、实现水利数据有序共享开放、深化水利数据开发应用"三大目标，促进新业态发展，支撑水治理体系和治理能力现代化。

第三十八章 《检察大数据行动指南（2017—2020 年）》

为统筹利用以司法办案数据为核心的检察数据资源，建立检察大数据利用总体架构，营造检查大数据应用生态，打造"智慧检务"，紧密依托大数据及智能语音等前沿科技，2017 年 6 月 12 日，最高人民检察院制定下发了《检察大数据行动指南（2017—2020）》（以下称《行动指南》）。《行动指南》的主要内容是，提出 2017 年至 2020 年"一中心四体系"的建设任务，即：检察大数据中心，建立检察大数据标准体系、应用体系、管理体系和科技支撑体系，以及 2017 年度的重点工作任务。《行动指南》的制定下发是对 2016 年最高人民检察院制定的《"十三五"时期科技强检规划纲要》相关规划的细化和完善，更加明确了检察大数据建设的发展路线图。《行动指南》提出了未来"智慧检务"的发展方向和目标任务，推动检察信息化建设从"服务管理为主"向"服务管理和办案并重"转变。

一、政策背景

检察大数据应用已初具规模。伴随着电子检务工程的不断实施，新的应用系统陆续建成并投入使用，各类检察数据资源进一步丰富充实，数据涵盖司法办案、检察办公、队伍管理、检务保障等。在此基础上，全国部分检察机关也逐步开始探索大数据技术在智能检索、类案推送、辅助定罪量刑、绩效管理中的作用。

检察大数据应用的需求增加。2016 年最高人民检察院制定下发了《"十三五"时期科技强检规划纲要》，确立了检察机关"感、传、知、用、管"五维一体的智慧检务应用体系总体目标，并明确了"逐步搭建大数据支撑环境，逐步开展大数据应用"，为"智慧检务"奠定基础的检察大数据建设任

252

务。为进一步细化和完善《规划纲要》，依托电子检务工程"六大平台"成果基础，"两高一部"科技专项课题、电子检务工程二期等，推动"十三五"时期科技强检规划落地实施和目标实现，最高人民检察院制定了《行动指南》。旨在充分应用大数据等相关现代科技手段，进一步规范司法行为，破解司法不公、司法不规范、效能不足等问题，提高司法办案质效和检察机关公信力，谱写检察事业发展新篇章。

二、主要内容

各级检察机关充分挖掘利用以司法办案数据为核心的检察数据资源，依托大数据等相关前沿科技，建立"一中心四体系"的检察大数据总体架构。

一是推进国家检察大数据中心建设。《行动指南》提出科学规划国家检察大数据中心建设布局，汇聚处理全国检察大数据资源。具体由省级检察大数据中心（国家检察大数据分中心）负责辖区内大数据资源的收集和处理，大力推进检察大数据共享交换平台、检务大数据资源库、大数据软硬件基础资源、智能语音大数据平台资源、大数据异地灾备中心等建设。

二是完善检察大数据标准体系。《行动指南》提出依托电子检务工程的标准体系，建立健全内容完整、项目科学、协调统一的检察大数据标准体系，加快建立检察大数据基础数据采集、应用、安全等技术标准体系，推进物理环境、网络基础设施、数据采集、数据质量、分类目录等关键共性标准的制定和实施，推进大数据业务系统操作规范等流程标准制定，制定检察大数据管理规范。

三是扩展检察大数据应用体系。《行动指南》提出积极推进智慧检务基础类应用建设，依托大数据为深化司法体制改革和检察改革提供全面的数据服务。积极推进大数据在司法办案、检察办公、队伍管理、检务保障、检察决策支持、检务公开和服务等领域的深层次应用，推进大数据在政法业务协同中的应用，充分利用大数据为检察院与公安、法院等政法机关之间的业务协同提供服务，探索构建政法机关之间的大数据业务协同创新体系，提供基于大数据的多样化智能辅助检察应用。

四是构建检察大数据管理体系。《行动指南》提出建立健全检察大数据应用管理机制，充分发挥业务部门的主导作用和技术部门的统筹作用，创新检察大数据运维管理模式。最高人民检察院负责做好顶层规划，统筹推进检察大数据发展规划的实施，组织建设国家级检察大数据项目，安排开展检察大数据试点应用，及时总结成果并做好推广。地方检察机关应当充分发挥首创精神，在顶层设计的基础上，确保取得实际应用效果。

五是建设检察大数据科技支撑体系。《行动指南》提出推进智慧检务智库、智能语音与人工智能联合实验室建设，加强国内外交流与合作，构建"产、学、研、用"强强联合的良好检察大数据生态。加强与公安、法院等其他政法部门在大数据技术应用、人才培养等方面的沟通交流，相互借鉴大数据建设与应用经验。加强与域外司法机关关于大数据技术应用的学习交流，促进检察大数据应用发展。

三、政策影响

《行动指南》的发布是检察机关深化"科技强检"战略的一项全局性、战略性、基础性工作创新。通过不断推进大数据、云计算、人工智能等信息技术和检察工作深度融合。必将为全面履行检察职责、全面深化检察改革和全面推进依法治国奠定坚实基础。一是破解当前检察工作中显露的突出问题，更深层次促进检察监督职能作用发挥。二是服务管理决策，提供客观、精确、全面的决策支持，助力深化司法体制改革和检察改革。三是服务司法为民，提高司法公信力，提升检务公开水平，更好维护社会公平正义。四是以大数据及智能语音等相关技术应用为突破点，形成以类案推送、量刑建议等各项应用需求为"点"，以司法办案、服务为民等业务需求为"线"，以服务深化司法体制改革和检察改革、以审判为中心的诉讼制度改革为"面"，以实现大数据与检察工作深度融合为"体"，构建"点、线、面、体"的检察大数据应用体系框架。

第三十九章 《公共信息资源 开放试点工作方案》

针对当前公共信息资源开放工作中平台缺乏统一、数据缺乏应用、管理缺乏规范、安全缺乏保障等主要难点，2018 年 6 月 5 日，中央网信办、国家发展改革委、工业和信息化部联合印发《公共信息资源开放试点工作方案》（以下简称《试点工作方案》）。《试点工作方案》的主要内容是确定在北京、上海、浙江、福建、贵州开展公共信息资源开放试点，要求在建立统一开放平台、明确开放范围、提高数据质量、促进数据利用、建立完善制度规范和加强安全保障 6 方面开展试点，探索形成可复制的经验，逐步在全国范围加以推广。《试点工作方案》为试点地区公共信息资源开放提供了明确指引和准则，对全国各地区、各行业公共信息资源开放走向深入具有重要的指导意义。

一、政策背景

当前，我国数字经济呈高速增长态势，信息资源是数字经济的关键生产要素。推动公共信息资源开放能够为产业结构优化升级开辟新路子，为创新驱动发展提供新要素。一方面，公共信息资源开放有利于释放数据的价值，为数字经济发展注入强劲的发展动力；另一方面，公共信息资源开放驱动国家治理模式向"让数据说话、用数据决策、靠数据管理、用数据创新"转变，推进政府管理和社会治理模式创新，为提升国家治理现代化水平提供有力支撑。但我国公共信息资源开放制度尚不完善：一是各地各行业制度需落实完善；二是开放网站建设需规范统一；三是开放水平需加快提升。为此，中央网信办、国家发展改革委、工业和信息化部联合印发《试点工作方案》。以便通过试点地区试错纠错和创新示范，总结经验吸取教训，促进全国公共信息资源开放工作有序进行。

二、主要内容

《试点工作方案》要求试点地区结合实际抓紧制定具体实施方案，明确试点范围，细化任务措施，积极认真有序开展相关工作，着力提高开放数据质量、促进社会化利用，探索建立制度规范，于 2018 年底前完成试点各项任务。

一是加强平台间互联互通和上下联动。《试点工作方案》提出建立统一开放平台，并明确了试点地区开放平台架构设计和功能要求。试点地区要依托现有资源建立统一的省级公共信息资源开放平台，并与本地政府门户网站实现前端整合，与本地共享平台做好衔接。已建地市级公共信息资源开放平台要与省级开放平台互联互通。国家公共信息资源开放平台建成后，试点地区开放平台要率先与其对接，逐步实现上下联动、标准统一。

二是明确范围、提高质量和促进利用。《试点工作方案》规范并推进试点地区数据应用。一方面，提出明确开放范围、提高数据质量要求，保障开放数据的量和质。另一方面，鼓励创新应用，促进数据利用，包括宣传引导、应用竞赛、大规模连续应用实名登记等。

三是建立完善制度规范推广全国应用。《试点工作方案》就制度完善明确四方面内容：制定管理办法，明确职责分工；制定技术规范，明确运行和安全保障要求；制定本地区开放目录，明确数据及其开放属性；制定数据开放标准。

四是健全制度和措施、加强风险评估。《试点工作方案》对安全保障提出四方面要求：网络安全技术措施与开放平台同步规划、同步建设、同步运行；建立健全安全管理制度和保密审查制度，落实各项安全保护措施；建立健全应急工作机制，制定应急预案，定期组织演练；制定安全风险评估制度，特别是不同领域数据汇集后的风险评估，对存在的问题进行督导和及时解决。

三、政策影响

《试点工作方案》的出台，为试点地区公共信息资源开放提供了明确指引和准则，同时也对全国各地区、各行业公共信息资源开放走向深入具有重要的指导意义。

一是推进国家政府统一开放平台建设。《试点工作方案》将推进《关于推进公共信息资源开放的若干意见》、《促进大数据发展行动纲要》等专门针对公共信息资源开放工作进行指导的规范性文件的贯彻落实。针对当前公共信息资源开放工作中平台缺乏统一、数据缺乏应用、管理缺乏规范、安全缺乏保障等主要难点，建成国家政府数据统一开放平台，实现了"全国一盘棋"统筹衔接。

二是促进国家公共资源开放工作的进行。《试点工作方案》通过创新示范，总结经验吸取教训，促进全国公共信息资源开放工作有序进行。推进我国公共信息资源开放更加扎实深入，取得更丰硕的经济社会成效。试点工作将重点开放征信服务、社保就业、公共安全、城建住房、交通运输、医疗卫生、教育文化、科技创新、资源能源、生态环境等领域的公共信息资源。凡是不涉及国家秘密、商业秘密和个人隐私以及法律法规规定不得开放的公共信息资源，都应逐步纳入开放范围。

三是充分释放公共资源数据红利。《试点工作方案》能够进一步促进信息惠民，发挥数据规模大、市场空间广的优势，促进信息资源创新应用，推动国家治理体系和治理能力现代化。支持社会力量利用开放数据开展创业创新，促进大数据产业发展。同时，将引导基础好、有实力的机构和个人利用开放数据开展应用示范，带动各类社会力量开展数据增值开发。

第四十章 《教育部机关及直属事业单位教育数据管理办法》

为加强教育部机关及直属事业单位教育数据管理工作，推进各类教育数据的规范管理、互联互通和共享公开，确保数据安全，更好地服务教育改革发展，教育部于 2018 年 1 月 22 日制定印发了《教育部机关及直属事业单位教育数据管理办法》（以下简称《管理办法》）。《管理办法》是教育部依据国家信息资源共享管理的有关规定及国家大数据发展的战略需要而出台的非常重要的规范性文件。《管理办法》内容分为九章四十三条，内容涵盖从总则到数据采集与存储、数据共享、数据公开、数据安全管理、监督与保障等数据管理、共享实施的全过程、全方位。《管理办法》的实施必将对教育部的数据管理工作、乃至推动我国教育改革发展产生积极的影响。

一、政策背景

近些年来，得力于国家的大力倡导和推动，我国政务信息资源共享建设进度取得突破性进展，政务信息在收集、管理、共享方面，不断向制度化、规范化和程序化推进。目前，政府部门已经成为最大的信息数据生产、收集、使用和发布单位，教育部是国家的重要政府部门，同时也是信息数据生产、收集、使用的大部门。根据我国改革发展的需要，教育部门的数据管理既有亟待完善、规范、确保安全的任务，又有依法公开、共享，服务社会的责任。此次《管理办法》的出台实施，依法、有效推进各类教育数据的规范管理、互联互通和公开共享，将有效提高部门工作效率和服务社会工作能力，同时有效地打破"信息孤岛"，避免数据资源浪费，为社会提供更多的基础资料，服务于我国的改革发展。

二、主要内容

《管理办法》内容涵盖从总则到数据采集与存储、数据共享、数据公开、数据安全管理、监督与保障等数据管理、共享实施的全过程、全方位。

一是明确了教育数据管理的基本原则。在教育部统筹管理、统一标准的基础上，责任部门分头实施，各负其责；推进共享，有序公开，教育数据以共享为原则，不共享为例外；规范程序，保障信息安全，依托国家信息安全保障体系，增强教育数据共享与公开安全机制，保护个人隐私信息，保障教育数据资源安全。

二是规范了教育数据管理的工作程序。在数据采集与存储方面，明确采集教育数据均应对包括数据采集的必要性和可行性进行充分论证，并需按规定程序获得批准；设立新的教育统计调查项目和行政业务管理信息系统应符合精简、高效的原则，充分考虑基层学校的承受能力，数据采集遵循"一数一源"原则，凡属于共享平台可以获取的数据，原则上不得重复采集；建立数据质量核查和技术保障制度，确保数据的真实、准确、完整和及时。在数据共享方面，明确教育数据资源可在教育部机关及直属事业单位间、教育部和其他政务部门间实现共享；凡非共享类的教育数据资源，必须有相关法律、行政法规或党中央、国务院政策依据；涉及国家秘密、商业秘密和个人隐私的教育数据资源需要共享的，使用部门和提供部门应当签订教育数据资源共享安全保密协议，按约定方式共享数据资源。在数据公开方面，明确教育数据依照相关法律法规向社会公众公开；规定公开数据不得泄露国家秘密、商业秘密和个人隐私，切实维护数据资源主体的合法权益。在数据资源共享方面，设立统一的教育数据资源共享交换平台，用于支撑教育数据的共享交换，共享平台按照涉密信息系统分级保护要求，依托国家电子政务外网进行建设和管理；根据有关法律法规，制定涵盖数据采集、存储、共享、公开、使用等全过程的数据安全管理办法，开展数据风险评估，确定数据共享、公开类型，明确责任人，落实安全管理责任制，确保教育数据安全。

三是规定了教育数据管理工作的监督与保障措施。《管理办法》就教育数据管理的监督与保障工作，安排了具体部门，提出了具体任务，规定了具体措施，以保证教育数据管理工作的依法、有序进行。

三、政策影响

《管理办法》的制定实施是教育数据信息管理工作规范化、程序化、制度化的重要的新起点，在教育部门最大限度发挥数据资源优势，不断提高工作效率和服务能力的同时，也将为国家及各部门的行政决策贡献重要的基础依据。

一是充分利用教育数据的管理促进工作效率的提高。教育关系国计民生，教育关系国家的未来。教育部门机关及各事业单位长期以来积累了非常珍贵和非常宝贵的数据信息资源，《管理办法》的制定实施，可以有效打破系统内部的"信息孤岛"现象，变局部资源优势为系统优势，更好地提高工作效率，提高社会服务水平，促进我国教育事业的改革发展。

二是充分利用教育数据的管理有效减轻基层负担。《管理办法》指出，设立新的教育统计调查项目和行政业务管理信息系统应符合精简、高效的原则，充分考虑基层学校的承受能力，数据采集遵循"一数一源"原则。凡属于共享平台可以获取的数据，原则上不得重复采集。这一规定，可以充分利用信息平台的共享，最大限度减轻基层学校的数据采集报送压力，更好地做好基层教育教学工作。

三是充分利用教育数据的管理有效整合资源。《管理办法》的制定实施，可以依托国家电子政务外网的建设和管理，充分释放教育数据应发挥的作用，进一步促进教育数据信息惠民。通过与国家大数据平台的互联共享，可以充分发挥教育系统数据规模大、市场空间大的优势，促进信息资源的创新应用，为推动国家治理体系和治理能力现代化建设做出贡献。

第四十一章 《智慧城市时空大数据与云平台建设技术大纲》（2017版）

国家测绘地理信息局正式印发通知，发布了《智慧城市时空大数据与云平台建设技术大纲》（2017版），以下简称《技术大纲》。《技术大纲》进一步明确了测绘地理信息部门在智慧城市中的工作定位，突出了时空大数据和时空信息云平台两项重点任务，明确了建设目标、建设思路、技术路线及建设要求；进一步明确了测绘地理信息部门的任务是开展智慧时空基础设施建设及应用，为智慧城市建设提供时空基础。时空基础设施作为智慧城市建设重要组成，既是不可或缺、基础性的信息资源，又是其他信息交换共享与协同应用的载体，实现基于统一时空基础下的规划、布局、分析和决策。《技术大纲》的发布对指导各地加快推进智慧城市时空大数据与云平台试点建设、加强与其他部门智慧城市工作的衔接、全面支撑智慧城市建设具有重要意义。

一、政策背景

十九大报告提出，要"永远把人民对美好生活的向往作为奋斗目标"，要求"建设科技强国、质量强国、航天强国、网络强国、交通强国、数字中国、智慧社会"。中央领导同志多次对智慧城市建设作出重要指示批示，国家相继出台多个文件对此项工作作出部署，智慧城市建设已成为国家战略。智慧城市建设是测绘地理信息部门的重要职责，是测绘地理信息事业转型升级的良好机遇。国家测绘地理信息局于2012年启动智慧城市时空信息云平台建设试点工作，目前已有46个城市被列为试点城市，其中4个城市建成并验收，取得了一些有推广价值的经验。但是也暴露出一些问题，如有些城市设计水平不高、建设缓慢，部分省级测绘地理信息部门监督指导不力，企业的参与度需要进一步提高，创新建设不够，等等。

为深入贯彻国家关于智慧城市建设部署要求，全面总结和凝练近五年试点经验，解决存在的突出问题，国家测绘地理信息局加强政策制定，从两个层面，指导试点建设。一是从工作层面作出全面部署，明确试点主要目标、任务内容和各方职责等。二是对 2015 版《技术大纲》进行修改，形成 2017 版《技术大纲》，使技术层面更具指导性和操作性。

二、主要内容

与 2015 版相比，2017 版技术大纲进一步明确了测绘地理信息部门在智慧城市中的工作定位，突出了时空大数据和时空信息云平台两项重点任务，明确了建设目标、建设思路、技术路线及建设要求；进一步明确了测绘地理信息部门的任务是开展智慧时空基础设施建设及应用，为智慧城市建设提供时空基础。时空基础设施作为智慧城市建设重要组成，既是不可或缺、基础性的信息资源，又是其他信息交换共享与协同应用的载体，实现基于统一时空基础下的规划、布局、分析和决策。主要有以下四个方面的新要求。

一是明确了智慧城市时空基础设施建设的任务和定位。按照《新型智慧城市建设部际协调工作组 2017—2018 年任务分工》有关要求，新大纲明确了测绘地理信息部门在智慧城市中的工作定位，即时空基础设施作为智慧城市建设重要组成，既是不可或缺、基础性的信息资源，又是其他信息交换共享与协同应用的载体。

二是突出了时空大数据和时空信息云平台两项重点建设任务。明确提出各地应着力丰富包括基础地理信息数据、公共专题数据、智能感知数据和空间规划数据在内的时空大数据，构建智慧城市建设所需的地上地下、室内室外、虚实一体化的时空数据资源。时空信息云平台要面向不同需求、不同用户，分别搭建通用平台、专业平台和个性平台。

三是加大了对知识分析挖掘的技术要求。在时空大数据的管理分析中，增加大数据挖掘能力，强化了对基于时空大数据开展挖掘分析、决策服务的技术要求；在时空信息云平台中，新增知识引擎，要求其能够通过提供不同层次能力的大数据分析工具，帮助用户完成对数据的深度挖掘，进而获取有价值的知识。

四是加强了对典型示范应用的建设要求。2017 版《技术大纲》从坚持需求导向、问题导向、注重解决民生问题、实现信息共享和业务融合等方面，对示范应用提出了新的要求，并给出了 10 项涉及城市重点领域、重大工程、便民利民的应用案例，便于城市根据自身的需求，选择需求迫切和特色突出的应用领域开展示范建设。

三、政策影响

《技术大纲》的出台是全国智慧城市时空大数据与云平台建设从试点探索到全面建设的重要转折点。在《技术大纲》的指引下，国家测绘地理信息局将继续加大时空大数据建设的推进力度，对今后时空大数据的建设也确立了四个重点工作方向。

一是加快推进试点立项。进一步完善相关政策机制，加大组织动员力度，鼓励条件具备的城市积极申请建设试点，力争到 2018 年底，经济发达的省（区、市）有 2—3 个试点城市，经济欠发达的省（区、市）有 1 个试点城市，标杆示范试点城市涌现，取得明显的建设成效。到 2020 年，时空大数据在有条件的城市全面展开，时空大数据建设初具规模，经济和社会效益显著，有力支撑智慧城市建设。

二是指导做好顶层设计。积极组织开展 2017 版《技术大纲》学习研讨，让管理人员和技术人员理解吃透技术大纲新要求。指导试点做好顶层设计，时空大数据建设同城市经济社会发展的目标愿景契合，与民众关注需求、城市发展遇到的突出问题相呼应，让时空大数据落地生根，持续成长。

三是提升已试点建设水平。对于已立项试点城市，会同省级测绘地理信息部门、城市人民政府，采取加大指导、技术支撑、交流合作、典型宣传、评价检查等措施，推动城市加快试点步伐，提升试点水平，有重点、分步骤、分阶段开展建设，力争取得早期收获，发挥示范带动作用。

四是推动智慧城市成果应用。大力推进智慧城市建设成果应用的深度和广度，指导城市出台并完善地方法规或政策文件，完善时空大数据的共享、更新机制和时空信息云平台的服务、运行措施，提高智慧城市建设应用服务的能力和水平。

第四十二章　《新一代人工智能发展规划》

国务院于 2017 年 7 月 8 日正式印发《新一代人工智能发展规划》（以下简称《规划》），提出了面向 2030 年我国新一代人工智能发展的指导思想、战略目标、重点任务和保障措施，部署构筑我国人工智能发展的先发优势，加快建设创新型国家和世界科技强国。

一、政策背景

2017 年 7 月徐匡迪等一批院士研究提出"启动中国人工智能重大科技计划的建议"，中央迅速采纳，决定制定新一代人工智能发展规划，实施新一代人工智能重大科技项目。习近平总书记多次就人工智能做出重要批示，指出人工智能技术的发展将深刻改变人类社会生活、改变世界，要求抓住机遇，在这一高技术领域抢占先机，加快部署和实施。李克强总理在 2017 年《政府工作报告》中强调，要加快人工智能等技术研发和转化，做大做强产业集群。

按照党中央、国务院部署，在刘延东副总理的直接领导下，科技部、发展改革委、工程院会同相关单位在系统梳理、深入研究、广泛征求意见的基础上，研究起草了《新一代人工智能发展规划》。前期，工程院组织了各方面的专家做了大量深度研究，打下了很好的基础。经过中央政治局常委会、国务院常务会议审议通过，7 月 8 日，国务院印发《新一代人工智能发展规划》（以下简称《规划》）。《规划》提出了面向 2030 年我国新一代人工智能发展的指导思想、战略目标、重点任务和保障措施，部署构筑我国人工智能发展的先发优势，加快建设创新型国家和世界科技强国。

二、主要内容

《规划》明确了我国新一代人工智能发展的战略目标：到 2020 年，人工智能总体技术和应用与世界先进水平同步，人工智能产业成为新的重要经济增长点，人工智能技术应用成为改善民生的新途径；到 2025 年，人工智能基础理论实现重大突破，部分技术与应用达到世界领先水平，人工智能成为我国产业升级和经济转型的主要动力，智能社会建设取得积极进展；到 2030 年，人工智能理论、技术与应用总体达到世界领先水平，成为世界主要人工智能创新中心。主要内容围绕未来发展战略和方针以及发展目标做出了具体的规划，并对实施层面做出了安排。主要分为四个方面：

一是《规划》是我们国家在人工智能领域进行的第一个系统部署的文件，也是面向未来打造我国先发优势的一个指导性文件，重点对 2030 年我国新人工智能发展的总体思路、战略目标和主要任务、保障措施进行系统的规划和部署。

二是《规划》描绘了未来十几年我国人工智能发展的宏伟蓝图，确立了"三步走"目标：到 2020 年人工智能总体技术和应用与世界先进水平同步；到 2025 年人工智能基础理论实现重大突破、技术与应用部分达到世界领先水平；到 2030 年人工智能理论、技术与应用总体达到世界领先水平，成为世界主要人工智能创新中心。

三是《规划》提出以提升新一代人工智能科技创新能力为主攻方向，以加快人工智能与经济社会国防深度融合为主线，按照"构建一个体系、把握双重属性、坚持三位一体、强化四大支撑"进行总体布局，确定了建立开放协同的人工智能科技创新体系、培育高端高效的智能经济、建设安全便捷的智能社会、强化人工智能对国家安全的支撑、构建泛在安全高效的智能化基础设施体系、实施新一代人工智能重大科技项目等六方面的重点任务。主要包括：一是构建开放协同的人工智能科技创新体系，从前沿基础理论、关键共性技术、创新平台、高端人才队伍等方面强化部署。二是培育高端高效的智能经济，发展人工智能新兴产业，推进产业智能化升级，打造人工智能创新高地。三是建设安全便捷的智能社会，发展高效智能服务，提高社会治理智能化水平，利用人工智能提升公共安全保障能力，促进社会交往的共享互信。四是加强人工智能领域军民融合，促进人工智能技术军民双向转化、军民创新资源共建共享。五是构建泛在安全高效的智能化基础设施体系，加强网络、大数据、高效能计算等基础设施的建设升级。六是前瞻布局重大科技项目，针对新一代人工智能特有的重大基础理论和共性关键技术瓶颈，加强整体统筹，形成以新一代人工智能重大科技项目为核心、统筹当前和未来研发任务布局的人工智能项目群。

四是《规划》还对项目和《规划》的实施做了一些安排，包括强调发挥财政引导和市场主导作用，撬动企业、社会资源，形成财政、金融和社会资本多渠道支持新一代人工智能发展的格局，并从法律法规、伦理规范、知识产权、科学普及等方面提出保障措施。

三、政策影响

《规划》对核心技术布局设计了新一代人工智能科技重大项目。这个项目主要瞄准人工智能技术前沿，结合国家重大需求进行设计。比如大数据智能、跨媒体混合智能、群体智能、自主智能系统，这恰恰是新一代人工智能技术发展的重要方向。这个重大项目就是沿着这几个重点发展方向，从基础理论到前沿技术，从关键共性技术到技术支撑平台，以及未来可能的应用场景和应用领域进行了系统部署。结合重大项目，对围绕人工智能方面的计划项目部署进行了整体安排，形成"1＋N"的人工智能项目群，包括大数据、云计算、智能制造、机器人、量子计算、量子通信、脑科学等等。新一代人工智能重大科技项目，将和这些已经安排的项目任务，共同形成国家人工智能研发的总体布局。

第一点，《规划》中提出"1＋N"的人工智能项目群，其中的"1"就是新一代人工智能重大科技项目，专门针对新一代人工智能特有的基础理论、关键共性技术进行攻关。"N"就是围绕人工智能相关的基础支撑、领域应用形成的各类研发任务布局。

第二点，新一代人工智能重大科技项目的实施方式也有很多新的措施。项目将充分调动中央政府、地方政府、企业、社会资本等各方积极性，多渠道出资，共同发力，做好实施。《规划》确定的四个原则中，有一个重要原则就是市场主导，人工智能项目的实施也要采取市场主导的方式进行，政府搞核心的、重大的、前瞻的，其他的放手让企业搞。国家和企业联合起来做项目，并引入一些社会资本等。

第四十三章 《关于深化"互联网+先进制造业"发展工业互联网的指导意见》

国务院于 2017 年 11 月 27 日正式印发了《关于深化"互联网+先进制造业"发展工业互联网的指导意见》(以下简称《指导意见》)。《指导意见》以党的十九大精神为指引,深入贯彻落实习近平新时代中国特色社会主义思想,以供给侧结构性改革为主线,以全面支撑制造强国和网络强国建设为目标,明确了我国工业互联网发展的指导思想、基本原则、发展目标、主要任务以及保障支撑。这是我国推进工业互联网的纲领性文件,将为当前和今后一个时期国内工业互联网发展提供指导和规范。

一、政策背景

当前,发展工业互联网已经成为主要国家抢占全球产业竞争新制高点、重塑工业体系的共同选择。我国工业互联网发展起步较早,在框架、标准、测试、安全、国际合作等方面都已取得初步进展。但仍存在产业支撑能力不足、标准体系不完整、引领发展的国际型龙头企业缺乏、安全保障能力薄弱等问题,一定程度上制约了我国工业互联网迈向更高发展水平。

为全面推进我国工业互联网发展,支撑制造强国和网络强国建设,2017年,工业和信息化部按照党中央、国务院决策部署,在前期广泛调研和对重大发展问题研究论证的基础上,会同国家发改委、财政部、科技部、中国工程院等相关部门和单位,历时一年,编制了《指导意见》,2017 年 10 月 30日,经国务院常务会议审议通过。

二、主要内容

《指导意见》明确了"遵循规律,创新驱动","市场主导,政府引导",

"开放发展，安全可靠"，"系统谋划，统筹推进"的基本原则。主要内容分为三个方面：

第一，《指导意见》确立了三阶段目标。到2025年，我国基本形成具备国际竞争力的基础设施和产业体系；到2035年，建成国际领先的工业互联网网络基础设施和平台，形成国际先进的技术与产业体系，工业互联网全面深度应用并在优势行业形成创新引领能力，安全保障能力全面提升，重点领域实现国际领先；到本世纪中叶，工业互联网网络基础设施全面支撑经济社会发展，工业互联网创新发展能力、技术产业体系以及融合应用等全面达到国际先进水平，综合实力进入世界前列。

第二，《指导意见》明确了七项主要任务。着眼全球工业互联网发展共性需求和我国亟须弥补的主要短板，围绕打造网络、平台、安全三大体系，推进大型企业集成创新和中小企业应用普及两类应用，构筑产业、生态、国际化三大支撑，提出了工业互联网发展的七项主要任务。《指导意见》重点突出三大体系构建，在网络基础方面，重点推动企业内外网改造升级，构建标识解析与标准体系，建设低时延、高可靠、广覆盖的网络基础设施，为工业全要素互联互通提供有力支撑。平台体系方面，着力夯实平台发展基础、提升平台运营能力、推动企业上云和工业APP培育，形成"建平台"与"用平台"有机结合、互促共进的良好发展格局。在安全保障方面，着力提升安全防护能力、建立数据安全保护体系、推动安全技术手段建设，全面强化工业互联网安全保障能力。

第三，《指导意见》还提出了建立健全法规制度、营造良好市场环境、加大财税支持力度、创新金融服务方式、强化专业人才支撑、健全组织实施机制六大保障措施，以确保各项推进工作顺利进行，尽早实现发展目标。

三、政策影响

当前，全球工业互联网正处在格局未定的关键期和规模化扩张的窗口期，发展工业互联网已经成为主要国家抢占全球产业竞争新制高点、重塑工业体系的共同选择。《指导意见》的出台对于大力发展工业互联网，对推动互联网和实体经济深度融合，促进大众创业万众创新和一二三产业、大中小企业融通发展，建设制造强国、网络强国都具有重大而深远的意义。同时，《指导意见》点明了我国必须走出一条符合中国特色的工业互联网发展之路，为全面建成小康社会和建设社会主义现代化强国宏伟目标打下坚实基础。

其一，工业互联网作为全球新工业革命的重要基石，更大范围、更高效率、更加精准地优化生产和服务资源配置，为推进制造业供给侧结构性改革、实现制造业由大到强提供关键支撑。

其二，传统互联网向满足工业发展的新型网络演进，将推动网络基础设施演进升级，拓展网络经济空间，为网络强国建设创造重大机遇。

其三，工业互联网将向实体经济领域全面拓展，成为各生产领域由自动化向网络化升级必不可少的基础设施，为制造、能源、农业、交通以及其他产业领域带来革命性变革，从而加速新旧动能接续转换，推动数字经济全面繁荣，助力现代化经济体系建设。

展望篇

第四十四章　主要研究机构预测性观点综述

一、IDC 的预测

一是无服务器计算兴起。服务器计算日趋火热，已引起人们极大的兴趣，并正在发展。一旦人们认识到它的好处，其应用将会更加广泛。

二是谷歌获得更大的收益。谷歌云服务很难占据亚马逊和微软的市场份额，但谷歌云平台最终会给用户一个可行的选择。谷歌公司的云计算业务主管黛安·格林正在改变谷歌与客户打交道的方式，而思科公司作为合作伙伴将提供帮助。

三是边缘计算应用将继续增加。随着物联网应用的增长，移动设备的数据消费量的增加，以及高度分布式的应用在企业中的兴起，边缘计算的应用将会更加广泛。虽然建立大规模数据中心是一回事，但有些事情需要更加平衡的方法。

四是人工智能（AI）的两大用途。人工智能的主要用途之一就是能够应用在更快响应的领域，比如入侵检测。防火墙对于可疑行为向管理员发送警报的措施已不能满足要求，人工智能会检测到它，并在管理人员采取行动之前进行处理。另一个主要用途是修复或纠正可能由人为错误引起的事情。即使是最谨慎的工作人员也可能会面临失败。人工智能不会这样。除非其编程很糟糕。

五是大数据变小。麻省理工学院最近的一项研究发现，大数据通常意味着数据不良。随着数据集增长到 EB 字节，企业会越来越挑剔他们收集的数据，并开始丢弃更多的数据。

六是智慧城市的崛起。物联网将有机会在"智慧城市"中应用，如智能路灯和公共汽车站，自主控制的公共交通、交通报告、天气和其他生活质量问题。唯一的限制就是智慧城市是否有这种技术的资金支持。

七是 SSD 硬盘在企业中脱颖而出。将会发生两件事情：SSD 硬盘容量的大幅跃升，以及在虚拟环境中完全支持 SSD 硬盘的能力。这两者相结合将使 SSD 硬盘得到广泛的应用，SSD 硬盘不仅仅是作为内存和机械硬盘之间的快速缓存，还可以作为常规硬盘存储器。而 NAND 闪存供应充足，其价格将保持低位。

八是企业继续在云计算中找到平衡点。有很多的公司在将业务迁移到云端之后，将其应用程序又带回内部部署的数据中心。但最终 IT 部门会终止提高数据中心的能力的行为，并把一切带到云计算，并仔细评估服务商提供的云计算之间的差异。

九是白盒服务器得到 IT 部门关注。目前，Quanta 和 SuperMicro 等非品牌服务器供应商提供的服务器产品在亚马逊和 Facebook 的超大规模数据中心中很受欢迎，但 IT 部门仍在与戴尔和惠普等传统服务器厂商合作。预计到 2018 年，非品牌服务器将获得 IT 部门的关注。

十是超融合移动到超空间。超融合系统具有存储、虚拟化和软件定义的所有预构建和预配置功能，并且已经开始应用并将继续加速发展。如果客户可以得到一个快速启动的交钥匙解决方案，那么企业将会接受供应商的锁定。由于 EMC 和 VMware 的鼎力相助，戴尔正在走向这个市场。

十一是数据中心关闭过程减缓。一段时间以来，IT 人员都沉迷于运营自己的数据中心。在得到一些教训之后，他们意识到不能把所有的东西放在云平台上。例如企业的数据仓库。因此，IT 部门将不得不继续维持其数据中心运营。

十二是英特尔公司收购 Marvell 公司。Marvell 公司已经准备成为 Cavium 购买的主要 ARM 厂家，而这将带动英特尔公司寻求新的收入增长，并提供进入 ARM 业务的机会。

十三是水冷将会继续增长。系统超频爱好者起初将水冷技术作为冷却数据中心的一种方式，但空气冷却技术已经到达极限。随着机架功率密度的增加，以及其他设备的采用。水冷技术的效率比空气冷却要高出数百倍，非常适合拥有多达 32 个内核的新型服务器芯片的冷却。

二、弗雷斯特研究公司的预测

弗雷斯特研究公司（Forrester Research）的一份最新报告《预言2018：AI的蜜月期即将结束》预测：预计到2018年，企业将最终意识到人工智能将在企业中工作，并能够正确地规划、部署和管理企业。弗雷斯特还提到：由于界面的改善，人机协作将会变得更好；通过将资源转移到云上来增强商业智能和分析解决方案；新的人工智能功能使分析、数据管理和活动的重新设计变得更加容易，并推动了更多服务化市场的出现。因此，70%的企业预计在未来12个月内实现人工智能，高于2016年的40%和2017年的51%。以下是对弗雷斯特预计的在2018年会发生的事情的9大总结：

第一，25%的企业将通过用对话接口来补充 point‐and‐click 分析。使用自然语言查询数据并实时交付结果可视化将成为分析应用程序的标准特性。

第二，20%的企业将部署人工智能来做决策，并提供实时指令。人工智能将向客户提供建议，推荐给供应商条款，并指导员工在什么时候说什么和做什么。

第三，人工智能将消除结构化和非结构化的基于数据的洞察之间的界限。自2016年以来，在拥有超过100TB的非结构化数据的企业中，全球调查对象的数量增加了一倍。然而，由于老旧的文本分析平台非常复杂，只有32%的公司成功地分析了文本数据，而分析其他非结构化数据源的情况变得更少了。这种情况即将发生改变，因为深度学习使得分析这种类型的数据更加准确并且可以扩展。

第四，33%的企业将减去数据湖泊（data lake）的支持。如果没有与改变商业的结果有明确的联系，许多早期的接管人将会把资金投入到他们的数据湖泊上，看它们是否赚钱。

第五，50%的企业将采用云计算的大数据分析策略。弗雷斯特预计，在2018年，50%的企业将采用一种公共云的策略，以获取数据、大数据和分析，因为企业希望获得更多的成本控制，而非本地软件能够提供的灵活性。

第六，66%的企业将把客户洞察作为组织失调的补救措施的重点。随着公司以统一的方式将客户的呼声引入到每一个商业决策中，56%的企业已经报告创建客户洞察中心，而不是以集中或纯粹的分布式模型来完成这一任务。

第七，大多数首席数据官（CDO）将从防御转向进攻。面向业务的CDO将探索并利用数据进行创新的机会，要么通过内部业务流程的分析，要么通过新的外部数据支持的产品和服务。预计在2018年，超过50%的CDO将向CEO汇报他们的想法，高于2016年的34%和2017年的40%。

第八，数据工程师将成为热门的新职位。在Indeed.com上，与数据相关的工作职位大约有13%是数据工程师，而数据科学家的比例不到1%，这反映了大数据成为了关键任务的趋势，并且需要向业务分析师提供更广泛的支持。

第九，学术界将成为企业的新伙伴。像Open AI这样的非营利的新研究实验室，帮助那些提交申请的公司解决最具挑战性的分析和其他人工智能相关问题。

第四十五章　2018 年中国大数据产业发展形势展望

一、整体产业发展形势展望

（一）产业将继续保持快速增长态势

2017 年是《促进大数据发展行动纲要》深入推进关键之年，也是《大数据产业发展规划（2016—2020 年）》发布并落地实施的第一年，我国大数据产业呈现加速发展态势，产业规模不断扩大，产业链条加速完善，企业实力不断增强。包括大数据硬件、大数据软件、大数据服务等在内的大数据核心产业环节产业规模预计可达到 4200 亿元，大数据关联产业规模预计超过 7 万亿元，大数据融合产业规模预计达到 5.5 万亿元。产业链条日益完善，国内大数据公司已涵盖了数据采集、数据存储、数据分析、数据可视化以及数据安全等领域。企业实力不断增强，华为、阿里、百度、腾讯等企业的大数据技术和平台处理能力跻身世界前列，华为、联想等公司在数据存储、处理、交换等软硬件设备市场优势日益凸显。大数据初创企业也积极开展服务创新，科技企业媒体 APAC CIO Outlook 发布的"2017 亚太区大数据企业 25 强"榜单，百分点、TalkingData、Kyligence、精硕科技等四家中国企业上榜。

展望 2018 年，随着新一代信息技术产业加速变革，经济社会各领域信息网络化程度不断加深，国内旺盛的应用需求和巨大的市场空间将为大数据创新提供强大驱动力，我国大数据产业发展将继续保持高速增长势头，预计大数据核心产业规模将突破 5700 亿元，未来 2—3 年的市场规模的增长率仍将保持 35% 左右。与此同时，随着我国大数据产业进入黄金发展期，企业主体的整体实力将大幅提升，产业链条将更加完善，并且产业链各环节企业布局将更趋合理，产业链协同能力将进一步增强。

（二）融合渗透效应向更深层次延伸

2017 年，基于大数据的数字化生产、数字化制造、数字化服务等新业态不断涌现，成为推动数字经济发展的主动能。大数据在农业生产智能化、经营网络化、管理高效化、服务便捷化方面的能力水平不断提升，面向农业农村的数据采集、传输、共享基础设施日趋完善，河南农业大数据综合应用服务中心等农业大数据应用示范作用明显。在国家科技重大专项、强基工程等的有序推进下，大数据与集成电路、基础软件、核心元器件、新一代人工智能等领域的融合应用和集成创新不断加快。大数据在生活类、公共服务类、行业类及新型信息产品四大重点领域的应用日益深入，人民群众日益增长的信息消费需求不断得到满足。得益于大数据和云计算融合创新平台——"飞天"的重要支撑，"双十一"期间，阿里巴巴支付宝的支付峰值达到每秒25.6 万笔，是去年的 2.1 倍。

展望 2018 年，大数据的融合渗透效应将进一步凸显，在全球生产、流通、分配、消费以及经济运行机制、社会生活方式和国家治理能力等各个方面的应用将向更深层次拓展。同时，随着大数据技术的不断发展，其与物联网、云计算、人工智能等新技术领域的联系将更加紧密，大数据向其他技术领域的融合渗透将持续深入。

（三）制造业数字转型作用日益凸显

2017 年，随着《中国制造 2025》、《关于深化制造业与互联网融合发展的指导意见》、《深化"互联网＋先进制造业"发展工业互联网的指导意见》等政策文件的深入贯彻和出台实施，制造业数字化、网络化、智能化转型步伐不断加快，涌现出海尔、美的、东莞劲胜、尚品宅配等智能工厂建设的示范案例，以及海尔 COSMO、航天科工 INDICS、三一重工树根互联等面向行业领域的工业互联网平台。随着智能工厂改造和工业互联网平台建设步伐的不断加快，工业大数据在工业产品研发设计、生产制造、管理决策、售后服务等全流程的创新应用不断深化，催生出一批新模式、新业态，在推动制造业生产过程优化、企业管理与决策优化、产品全生命周期优化、企业间协同制造、业务模式创新，进而加速制造业数字转型中的重要作用日益显现。

展望 2018 年，在智能制造深入实施和党的十九大报告提出的"加快发展先进制造业，推动互联网、大数据、人工智能和实体经济深度融合"的精神指引下，我国工业大数据相关核心技术、产品和解决方案的研发与产业化步伐将进一步加快，装备制造、航空航天、船舶等重点行业领域的大企业工业大数据平台以及面向中小企业的工业大数据服务平台建设工作将快速推进，国家层面和地方层面的工业大数据试点示范工作将全面开展，工业大数据龙头骨干企业和创新型中小企业的服务供给能力将不断提升，以大数据驱动制造业数字化转型的新模式、新业态将不断涌现，大数据在制造业数字化转型中的核心引擎作用不断强化。

（四）技术创新仍是产业发展主基调

2017 年，大数据领域国家工程实验室陆续获批并揭牌，工信部批复多个大数据相关重点实验室，科技部、国家自然科学基金委等设立多个大数据相关重点专项、创新项目，推动我国在系统计算技术、系统软件、分析技术、流通与交易技术、协同安全技术等基础技术领域，以及医疗、教育、综合交通、社会安全风险感知与防控、工业、空天地海一体化等应用技术领域的技术研发和创新体系不断完善。同时，我国大数据骨干企业在大数据技术创新方面也不断加大投入，在数据采集、数据清洗、数据脱敏、数据可视化等多个基础性技术领域已经取得较大突破，形成了实用性强、稳定度高的技术能力，并向医疗、金融、物流、安全等行业的细分领域不断渗透拓展。此外，国内的 Gitee、开源中国等开源社区，为交流迭代最新研究成果、催生新技术、推动产业技术快速发展提供良好环境。

展望 2018 年，随着国家层面和企业层面在技术领域的深入布局，流式大数据表示和计算模型、多流数据关联分析、实时流处理技术和支持 PB 级内存和微秒级计算响应的内存计算技术以及大数据实时采集和清洗技术、大数据语义理解和协同技术、跨时空信息感知融合方法、新型数据可视化技术等大数据领域核心关键技术将加速突破。应用需求为牵引的跨学科、跨领域交叉融合技术研究也将成为发展重点。同时，作为大数据技术创新发展的基石，开源仍然是大数据技术创新的主要途径。此外，大数据的技术与人工智能、区块链、边缘计算等技术的联系将更加紧密，融合创新不断涌现。

（五）产业集聚特色化发展态势逐步显现

2017 年，八大国家大数据综合实验区的建设工作有序推进，产业集聚区特色化发展态势逐步显现。京津冀和珠三角跨区域类综合试验区注重数据的要素流通，以数据流引领技术流、物质流、资金流、人才流，以支撑跨区域公共服务、社会治理和产业转移为主线，促进区域一体化发展；贵州、上海、重庆、河南和沈阳五大区域示范类综合试验区注重数据的资源统筹，大数据产业集聚作用和辐射带动作用不断增强，有力促进区域的协同发展，实现经济的提质增效；内蒙古自治区的基础设施统筹发展类综合试验区，充分发挥其能源、气候、地质上的区域优势，对资源整合力度不断加大，在绿色集约发展的基础上，与东、中部产业、人才、应用优势地区合作逐步加强，实现跨越式发展。同时，结合地方产业发展和应用特色的大数据产业集聚区和新型工业化示范基地工作稳步推进，相关政策文件编制工作有序开展。

展望2018年，随着国家大数据综合试验区建设的不断深入，我国大数据产业特色化发展态势将日益凸显。此外，随着大数据产业集聚区和新型工业化示范基地工作的推进，全国将加快建设一批省级大数据产业集聚区，进一步优化资源配置、形成集聚效应、发挥辐射带动作用，促进地方大数据产业发展和应用，带动区域经济社会转型。

（六）产业生态体系迈入成熟完善阶段

2017年，随着大数据产业的不断发展，我国大数据产业生态体系不断完善。政策方面，工信部正式印发《大数据产业发展规划（2016—2020）》，水利部、最高检等国家部委以及广东、福建等省市均纷纷出台大数据相关产业规划和细分领域相关政策，推动我国大数据产业发展政策环境持续优化。在创新型组织建设方面，建立了一批如国家大数据创新联盟、大数据专家委员会等国家及地方的大数据行业组织，产学研用协同发展格局逐步形成。在人才培养方面，教育部批准全国共35所高校设立"数据科学与大数据技术专业"；各级政府、企事业单位也纷纷加大大数据人才培养力度，建立了一批如阿里巴巴大数据学院、贵阳大数据教育实训基地、重庆国际大数据产业学院等培训研究机构。在公共服务方面，面向大数据领域的大数据咨询研究、知识产权保护、投融资服务、产权交易、人才服务、企业孵化和品牌推广等专业服务机构不断涌现，大数据新技术、新应用、新产品的评测认证和推广平台逐步建立。在标准化工作方面，大数据技术参考架构已经完成，大数据标准体系架构不断完善，申请立项多项国家标准。

展望 2018 年，大数据相关政策将加快落地实施，更多创新性政策将加快出台，大数据产业发展环境将进一步优化。随着大数据人才培养途径的不断多元化发展以及培养能力、培养水平的不断增强，我国大数据人才供给质量、数量将大幅提升。同时，随着大数据公共服务机构以及大数据专业服务机构不断发展，面向大数据领域的软服务能力将不断提升。此外，随着投入力度的不断加大，标准体系建设、创新型组织建设也将取得较大进展，大数据产业生态体系将逐步迈入成熟完善阶段。

二、重点细分领域展望

（一）大数据硬件

数据采集技术向微型化、网络化和智能化方向演进。数据采集系统微型化使以后额数据采集系统的提及会越来越小，在满足不同环境的采集需求，能够极大地帮助人们降低成本。网络化将使得数据采集设备得出的数据更为系统，并且形成设备联网，结合大数据技术，纳入更多考虑因素，将使得数据采集分析结果更为全面。智能化的数据采集设备，将赋予采集系统更多的功能，形成更快的传输速度和更为精准的采集精度，促进感知、采集、分析一体化。

大数据一体机市场前景广阔。大数据一体机是软件与硬件相结合的集成系统产品，集数据处理、数据传输、数据存储三方面于一体。一体机通过预先集成、测试、优化，能够实现快速部署、简化 IT 基础架构，节省资源，提升系统高可用性和可扩展性。随着云计算、大数据等技术的快速发展，大数据一体机越来越得到市场认可，面临广阔发展前景。一方面，数据库加速，为取得更好的数据库性能，会在硬件层、弹性存储层做垂直深入的调优，例如采用读写更快的 SSD 盘，采用面向数据库独特的读写算法。另一方面，数据库加固，为保证数据库数据不丢失、不损坏，会在中间件服务层增加数据库的备份/恢复、容灾、定期校验等服务，提高数据的可用性。Gartner 曾预测："到 2018 年，35% 的服务器都将以集成系统方式交付"。

数据中心加快数字化发展。2018 年是边缘数据中心的一年，边缘计算充当工业园区网络、蜂窝网络、数据中心网络或云服务的分散式扩展。企业将加快分散计算能力，使其更接近数据产生的数据源。全闪存解决方案将减少设计方面的挑战，旋转磁盘的行正在被删除，让全闪存解决方案变得更有效。Gartner 最近预测，到 2021 年，50% 的数据中心将采用 SSA 来实现高性能计算和大数据工作负载，而在目前该比例还不到 10%。另外，融合技术将成为重点，这种类型的架构旨在消除资源孤岛，管理方面的挑战和规模化问题。与全闪存解决方案一样，融合和超融合基础架构（CI 和 HCI）旨在大幅度简化数据中心的设计，并使业务更加灵活。

（二）大数据软件

大数据软件产业规模将进一步扩大。随着新一代信息技术产业加速变革，经济社会各领域信息网络化程度不断加深，国内对大数据软件的需求旺盛，成为大数据软件创新的强大驱动力。随着国家层面和企业层面在大数据技术领域的深入布局，流式大数据表示和计算模型、多流数据关联分析、实时流处理技术和支持 PB 级内存和微秒级计算响应的内存计算技术以及大数据实时采集和清洗技术、新型数据可视化技术等大数据领域核心关键技术将加速突破，大数据基础软件和分析软件新产品不断涌现。此外，大数据的技术与人工智能、区块链、边缘计算等技术的联系将更加紧密，融合创新不断涌现。在各方面利好形势推动下，未来几年，大数据软件产业将快速发展，成为软件产业的重点领域。预计 2018 年大数据软件产业规模将突破 285 亿元，未来 2—3 年的市场规模的增长率仍将保持 30% 左右。

大数据软件产业将进一步向工业领域渗透扩展。在智能制造深入实施和党的十九大报告提出的"加快发展先进制造业，推动互联网、大数据、人工智能和实体经济深度融合"的精神指引下，我国工业大数据相关核心技术、产品和解决方案的研发与产业化步伐将进一步加快，工业领域的软件和信息技术服务应用需求加速释放。工业 APP 作为工业技术、工艺经验、制造知识和方法承载、传播和应用的重要载体以及软件在工业领域发挥"赋值、赋能、赋智"作用的重要体现，已成为推动我国制造业由大变强、实现我国制造业换道超车、推动软件产业进一步发展壮大的切入点、突破口和关键抓手。随着百万工业 APP 培育工程的推进，我国大数据软件将进一步从消费端向工业领域逐渐渗透。

（三）大数据服务

大数据服务产业规模将持续提升。随着大数据底层技术的加快成熟和大数据软硬件基础环节的不断夯实，面向行业应用的大数据服务正在成为大数据产业发展的主要方向。从资源要素来看，随着全国各地大数据数据中心发展格局基本形成，聚焦大数据应用的数据资源汇集能力得到大幅提升，同时，大量的数据开放平台和交易服务不断涌现，为数据的流通提供了有效的途径，基于此，聚焦于大数据服务的企业在数据资源汇集中的障碍逐渐减少。此外，随着大数据技术和理念被众多的行业所接受，支撑各行各业大数据服务发展的产业政策体系将更加完善，引导行业大数据服务健康发展。预计 2018 年，大数据服务整体产业规模将保持高速增长态势，增速将超过大数据硬件及软件收入增速。

通用服务和行业服务将并行发展。大数据服务产业所含领域较多，如围绕大数据产业链服务环节的通用型大数据服务、支撑大数据产业发展的关联环节（大数据教育、大数据交易等）以及面向重点行业应用的大数据服务。由于不同创新主体的基础不同，发展方向和目标不同，大数据服务产业的创新方向主要有两个：一是包括大数据清洗加工、价值挖掘、可视化等在内通用型大数据服务，这一领域的创新主要聚焦于关键技术的创新，进而带动相关服务产品的研发；二是面向重点行业应用场景的定制化大数据服务，这一领域的创新则重点在于将现有的大数据服务技术与行业应用场景和业务的紧密融合。预计 2018 年，在大数据清洗加工、价值挖掘、数据可视化等方向的大数据服务技术将取得突破，相关业态更加成熟，同时，在金融、医疗、交通、工业等行业应用领域，大数据服务的市场空间将持续扩大。

传统行业企业将在产业发展中占据重要位置。大数据服务主体具有多样性，既有拥有软件核心技术的软件企业，也有在信息技术服务领域具有广阔的市场渠道的信息技术服务企业，也包括拥有大量数据资源的互联网企业以及在网络服务中占据主导地位的运营商等。随着大数据服务业发展逐渐成熟，未来的大数据服务必将要与行业应用场景紧密结合，具有定制化、服务化、灵活性等特点，其主要的服务业态将是行业解决方案的提供以及特定服务的定制开发。因此，随着大数据底层技术的开源开放，熟悉行业应用场景以及拥有丰富行业数据资源的行业企业将成为大数据产业发展的新的主体，为大数据服务产业的发展带来新的活力。预计 2018 年，将有更多的行业企业开始从事大数据服务业务，其中，在金融、物流、航天、装备制造等行业领域有望率先培育出行业领军企业。

（四）大数据安全

政策和技术的双轮驱动，进一步拓展大数据安全市场空间。从政策角度来看，2017 年网络安全法正式施行，数据安全保护逐渐有法可依，尤其是面向个人信息保护和关键信息技术设施的保护重视程度进一步提高，这无疑将激发数据安全防护需求，也将引导更多的企业和团队专注于大数据安全发展。从技术角度来看，现阶段来看，我国信息安全产业的增长动力主要源于国内信息安全产品的持续迭代，以及各行业应用领域对安全环节整体投入比例的提升。随着云计算、大数据、人工智能、区块链等新兴技术的演进和发展，这些新兴技术应用也带来了城市级的信息安全服务，以及信息安全产品的SaaS 化，使得信息安全的客户群体和市场规模持续扩大，以云安全、工控安全、工业互联网安全、态势感知、数据安全等为代表的新兴领域成为行业新的增长点。

大数据与人工智能融合创新将成为产业发展主流。人工智能可以应对网络泛化的数据安全，传统来看，网络边界较为清晰，守住边界即可保障网络安全，如今万物互联时代，智能终端设备和数据量呈现爆发式增长，网络泛在化趋势明显，防护边界逐渐模糊，甚至消失，传统的网络安全防护手段已经无法满足泛网络化的数据安全保障。人工智能技术可以对用户进行实时行为分析，提高分析结果的准确性，同时让威胁检测更加便捷高效。此外，人工智能可以显著提升安全运维效率，以机器学习为代表的人工智能技术可以自动生成规则和提取特征，并通过对系统海量数据和安全事件的分析判断，能够更好地主动感知和预判下一次事件的发生，大幅提高网络安全防护能力和效率。2017 年 1 月，麻省理工研究出新型混杂系统，基于人工智能梳理数据，并将分析的异常行为提交给分析人员，能够检测出 85% 的攻击，提出通过人和人工智能的协同能够构建更为强大的网络安全体系。

后 记

《中国大数据产业发展蓝皮书（2017—2018）》由赛迪智库软件产业研究所编撰完成，力求为中央及各级地方政府、相关企业及研究人员把握产业发展脉络、研判大数据产业前沿趋势提供参考。

本书由曲大伟担任主编，韩健统稿。全书主要分为综合篇、行业篇、应用篇、区域篇、企业篇、热点篇、政策篇和展望篇七个部分，各篇章撰写人员如下：

综合篇：何明智、黄文鸿；行业篇和企业篇：韩健、蒲松涛、吕海霞、许亚倩；应用篇：杨婉云、王宇霞、刘倩、钟新龙、黄文鸿；区域篇：吕海霞、王宇霞、刘倩、钟新龙；展望篇：韩健、何明智；政策篇：钟新龙、许亚倩；热点篇：何明智、黄文鸿。在研究和编写过程中，本书得到了工业和信息化部信息化和软件服务业司领导的大力指导和支持，在此表示诚挚的感谢。

本书虽经过研究人员和专家的严谨思考和不懈努力，但由于能力和水平所限，疏漏和不足之处在所难免，敬请广大读者和专家批评指正。同时，希望本书的出版，能为我国大数据产业管理工作和相关产业的健康发展提供有力支撑。

思想，还是思想
才使我们与众不同

咨询翘楚在这里汇聚

信息化研究中心	工业化研究中心	规划研究所
电子信息产业研究所	工业经济研究所	产业政策研究所
软件产业研究所	工业科技研究所	军民结合研究所
网络空间研究所	装备工业研究所	中小企业研究所
无线电管理研究所	消费品工业研究所	政策法规研究所
互联网研究所	原材料工业研究所	世界工业研究所
集成电路研究所	工业节能与环保研究所	安全产业研究所

编 辑 部：工业和信息化赛迪研究院
通讯地址：北京市海淀区万寿路27号院8号楼12层
邮政编码：100846
联 系 人：王 乐
联系电话：010-68200552 13701083941
传　　真：010-68209616
网　　址：www.ccidwise.com
电子邮件：wangle@ccidgroup.com